材

第**2**版

主编 王晞 牟红 **副主编** 彭声堃 **主审** 李晴 杜萍

［旅游］
实用礼宾礼仪

重庆大学出版社

内容提要

本书主要内容包括:一般的社交礼仪、仪表礼仪、服饰礼仪、谈吐礼仪、仪式礼仪、行业礼仪、涉外礼俗和附录等,结构新颖,语言简洁流畅,可读性强。书中间插了不少案例、议论、名人名言或小故事等精彩阅读片段,为教材增添了趣味性。

本书为"高职高专旅游系列教材"之一,适合旅游院校专业教学使用,也可以作为旅游企事业单位的培训教材。对从事旅游服务、管理及其他涉外礼宾人员而言,也是一本很好的自学用书。

图书在版编目(CIP)数据

旅游实用礼宾礼仪/王晞,牟红主编. —2 版. —重庆:
重庆大学出版社,2007.8(2019.8 重印)
(高职高专旅游系列教材)
ISBN 978-7-5624-2708-7

Ⅰ.旅… Ⅱ.①王…②牟… Ⅲ.旅游业—礼仪—高等学
校:技术学校—教材 Ⅳ.F590.63

中国版本图书馆 CIP 数据核字(2007)第 121673 号

高职高专旅游系列教材
旅游实用礼宾礼仪
第 2 版
主 编 王 晞 牟 红
副主编 彭声堃
主 审 李 晴 杜 萍
责任编辑:贾 曼 版式设计:邱 慧 贾 曼
责任校对:文 鹏 责任印制:张 策

*
重庆大学出版社出版发行
出版人:饶帮华
社址:重庆市沙坪坝区大学城西路 21 号
邮编:401331
电话:(023)88617190 88617185(中小学)
传真:(023)88617186 88617166
网址:http://www.cqup.com.cn
邮箱:fxk@cqup.com.cn(营销中心)
全国新华书店经销
重庆市正前方彩色印刷有限公司印刷

*
开本:720mm×960mm 1/16 印张:12.75 字数:262 千
2007 年 8 月第 2 版 2019 年 8 月第 24 次印刷
ISBN 978-7-5624-2708-7 定价:32.00 元

再版前言

再版前言

　　高职高专旅游系列教材《旅游实用礼宾礼仪》出版已近 4 年,先后 7 次印刷,市场反应良好。

　　近年来,国家对职业教育非常重视,加之我国旅游市场发展迅猛,旅游高等职业教育在教学理念、教学内容、课程、学时、手段等方面都发生了很大的变化。本次修订,除了对书中少量错漏进行更改外,在各章节后均增补了相应的技能要求和模拟实训内容。并且将原第八章"宗教礼仪常识"改编为"涉外礼俗",以更好地适应当今社会对外交往和国际旅游不断发展的需要。

　　本次教材修订由桂林旅游高等专科学校"旅游礼宾礼仪"精品课程项目组教师负责完成。其中,主编王晞负责修订大纲的拟订及全书统稿;第五章第三节社交礼仪英语由韦夏婵编写,第八章由韦夏婵、王晞编写,其余章节及阅读材料、模拟实训等内容修订主要由辛蕾、李晓川、唐凡茗负责完成。桂林旅游高等专科学校视觉艺术系王正红负责重新绘制了书中插图。

　　在修订过程中,主参编查阅、参考了近年新出版的教材和相关研究成果,力求知识更新。但因时间仓促,仍有一些缺憾。不足之处,敬请专家、读者斧正。

编　者
2007 年 7 月于桂林

前言

　　旅游是现代人类社会重要的生活方式和社会经济活动之一。中国有着丰富的自然旅游资源和灿烂的历史文化,随着改革开放和社会主义市场经济的蓬勃发展,我国的旅游业已经成为国民经济各部门中颇具生机的朝阳产业。中国素有"礼仪之邦"的美誉,旅游业作为礼宾服务的"窗口"行业,对其从业人员的礼貌礼仪提出了更高的要求。礼貌礼仪作为现代文明的重要组成部分和外在表现,正在创造着价值和利润,成为现代生产力的组成部分。面对来自不同国家、不同地区、不同文化背景的中外宾客,提供高质量的接待服务,既是旅游业发展的需要,也是树立中国良好形象的需要。

　　从旅游院校专业教学和旅游企事业单位礼宾接待工作的实际需要出发,我们有针对性地精选素材,编写了这本《旅游实用礼宾礼仪》。其主要特色表现为以下三个方面:

　　一、注意吸收反映礼仪教学发展研究的新成果,将国际惯例与中国特色相结合,一般社交礼宾礼仪与专业特色相结合,具有较强的时代性。

　　二、本着"理论够用为度,突出实用性"的原则,着眼于旅游礼宾交往中最为现实的需要。本书侧重理论指导下的实用性操作与案例教学,强化知识的应用,增加了图例和典型案例等内容,提供了操作性较强的模拟实训方案。

　　三、结构新颖,注意教材的科学性、适用性和可读性。各章、节内容简明、清晰、流畅,提要、小结、阅读材料等的处理均有创意。书中还间插了一些案例、议论、名人名言或小故事等精彩片段,为教材增添了趣味性。

　　本教材可供旅游院校专业基础教学使用,也可以作为旅游企事业单位的培训教材;对于从事旅游管理、涉外礼宾服务人员而言,将是一本易于自学、方便工作的实用参考书。

　　《旅游实用礼宾礼仪》由王晞、牟红担任主编,彭声堃担任副主编。全书共分九章,其中第一、二、八章由王晞编写(桂林旅游高等专科学校旅游管理系),第三章由牟红编写(重庆工学院工商系),第四章由杨梅编写(重庆工学院工商系),第五、六章由郑南编写(黑龙江大学旅游学院),第七章由彭声堃编写(四川旅游学校),附录由彭声堃、王晞负责收集整理。全书的阅读材料由牟红、彭声堃、王晞负责收集整理。全书由重庆旅游学院李晴、杜萍负责主审,王晞统稿。

　　在编写的过程中,我们借鉴参考了不少专家、学者的著作,从中获益良多,在此一并致谢!高职高专教材的创新任重道远,加之学识所限,教材中存在错漏与不足在所难免,敬请读者批评指正。

编　者

2002 年 5 月

目录

绪　论

　　中国素有"礼仪之邦"的美誉。讲究礼仪是人类文明的表现形式之一,反映了人类的进步和发展。如同文字、绘画等其他文明表现形式一样,礼仪是人类不断摆脱野蛮和愚昧,逐渐走向文明、开化与兴旺的标志。现代社会,对每一位公民的文明素养提出了更高的要求,旅游服务作为"窗口"行业,对接待礼宾礼仪的要求更为严格。旅游礼宾礼仪除了具有一般社交礼仪的共性外,还具有其自身的特点。

第一节　礼仪的概念

一、何谓礼仪

　　在世界上各个民族、国家和地区,礼仪都有着漫长的发展与演变的历史,其内容十分丰富。古人认为"礼"是礼法,"仪"则是"礼"的表现形式;仪生于礼而合乎礼,故称之谓"礼仪"。今天,人们一般认为礼仪是指在人际和社会交往过程所应具有的相互表示敬重、亲善和友好的行为规范。其主要内容包括一般社交礼仪、仪表礼仪、服饰礼仪、交谈礼仪、仪式礼仪、行业礼仪和涉外礼俗等。

　　英语中的"礼仪"一词是从法语演变而来的,其原意是指法庭上用的一种"通行证",上面记载着进入法庭的守则和行为规范,要求进入法庭的人必须遵守。后来,在其他各种公共场所也逐步制订和形成了一系列相应的行为规则,并且构成系统,逐渐得到人们的公认,最终形成了文明社会中人们自觉遵守的礼仪。它有三层涵义:一是指谦恭有礼的言词和举动,二是指教养、规矩和礼节,三是指仪式、典礼、习俗等。

　　英国哲学家约翰・洛克说:"礼仪是在他的一切别种美德之上加上的一层藻饰,是它们对他具有效用,去为他获得一切与他接近的人的尊重和好感。没有良好的礼仪,其余的一切就会被人看成骄傲、自负、无用和愚蠢。"1992 年埃米莉・波斯特的巨著《西方礼仪集萃》第一版问世,她在书中写道:"表面上礼仪有无数的清规戒律,但其根本目的却在于使世界成为一个充满生活乐趣的地方,使它变得平易近人。"因此,所谓礼仪是一种社会成员相互交往时共同遵守的行为规范,是得到周围人们尊重与好感的"通行证"。

中国是历史悠久的文明古国,"礼仪"一词很早就被作为典章制度和道德教化来使用了。在社交活动中知礼、守礼、重礼是我们中华民族的优良传统和美德。在现代社会中,礼仪既是社会规范和道德规范的组成部分,也是一种交往形式。现代礼仪是以新型的人际关系为基础的,用以沟通思想、交流感情、促进了解与增进信任的一种形式,是人际交往中不可缺少的润滑剂和联系纽带。

> **·批判与继承**　　千百年来形成的传统礼仪中,哪些是应当抛弃的糟粕,哪些是应当汲取的精华呢? 这是摆在现代人面前的一个重大课题。

二、常用的礼仪概念

(一)礼

礼的内容非常丰富,其涵义的跨度和差异也很大。礼本谓敬神,逐步引申为表示敬意的通称。它既可以指为表示隆重和敬意而举行的仪式,也可以泛指社会交往中的礼貌和礼节,是人们在长期的生活实践中约定俗成的行为规范。礼还特指奴隶社会或封建社会等级森严的社会规范和道德规范。如孔子所说的"齐之以礼"中的"礼"就是品节制度之意。

(二)礼貌

礼貌是文明行为的基本要求,是人与人之间在接触交往中,相互表示敬重和友好的行为准则。它体现了时代的风尚与道德规范,体现了人们的文化层次和文明程度。在不同的国家和民族,处于不同的时代以及不同的行为处境中,礼貌表达的形式和要求虽然不同,但其基本的要求是一致的,即相互尊重与友好相处,待人接物时应做到诚恳、谦恭、和善和有分寸。

讲究礼貌是人类社会发展的客观要求,是维持社会生活正常秩序的起码条件。人们在日常工作、学习和生活中,总是难免产生这样或那样的矛盾,如果能够讲究礼貌,相互谅解,相互尊重,矛盾就比较容易得到化解而不致升级激化。礼貌是一个人待人接物时的外在表现,它主要通过言语和行动表现对交往对象的谦虚恭敬。礼貌的行动是一种无声的语言,如微笑、点头、欠身、鞠躬、握手、双手合十、拥抱、接吻等;礼貌的言语是一种有声的行动,如使用"小姐"、"先生"、"夫人"等敬称,"欢迎光临"、"麻烦您填写以下表格"等谦语,"哪一位"、"不新鲜"、"有异味"、"哪里可以方便"等雅语。

　　讲究礼貌是一个人良好道德品质的体现,对人的尊重友好必须是发自内心、以诚相待的。表面的客套不是礼貌,它往往是不真诚的,故作姿态、表里相悖的。此外,讲究礼貌应把握分寸,不卑不亢、落落大方、热情有度,既不失礼,又讲原则。讲究礼貌决不意味着放弃原则、过分殷勤、低声下气,甚至卑躬屈膝。

(三)礼节

　　礼节是人们在日常生活,特别是在交际场合中,相互问候、致意、祝愿、慰问以及给予必要的协助与照料的惯用形式。礼节是礼貌的具体表现,它具有一定的强制性。如中国古代的作揖、跪拜,当今世界各国通行的点头、握手,南亚诸国的双手合十,欧美国家的拥抱、亲吻,少数国家和地区的吻手、吻脚、拍肚皮、碰鼻子等,都是不同国家礼节的表现形式。当代国际社会交往频繁,各开放国家的礼节有着互相融通的趋势。但各国各民族的特点是客观存在的,传统的礼节多有不同。因此,在相互交往中,熟知和尊重各国、各民族的礼节和风俗习惯是十分必要的。

　　礼貌和礼节之间的关系是相辅相成的。有礼貌而不懂礼节,往往容易失礼;而谙熟礼节却流于形式,充其量只是客套。与礼貌相比,礼节处在表层,且一般总是表现为一定的言辞、举止或动作。但这决不意味着礼节仅仅是一种表面形式,而是说尊重他人的良好愿望必须通过一种约定俗成的形式表现出来。否则,虽有对他人尊重与友好的心意,却不知怎样去表达,因而在与人交往时就会显得尴尬、紧张、手足失措。没有礼貌只学些表面的礼节形式,在施礼时机械模仿、故作姿态或缺乏诚意、冷若冰霜,都不是礼貌周全的表现。因此,讲礼貌懂礼节应是内在品质与外在行为的统一。

(四)礼仪

　　礼仪是一个复合词语,包括"礼"和"仪"两部分:"礼"指"事神致福"的形式(即敬神);"仪"指"法度标准"。在礼学体系中,礼仪是有形的,它存在于社会的一切交往活动中,其基本形式受物质水平、历史传统、文化心态、民族习俗等众多因素的影响。因此,语言(包括书面和口头的)、行为表情、服饰器物是构成礼仪最基本的三大要素。一般来说,任何重大典礼活动都需要同时具备这三种要素才能完成。

　　礼仪是指人们在一定的社会交往场合中,为表示相互尊重、敬意、友好,而约定俗成的、共同遵循的行为规范和交往程序。从广义的角度来看,礼仪是一系列特定的礼节的集合。它既可以指在较大较正规的场合隆重举行的各种仪式,也可以泛指人们在社交活动中的礼貌礼节。如正式交往场合对服饰、仪表、举止等方面的规范与要求,或者大型工程的奠基礼、展览会的开幕式、社交宴请以及迎接国宾的鸣放礼炮等均属礼仪的范畴。

　　礼貌、礼节、礼仪都是人们在相互交往中表示尊重、友好的行为,从本质上说,三者是一致的,但又有各自特殊的涵义和要求,它们之间既有联系又有区别。礼貌礼节多指交往过程中个别的行为,礼仪则是指社交活动中,自始至终以一定程序、方式来表现的完整行为,更具文化内涵。一般来说,礼节产生于礼仪之前,最初的社交活动规模较小,礼节也较为简单。随着社会的进步和发展,交往活动日趋频繁深入,礼节也就越来越复杂,且逐渐形成了一些系列化的礼节规范和约定俗成的礼节程序,礼仪于是自然而然地游离出来。因此,礼节是礼仪的基础,礼仪是系列化、程式化了的礼节。

三、礼仪的起源与发展

(一)礼仪的起源

中国是人类文明的发祥地之一,文化传统源远流长。礼仪作为中华民族文明的标志,也有着悠久的历史。

礼仪起源于氏族公社举行的祭祖活动。在原始社会中,人们无法解释日月星辰的更替、风雨雷电的变幻和灾害瘟疫的流行等自然现象,认为冥冥之中是鬼神、祖先以超自然的力量在对人类的生活进行干预,故对之顶礼膜拜。人类最初的礼仪都是与祭鬼神、祭祖先相联系的,其主要形式是用礼器举行祭祀仪式,以表示氏族成员对神灵和祖先的敬献和祈求。因此,有礼立于敬而源于祭之说。

原始社会的生活礼仪与原始人类生产活动密切相关。比如原始人类用拍手、击掌、拥抱等来表达感情,用手舞足蹈来庆贺狩猎的胜利,这就是最初的礼节。随着原始社会的发展,当人类在同自然界的斗争中开始取得了些许成功,由此勃发了毫无节制地获取自然界恩赐的雄心,并企图为所欲为地侵夺他人,因此需要有一种能够节制人的行为的规范以维持社会生活的基本秩序,于是逐步产生了礼仪。

(二)礼仪的变迁

中国古代礼仪由两部分组成:一为礼制,二为礼俗。礼制是国家的礼仪制度;礼俗是民间习惯形成的礼仪习俗。礼仪在其传承沿袭的过程中不断发生着变革,从历史发展的角度看,其演变可分为四个阶段:

(1)起源时期——夏朝(公元前21世纪)以前。原始的政治礼仪、祭祀礼仪、婚姻礼仪等在这个时期已有了雏形,但还不具有阶级性。

(2)形成时期——夏、商、西周三代(公元前21世纪—前771年)。在这个阶段,中国第一次形成了比较完整的国家礼仪与制度,提出了许多极为重要的礼仪概念,如"五礼"(吉礼、凶礼、军礼、宾礼、嘉礼)等,确立了崇古重礼的文化传统。古代的礼制典籍亦多撰修于这一时期,如周朝的《礼仪》、《周礼》、《礼记》等,即为后世称道的"三礼"。

(3)变革时期——春秋战国时期(公元前771年—前221年)。这一时期,学术界百家争鸣,以孔子、孟子为代表的儒家学者系统地阐述了礼的起源、本质和功能,第一次在理论上全面而深刻地论述了社会等级秩序划分及其意义。

(4)强化时期——秦汉到清末(公元前221年—公元1911年)。这一时期的重要特点是尊君抑臣、尊夫抑妇、尊父抑子、尊神抑人。在漫长的历史演变过程中,它逐渐成为妨碍人类个性自由发展、阻挠人类平等交往、窒息思想自由的精神枷锁。

(三)现代礼仪的发展

现代礼仪的范畴逐渐缩小,礼仪与政治体制、法律典章、行政区划、伦理道德等基本分离,一般只有仪式和礼节的意思。

辛亥革命以后,受西方文化的影响,传统的礼仪规范、制度逐渐被时代抛弃,科学、民主、自由、平等的观念日益深入人心,新的礼仪标准、价值观念得到推广和传播。新中国成立后,逐渐确立了具有中国特色的新型社会关系和人际关系。改革开放以来,随着中国与世界的交往日趋增强,许多礼仪从内容到形式都在不断革新,现代礼仪的发展进入了一个新的历史时期。

从世界范围看,资产阶级登上历史舞台以后,在经济基础和上层建筑各个领域进行了深刻的变革,这是礼仪发展的一个重要阶段。今天国际上通行的一些外交礼仪绝大部分形成于这个时期。例如,鸣放礼炮便起源于英国。迎送国家元首鸣放礼炮21响,政府首脑鸣放19响,副总理或副首相鸣放17响,已成为国际上通用的礼仪。我国自1961年起,在迎送外国国家元首和政府首脑时,也按照国际惯例鸣放礼炮。1966年因"文化大革命"停止,1984年恢复。今后,随着社会的进步、科技的发展和国际交往的增多,礼仪必将得到不断的完善和发展。

> **·西方礼仪溯源** 在古代希腊、罗马的诗歌典籍中,在荷马史诗中,在苏格拉底、柏拉图、亚里士多德等哲学家的著述中,都有关于礼仪的论述。产生于斯堪的纳维亚地区的古代史诗《伊达》中,对于社交场合的礼宾次序、餐桌上的规矩,酒席中的持杯祝酒、交谈中的辞令修辞等,已有较详尽的说明。

四、礼仪的主要功能

(一)沟通功能

人际关系是人类社会生活中极为重要的关系。礼仪作为一种规范、程序和凝固下来的文化传统,对人之间的相互关系模式起着固定、维护和调节的作用。人际交往中尊重是相互的,当你向对方表示尊敬和敬意时,对方也会还之以礼,即"礼尚往来"。只要双方按照礼仪规范行事,彼此就容易沟通感情,使得交往能够顺利进行,进而有助于其事业的发展。

(二)协调功能

礼仪是人际交往的润滑剂,是人际关系和谐发展的调节器。以礼仪规范约束自己的言行,有助于建立和加强人与人之间互相尊重、友好合作的新型关系,缓和或避免某些不必要的情感对立与矛盾冲突。礼仪使得人际关系更为和谐,社会生活更为有序。

(三)维护功能

礼仪是整个社会文明发展程度的反映和标志,同时礼仪又反作用于社会,对精神文明产生广泛、持久和深刻的影响,使社会更加和谐稳定。在维护社会秩序方面,礼仪起着法律所起不到的作用。礼仪作为行为规范,对人们的社会行为具有很强的约束力。礼仪一经制订和推行,便成为社会的行为规范和习俗。如果一个人我行我素,不遵守社会上普遍的礼仪要求,最起码他将受到道德和舆论的谴责,甚至要负有关法律责任。

(四)教育功能

礼仪通过评价、劝阻、示范等教育形式纠正人们不正确的行为习惯,倡导人们按礼仪规范的要求去协调人际关系,维护社会正常生活。遵守礼仪原则的人客观上也起着榜样的作用,无声地影响着周围的人。礼仪作为一种道德习俗,对全社会的每一个人都在施行教育。礼仪一经形成和巩固,就成为社会传统文化的重要组成部分,世代相传。在人类社会的发展和进步中,礼仪的教育作用具有重要意义。

五、礼仪的基本原则

所谓礼仪的基本原则是指在人际交往过程中,各种礼仪规范和行为应共同遵守的基本准则。它是现实生活中具体礼仪规范的提炼、概括和升华,具有普遍的指导意义。

平等、尊重、宽容是现代礼仪最基本的三项原则。现代礼仪具体内容很多,"平等"是各种礼仪中应当共同遵循的原则。"尊重"与"宽容"作为现代礼仪原则,亦符合礼仪的本质精神,即在形式上尊重他人,不涉及本质。如对交往对象称"您"、对男士称"先生"等礼仪用语本身体现了一种"尊重",但并不妨碍人们内心对交际对象的实际评价。再如,对他人的失礼应宽容视之,对他人的非礼应宽容忍之,但这并不表明内心接受了这些无礼。

总之,礼仪与伦理道德是有区别的,礼仪基本原则不能等同于伦理道德原则;礼仪也不等于人际交往,人际交往的原则侧重于"德"与"利",礼仪的原则应侧重于"礼"与"仪"。

(一)平等原则

现代礼仪中的平等原则,是指以礼待人,有来有往,既不能盛气凌人,也不能卑躬屈膝。平等原则是现代礼仪的基础,是现代礼仪有别于以往礼仪的最根本的原则。平等原则是现代礼仪的首要原则。交往的双方相互平等、相互尊重,是现代礼仪最深刻的内涵。离开平等这一元素,任何形式上的"礼仪"都会显得苍白而虚伪。

平等原则的适用范围非常广泛。例如，在社会组织中，同事之间、领导和群众之间、上下级之间，都应当平等相待，相互尊重，既要反对上级对下级的颐指气使，也要反对下级对上级的阿谀逢迎，低三下四；在亲朋中，应以礼待人，礼尚往来；在公众形象中，应自尊而不自傲，自信而不盛气凌人；在国内事务中，坚持建立同志式平等的人际关系；在对外交往中，坚持平等互利原则，国家不分大小，一律平等。

但是，平等是相对的。由于现实生活中，人们之间存在着经济条件、政治地位、尊卑长幼、男女性别方面的差异，反映到礼仪上来，必然产生礼仪形式上的某种差异。比如，按照中国人的习惯，长者对年幼者可以直呼其名，而年幼者对长者也直呼其名则被视为无礼；当介绍客人时，应先将社会地位高、年龄较大、女性介绍给其他的人；待客时，主人应首先征询客人的意见。职业礼仪中主人应首先向来客来宾施礼。这些礼仪形式的差异及过程的先后并非看人行事，而是平等原则的必要补充。

（二）尊重原则

现代礼仪中的尊重原则，是指致礼施仪时要体现出对他人真诚的尊重，而不能藐视他人。尊重，是现代礼仪的实质。礼仪本身从内容到形式都是尊重他人的具体体现。人际交往中的傲慢言行和轻视他人的态度，通常都会被视为缺乏礼貌、没有教养的表现。尊重他人，是赢得他人尊重的前提。古人云："敬人者，人恒敬之。"只有相互尊重，人与人之间的关系才会融洽和谐。在与人交往中通过礼仪的形式体现出对对方的尊重，应从以下几个方面做起：

（1）与人交往，要热情而真诚。热情待人乃是人际交往的大门。热情的态度隆重的接纳，会给人留下受欢迎、受重视、受尊重的感觉，而这本来就是礼仪的初衷和要旨。相反，如果对别人或麻木不仁，或冷若冰霜，则是严重失礼的表现。缺乏热情，就很难与人进行交往，更谈不上建立和发展友谊。当然，热情不能过火，过分的热情会使人感到虚伪和缺乏诚意。所以，待人热情一定要出自真诚，是尊重他人的真挚情感的自然流露。如果心存不敬，却又要故意表现出热情，只会让人感到做作，引起反感。

（2）要给他人留有面子。所谓面子，即自尊心。每个人都有自尊心，即便是一个毫无廉耻之心的人，也存在着一定的自尊心。自尊心对一个人是十分重要的。失去自尊，是一件非常痛苦、难以容忍的事情。所以，伤害别人的自尊是严重失礼的行为，若故意而为，那就更不道德了。维护自尊，希望得到他人的尊重，是人的基本需要之一。所以，与人交往，一定要避免有可能伤害他人自尊心的言行。比如，谈话中不要涉及他人的隐私；不要提到对方的生理缺陷，更不能拿别人的生理缺陷开玩笑；对他人做错的事，要善意委婉地指出。

（3）允许他人表达思想，表现自己。每个人都有表达自己思想、表现自身的愿望。社会的发展，为人们弘扬个性提供了更为广阔的空间。丰富的个性色彩和多元思想的共存，是现代社会区别于传统社会的一个基本特征。因此，现代礼仪中的尊重原则，要求人们必须学会彼此宽容，尊重他人的思想观点和个性。与人交往，就应尊重他人的这种权利,就应给人表达自己思想、表现自己个性的机会。当他人与自己的意见相左时,不应把自己的观点强加于人。与个性特征和自己截然不同的人交往,应尊重对方的人格和自由。

(三)宽容原则

宽容原则,是指宽以待人,不过分计较对方礼仪上的差失。严以律己,宽以待人,这是为人处世的较高境界,也是具备较高修养的表现。在礼仪中体现宽容原则,应注意以下几个方面:

(1)做到"入乡随俗"。这既是对他人的尊重,也是宽容大度的表现。每个民族在历史发展过程中形成并保存着自己特有的礼仪规范和形式。入乡随俗,可以给人以亲切感、友善感。反之,则给人以陌生感、距离感,有时甚至还会引起不必要的麻烦。

(2)理解他人,体谅他人,对他人不求全责备。俗话说"金无足赤,人无完人"。现实生活中的人,没有十全十美的。表现在礼仪方面,有些人擅长于礼仪交际,说话办事滴水不漏;有些人则不熟悉礼仪知识,流于粗俗。在与人交往时,应注重内在的真诚,而不拘泥于外在的形式。

(3)虚心接受他人对自己的批评意见,即使批评错了,也要认真倾听。俗话说"人非圣贤,孰能无过"。有了过错后允许他人批评指正,才能得到大家的理解和尊重。有时,批评者的意见是错误的,但只要不是出于恶意,就应以宽容大度的姿态对待。特别是在工作中,更应注意这个问题。

第二节　旅游礼宾礼仪

一、旅游礼宾礼仪的涵义

旅游业被誉为是朝阳产业,在全球范围内正处于蒸蒸日上、蓬勃发展的阶段。20世纪90年代后,旅游已经成为我国国民经济新的增长点。据专家预测,到2020年,中国将成为世界第一旅游大国。面对来自不同国家、不同地区、不同文化背景的中外宾客,提供高质量的旅游接待服务,不仅是旅游业发展的需要,也是树立中国良好形象的重要举措。同时,在现代市场经济中,礼貌礼仪作为现代文明素质的重要组成部分和外在表现,正在创造着价值和利润,也就是说正在成为现代生产力的组成部分。有"礼"走遍天下,无"礼"寸步难行,旅游业作为我国改革开放后,国际交往最早的窗口行业,这一点表现得尤为充分。

"礼宾"一词原意是按一定的礼仪接待宾客。在现实生活中,人际交往、涉外活动、旅游接待等服务过程中,主方根据客方人员的身份、地位、级别等给予相应的接待规格和待遇,称为礼宾或礼遇。实际上,礼宾可以说是对礼貌、礼节、礼仪的抽象和概括。

所谓旅游礼宾礼仪,即在旅游接待服务过程中,对客方人员表示尊重和友好的一系列行为规范。它与礼仪有着共同的基本原则:尊重、亲善、谦恭、真诚。其次,旅游礼宾礼仪是以礼仪为基础和内容,是礼仪在旅游礼宾接待服务活动中的具体运用。其主体是从事旅游接待服务的工作人员,如酒店、旅行社、旅游车船公司等旅游企业员工;其对象是各类游客(即离开惯常环境到其他地方旅游,连续停留不超过1年,其旅游主要目的不是通过所从事的活动从访问地获取报酬的人)。其目的是通过塑造完美的旅游企业员工个人形象来展示其所在企业的良好形象而赢得市场。

二、旅游礼宾礼仪的特征

(一)礼仪的特点

从根本上说,礼仪作为人们的行为模式,属于社会的上层建筑。它由一定的社会经济基础决定,并随着经济基础的变化而变化,随着社会实践的发展而不断发展。同上层建筑的其他方面相比,礼仪具有以下特点:

1. 国际性

礼仪作为一种文化现象,不是哪一个国家所独有的,而是属于全人类所共有的。尽管不同的国家、地区、民族,不同的社会制度,礼仪的具体内容有一定的差异性,但其所蕴含的基本精神,即相互尊重、信任和友谊,却是一致的。在当今世界经济一体化的趋势下,各国、各地区间交往日益频繁,国际礼仪跨越了国家和民族的界限,许多交往礼节已被各国人民广泛承认和运用,成为了全人类所拥有的宝贵财富。如见面握手,打招呼说"你好"等已成为世界性的礼仪形式。

2. 差异性

所谓礼仪的差异性是指礼仪具有民族性和地域性的特点。一个国家、地区或民族的礼仪是约定俗成的,它总是从不同的角度反映那里的文化和社会风尚,从而具有明显的民族特色。如在阿拉伯地区,男性之间手拉手走路是一种友好和相互尊重的表示,但在美国却会被看成是同性恋者。在人们见面时的施礼方式上,东方民族性情较保守,习惯拱手或鞠躬;西方民族较开放,习惯拥抱和亲吻等。其次,礼仪的差异性还表现为同一礼仪形式因不同的场合,对不同的对象,有着不同的意义。如长辈抚摸孩童的头表示对其关心和爱护;相反,晚辈若去抚摸老人的头则是极不礼貌的。

3. 传统性

礼仪作为人类文明的产物,同人类创造的所有文明一样,具有传统性。一些符合人性基本需要的礼仪具有超越时代和社会的适用性。因此,我们也可以把礼仪解读为一个民族或一定区域的人们在长期的历史发展过程中逐渐形成并世代相传的文化传统。例如,孔子的"礼"作为一种制度早已烟消云散。但是,他的"礼之用,和为贵","责己严,待人宽","敬老爱幼","温、良、恭、俭、让"等基本思想和行为规范却影响着一代又一代炎黄子孙,成为中华民族的传统美德。

4. 时代性

礼仪是时代的产物,它与一个时代的经济、文化、生活方式等息息相关,随着社会的进步而进步。古今中外,社会的每一次重大变革,也必然会带来礼节礼仪等多方面的深刻变化。凡是不能适应时代变化的礼仪规范不可避免地会被扬弃,如在我国,社会上曾经非常盛行"同志"的称呼,因其带有一定的政治色彩,现在多作为党内称呼使用。一般社交场合,人们大多习惯使用"先生"、"女士"、"小姐"等国际化的称呼。

5. 社会性

礼仪是人类文明的一种表现和象征,具有明显的社会性。礼仪产生于人类社会之初,与只存在于阶级社会的政治、法律不同,它将贯穿于人类社会的始终。尽管在阶级社会,不同的阶级对礼仪有所选择,其中一些带有明显的阶级色彩,但从本质上讲,礼仪是超阶级的,是人们在社会生活中相互交往或表达愿望的形式和手段。

(二)旅游礼宾礼仪的特征

旅游是一种具有较高文化层次的经济行为,又是具有较强经济性质的文化行为,旅游礼宾礼仪是旅游产品形象的重要表现,其主要特征归纳起来有以下几点。

1. 广泛性

现代旅游业是一种综合性强、跨度大的服务性行业。旅游礼宾礼仪贯穿在整个旅游活动的全过程。在行、吃、住、游、购、娱等旅游活动的各个环节上,都需要按照一定的礼仪规范做好相应的服务,涉及面广。任何一个环节发生故障或质量问题,都会影响其接待服务的形象。因此,只有加强全行业的礼仪素养,严格按照旅游礼宾礼仪的各种规范接待宾客,并注意各行业(部门)间的协调与衔接,才能适应旅游者的消费需求。

2. 实用性

旅游礼宾礼仪是在旅游活动中对礼仪具体操作和运用,所以具有很强的实用性。旅游过程的"六大要素"在实践过程中涉及的礼仪各不相同,如餐厅服务礼仪就有"中餐礼仪"和"西餐礼仪";饭店、旅行社都有自己的一整套礼宾礼仪规范;在交通服务方面,飞机、火车、轮船和汽车的接待服务方式也各有区别。因此,旅游礼宾礼仪在接待服务方式、内容、特点及要求上有各种不同的接待服务程序和操作规范。

3. 共同性

旅游礼宾礼仪的共同性是指它具有一定的规范和要求,是人们在旅游接待过程中应当共同遵守的。旅游礼宾礼仪是在旅游接待活动中调节客人与业者相互之间最一般关系的行为规范,是旅游行业全体成员应该共同遵守的人际和社交的准则。例如,"客人第一"、"把尊贵让给客人"就是旅游行业各个部门共同的行为准则。

4.灵活性

旅游礼宾礼仪的灵活性是指在不同的场合下,根据交往对象的不同特点,旅游接待主体礼仪行为又不尽相同。例如,酒店经理人员在楼层与客人相遇时应避让一旁,主动问候;但是,若在洗手间与客人相遇,点头致意则并不为失礼。

5.民族差异性

旅游礼宾礼仪应注意尊重来自不同民族、不同国家或地区的旅游者各自的文化背景,了解他们的风俗民情,以有利于在接待服务工作中对客人更为体贴和周到。例如,接待西方旅游者可以行握手礼,而接待来自佛教国家的旅游者则只行合十礼等。

三、旅游礼宾礼仪的意义

古人云:"国尚礼则国昌,家尚礼则家大,身尚礼则身正,心尚礼则心泰。"讲究礼仪是一个国家和民族文明程度的重要标志,也是衡量一个人的道德、教养水准的主要尺度。旅游业作为我国的一个窗口行业,讲究礼貌礼仪有着十分重要的意义。

(一)讲究礼仪是社会主义精神文明建设的需要

讲究礼仪是文明的行为,而文明行为是人类历史发展的产物和需要。它反映了人类的发展和进步,标志着人类生活摆脱了野蛮和愚昧。讲究礼仪反映了社会的文明程度和公民的精神风貌。同时,它又反作用于思想道德建设,促进社会主义精神文明建设。在当前,它对加强国际交往、增进我国人民与各国人民的友谊,具有十分重要的现实意义和深远的历史意义。旅游行业是社会文明礼貌的重要窗口,在旅游礼宾服务的过程中,面对来自五湖四海的旅游者,旅游接待人员的礼貌礼仪素养既代表着企业的形象、行业的作风,也代表着民族的文明程度和国家的精神风貌。一个国家公民的礼貌礼仪素养是其国民素质的综合体现,会影响到国际舆论对其的评价,从而决定着国际交往能否顺利进行。

(二)注重礼仪是提高旅游服务质量的重要保证

旅游服务质量,是利用设施、设备和产品所提供的服务,在使用价值方面适合和满足宾客的物质需要和心理满足程度。旅游服务质量的高低主要表现在对客人享受到服务后的物质和心理满足程度的高低。它包括两个方面:一是物质上(即有形产品或硬件)的满足程度。它通过设施设备和实物产品表现出来,如设施、设备的完好度、舒适度,饮食的品质度,物品的适用度等;二是心理上(即无形产品或软件)的满意程度。它主要通过服务态度、服务方式、服务技巧等直接劳动方式表现出来,是旅游接待服务质量最终的满意程度。两者相互依存,互为条件。注重礼仪对旅游者的心理满意程度会产生十分积极的效果,给其留下美好的印象,从而弥补硬件方面的某些不足。对现代化旅游企业来说,仅有一流的硬件是远远不够的,还要加强企业的软件形象建设,注重礼仪已经成为提高接待服务质量和旅游企业竞争力的重要手段。

（三）礼仪素养是旅游接待服务者人格与风度的体现

人格是一个人在社会中地位和作用的统一，是一个人的尊严、价值和品格的总和。优秀的人格主要指诚实、正直、自尊、乐于助人和进取精神。风度是一个人德才学识等各方面修养的外化，是一个人内心纯洁和良好道德的外在表现。旅游礼宾礼仪要求旅游接待服务者，在任何场合都能很好地把握自己，在客人面前始终保持饱满的工作热情，注意养成谦恭友善、沉稳大方的举止和彬彬有礼、不卑不亢的态度，从而体现旅游接待服务者高尚的人格和良好的风度。

（四）注重礼仪是人际关系的润滑剂

随着社会的发展，人与人之间的接触交往日趋频繁，竞争日趋激烈。人际交往的过程是人与人彼此观察和了解的过程，而这种观察和了解一般都是从对方的礼仪素养开始的。从心理学的角度讲，人们在交往之初难免会彼此产生某种戒备心理。如果交往双方都能以礼相待，则可以消除心理隔阂，缩短彼此间的距离。每个人都有获得他人尊重的心理需求，在交往中注重礼仪、相互尊重可以增加对方的好感，使交往得以顺利进行。此外，在现代社会里，人际关系日益复杂。由于利益的冲突，人际交往中不可避免地会出现一些矛盾和纷争。如果双方能发扬"礼让"的精神，相互谦让以平息事态，即使是原则性问题，也能以理服人、以理感人，这样才能化解矛盾，增进友谊。所以，讲究礼仪是营造旅游企业和谐有序的内、外部环境的需要，是人际交往的润滑剂。在彬彬有礼的服务中，宾客得到了满足，企业也赢得了宾客。

（五）注重服务礼仪是提高旅游企业经济效益的要求

旅游业的经营特点决定了在同样的物质条件下企业的经济效益由宾客数量的多少来决定，因而，怎样才能吸引更多的宾客上门是每个企业十分关心的问题。据美国一家公司研究表明，对客人失礼给企业造成的损失是难以估量的："在受到不礼貌对待的顾客中，96%的人从不直接向对待他们不好的公司表示不满和抱怨，但91%以上的人不再来该公司购买商品。此外，他们每个人平均要向另外9个人讲述他们的遭遇。毫无疑问，这9个或20个人还会向他们的朋友、同事讲述同样的甚至是有点夸大的故事。"可见，在企业获得成功的许多条秘诀中，注重礼仪是相当重要的。一个企业要想建立良好的内部和外部环境，提高自身的知名度和美誉度，就必须使单位的每一位成员都能够恰如其分地向交往对象表示尊敬和友好。每位成员的言谈举止都会折射出单位的形象，并影响到公众舆论对其所在单位的整体评价。从某种意义上说，在现代市场经济中，礼貌礼仪作为现代文明素质的重要组成部分和外在表现，正在创造着价值和利润。

（六）讲究礼仪是做好旅游接待工作的先决条件

随着我国对外开放的进一步扩大，国际交往日趋频繁，外贸、旅游事业迅猛发展，来华访问、经商、旅游、文化交流的外宾和回国观光、探亲的华侨和港澳台同胞越来越多。旅游服务接待工作是面向世界的工作,处事适宜、待人以礼是当代人的应有风范,也是我国人民的优良传统。旅游服务的直接目的,是为了最大限度地满足不同客人的正当需求。为此,就必须了解各国的国情和民俗,懂得旅游者的生活方式、饮食习惯以及爱好和忌讳,以便采取正确的服务方式,使他们乘兴而来,满意而归。

第三节 旅游社交心理素养

一、职业道德素养

所谓职业道德,是人们在从事各项职业活动时应该遵循的道德规范以及与之相适应的道德观念、道德情操和道德品质等。职业,是人们在社会生活中对社会所承担的一定的职责和所从事的专门业务,它既是人们谋生的主要手段,又是人们对社会应尽的职责和义务。道德是一种普遍的社会现象,是调整人与人之间、个人与社会之间相互关系的行为准则。它渗透到社会生活的各个领域和社会关系的各个角落,依照社会生活各个不同领域的特殊要求,形成了各具特点的道德意识和规范。

(一)职业道德的特点

1. 职业意识的自觉性

职业道德是在个人与社会的联系中产生的,它是一般社会道德的具体化,既是该行业从业人员在职业活动中的行为规范,又是本行业对社会所承担的道德责任和道德义务。旅游职业道德不同于社会法律,也不同于企业规章制度,后者都带有强制性,而职业道德主要是企业职工自觉遵守的职业规范。一个不犯法、能够遵守旅游企业规章制度的职工,并不一定是一个职业道德高尚的人。只有道德意识强烈,并且自觉树立了旅游职业道德观念,具有旅游职业道德品质,全心全意为宾客服务,敢于同各种不道德的行为作斗争的人,才能成为一个职业道德高尚的人。

2. 行业行为的规范性

在道德观念和道德意识支配下所形成的职业道德标准可以约束职工道德行为,具有评价是非曲直、善恶美丑的作用。例如,盗窃客人财物会受到谴责,违反操作规则会受到批评,破坏集体荣誉、损坏公物会受到鄙视等,这就是职业道德的力量。旅游职业道德的规范性,主要是通过道德结论、道德信念、道德习惯和道德榜样的作用来调节职工的行为。旅游职业道德和企业的规章制度、劳动纪律、操作程序等融合在一起,共同发挥作用,但它们又有区别。职业道德的这种特点要求旅游企业十分重视道德舆论、道德信念和道德习惯的力量,树立先进典型,制订行为标准。要在企业内部形成一种人人关心职业道德,人人遵守职业道德,自觉抵制和反对不道德行为的一种团体气氛。

3.作用范围的广泛性

旅游职业道德属于社会上层建筑,是一种思想境界,一种信念,一种情感和一种道德愿望。由于这种精神力量形成的道德品质、道德规范和道德舆论可以发挥广泛的作用。如缺乏礼貌的行为、恶劣的服务态度、刁钻耍滑的工作作风等,都可以通过道德舆论的作用来进行制止和干预。职业道德的这种特点要求旅游企业管理人员要充分发挥道德舆论的作用,敢于树立先进典型,敢于扬善抑恶,坚持一手抓企业管理,一手抓职业道德,才能充分发挥旅游职业道德的作用。

(二)旅游职业道德的主要规范

1.热情友好、宾客至上

热情友好、宾客至上是旅游职业道德最基本和最具特色的道德规范。它既是旅游工作者热爱本职工作,热忱欢迎旅游者的一种具体表现,又是旅游业的一种特殊职业要求。热情友好,既是一种道德情感,又是一种道德行为,"有朋自远方来,不亦乐乎"是旅游工作者应有道德情感;宾客至上是正确处理旅游工作者与宾客之间利益关系的一项行为准则。就处理客我关系而言,一切为宾客着想,努力为宾客服务是旅游工作者应尽的职业责任和道德义务。

2.真诚公道、信誉第一

对待宾客要做到真诚相待,办事公道,讲究信用,价格公道,既不能让旅游者吃亏,也不能令企业蒙受损失。俗话说"诚招天下客,誉从信中来",企业的声誉来自"诚"、"信"二字。旅游工作者应热情真诚地为宾客提供服务,尊重他们的风俗习惯与宗教信仰,维护他们的合法权益。在工作中做到"四个一样",即客人来时和离去时一个样;客人在场时和不在场时一个样;上级在场时和不在场时一个样;有人监督和没人监督一个样。

3.文明礼貌、优质服务

文明礼貌是旅游服务最基本的要求,在接待服务过程中,旅游工作者应做到仪表整洁、举止大方、微笑服务、礼貌待客、尽心尽责。优质服务的核心是在旅游服务食、住、行、游、购、娱中的每一个环节上,通过一系列功能性服务与心理服务,让客人能够拥有最美好的消费感受。

4.不卑不亢、一视同仁

不卑不亢,落落大方,这是旅游工作者国格和人格的具体体现,也是我们接待工作的原则。在接待中热情待客,谦恭有礼并不意味着要奴颜婢膝,低声下气。在接待服务时,一视同仁,决不以貌取人、厚此薄彼。既要尽到自己的职业责任,彬彬有礼,又要做到自尊自爱,端庄稳重,不失人格、国格。

5.团结协作、顾全大局

团结协作、顾全大局是旅游工作者正确处理同事之间、部门之间、行业之间关系的行为准则。旅游产品的生产和消费同步进行,并且依赖许多人、许多部门,甚至是跨行业的通力协作才能完成。因此,只有团结协作、互相尊重、互相支持、密切配合才能创造出让客人满意的旅游产品。任何一个环节的差错都会影响旅游业的整体形象。

6. 遵纪守法、廉洁奉公

在旅游接待服务中,必须遵纪守法。这既是行政和法律上的一种带有强制性的要求,又是道德规范上的一种自觉性的要求,是开展旅游业正常活动的重要保证。

7. 钻研业务、提高技能

旅游工作者只有不断钻研业务、提高服务技能,才能提高企业的服务质量和工作效率,才能以规范化、标准化的服务和娴熟的业务操作技艺,提高宾客满意度,增强竞争能力,适应旅游业发展的需要。

二、良好的心理素质

在旅游接待中,良好的服务意识不仅是指为客人提供功能性的服务,而且更强调提供人性化的心理服务。旅游服务在大多数情况下是直接面对客人进行的,是在人际关系交往的过程中完成的。交往的对象中个性不同、心态各异且往往变化多端。只有具备良好的心理素质,方可取得交往的成功,更好地为客人服务。

(一)人际交往中的角色与人

在人际交往过程中,人与人之间存在着双重关系,一方面是"角色与角色"的关系,另一方面是"人与人"的关系。旅游活动的主体旅游者和旅游接待工作者都是活生生的人,前者在这一活动过程中扮演的是"客人"角色,而后者扮演的是"服务者"的角色。例如,在酒店里餐厅服务员小刘与客人丁先生的交往中,一方面有小刘所扮演的"服务者"的角色与丁先生所扮演"客人"角色这两种角色之间的关系;另一方面还有小刘"这个人"与丁先生"这个人"之间的"人与人"的关系。"角色与角色"之间的关系和"人与人"之间的关系是不同的,但又是密不可分的。因为人们在社会生活中总是作为特定的角色来交往的,而社会生活中的每一个角色又总是要由具体的人来扮演的。

人与角色的区别在于人是有个性的,而角色却是非个性的。一般社会规范都按照人们所承担的社会角色来对人提出要求,在提出要求时不会考虑承担这种角色的人有什么样的个性。在许多场合,一个人同另一个人打交道时,往往只考虑对方此刻扮演的角色,而不必考虑其本人究竟是谁和具有什么样的个性。从这层意义上说,角色是"非个性"的。在旅游活动中,不管你是小刘、小陈还是小张,不管你具有什么样的个性,只要你承担了旅游工作者这个角色,就必须按照社会对旅游工作者的角色要求行事。对于客人,不管他(她)是丁先生、李太太还是王小姐,也不管其个性怎样,都必须把他当作客人来接待。你既不能强调自己的个性而拒绝旅游工作者应担负的责任,也不能强调某一位客人的个性而拒绝把他(她)当作客人来对待。

角色是"非个性"的,扮演角色的人却是有个性的。"非个性"的角色要由有个性的人来扮演,这就造成了人与角色之间的矛盾。某些时候,可能有的人会因个性上的弱点扮演不好其承担的角色;或者,有些人认为其承担的角色束缚了自己的个性,因而不愿意扮演某种社会角色。此外,同一种角色由不同的人来扮演,其效果不可能完全一样;而同一个人扮演不同的角色,这些角色对其个性发展所产生的影响也会有所不同。从理论上讲,社会应当为每一种角色挑选最适合的扮演者,并且允许每一个人为自己挑选一种最理想的角色。然而,在人类社会的现阶段,实际上这是很难完全做到的。在现实生活中,人与角色之间的矛盾是客观存在的,也是不可避免的。在旅游服务中,处理角色与角色之间的关系,必须用角色规范与职业道德来调节;处理人与人之间的关系,要以社会公德来调节。

(二)"服务者"与"客人"

在社会生活中,人与人之间的关系是平等的,这里指的是人格上的平等,人们彼此应该相互尊重。但是,这并不意味着他们所扮演的角色也应当是平等的。实际上,人们在社会生活中扮演不同的角色意味着其处于不同的地位,发挥不同的作用,有着不同的权力和义务。社会分工允许和要求角色之间有合理的不平等。反过来,角色之间的不平等并不意味着作为角色扮演者的人是不平等的。

在旅游接待工作中有一句顺口溜:"客人坐着你站着,客人吃着你看着,客人玩着你干着。"这是"服务者"与"客人"这两种角色之间合理的、必要的不平等,是社会分工的要求。在社会生活的大舞台上,人们扮演的角色常常是互相转换的。例如,在工作场合扮演提供服务者角色的人,休闲度假时也会扮演客人的角色。扮演后者并不意味着"高人一等",扮演前者也不意味着"低人一头"。

在服务和被服务的交往过程中,自尊是客人最强烈最敏感的需求。客人在"购买"了空间(客房)、时间(停留时限)和相关服务之后,感到自己在社会中扮演了一个应该让人尊重的角色。因此,在旅游服务人员与客人间发生矛盾时,往往客人强调的是"我是客人,你是服务人员",这是有一定道理的。向客人提供服务时,服务员是主动的,能动的,而客人是被动的;在评价服务质量的优劣时,主动性在接受服务者即客人一方,这二者可能是统一的,也可能是矛盾的。作为旅游工作者应当扮演好自己所承担的角色,把客人的感受放在第一位,以出色的服务去赢得客人的尊重,而不是在应当为客人提供服务时去同客人"争平等",或是用生硬的态度去强迫客人"尊重"自己。

(三)角色规范与心态调适

在社会大舞台中,每个人都像演戏一样,在不断变换着自己所扮演的角色。由于个人几乎在同时承担着多种性质不同的社会角色,因此,发生角色模糊、角色矛盾的情况,往往在所难免。发生这种状况时,要及时调整,强化其应有的角色和行为规范,防范与避免角色冲突所产生的消极影响。要扮演好社会分工所赋予的角色,还必须调整好自己所扮演的角色心态,不可模糊,更不能混淆角色及其行为规范。否则,轻则没有礼貌,不符合职业道德,会受到舆论的谴责;严重的角色混淆,诸如监守自盗等,还将触犯法律。

1. 社交中一般的角色规范

(1)上、下级角色。上级的角色规范是有效地行使与其职权相对应的决策、计划、监督与考核的职能。上级要尊重下级,尽可能将实现组织的整体目标与每个成员实现自己的理想和抱负结合起来,使下级在现实工作中看到自身存在的价值;上级应秉公办事,奖惩分明。相反,下级要强化自觉执行者的角色意识,要明确自己是上级决策的执行者,必须尊重领导;如果恃才傲物,自以为是,将上级视若敝屣,纵然才能出众,也很难获得上级的赏识,最终将阻碍自身的发展。

(2)同事角色。心理学研究表明,人们都天然地爱好和自己所喜欢的同伴一起工作。同事之间应强化团队精神和协作意识,不卑不亢,和睦相处,宽以待人,避免过于以自我为中心。大家应抱互助友爱、敬业乐群的态度来共同建设一个友善、和谐、合作、团结、高效的群体,应互信不疑,待人以诚,为实现共同的工作目标而发挥各自的聪明才智。无疑,这样的工作群体是有凝聚力的,该群体的每个成员均会有归宿感。

(3)客我角色。处理客我角色关系的基本原则是"友善而非亲密,服务而非雇佣,礼貌而非卑躬,助人而非施舍。"在处理客我角色关系时,应注意客人也是"人",有自己的感情和个性,有自己的喜好和厌恶,有时难免还有自己的一些偏见。他们是付款"购买"旅游服务的人,这种经济关系决定必须遵循等价交换原则,他们希望"物有所值"和获得尊重。作为旅游接待人员要不断提高自身素质,增强自控能力和服务意识;要学会"情感置换",即互换角色位置,设身处地多为客人考虑,经常提醒自己"假如我是客人……"把个人的烦恼、恩怨置之度外,以饱满的热情为客人服务。"欲将取之,必先与之",唯先利他,才能利己。

2. 社交心态调适

在现代人际交往中,具备良好的心理素质,建立积极的心态是十分重要的。健康积极的心态通常有以下特点:保持乐观而稳定的情绪,在工作和生活中充满热情和活力;有较强的事业心和目标意识,能够与组织行为和公众利益协调一致;能够正确地认识自己,并能公正地评价别人,豁达宽容,自尊自信,建立和保持和谐的人际关系;积极进取,勇于追求,意志坚强,善于自我克制;能够坦然冷静地接受所发生的各种事情,迅速作出应变的反应。健康良好的心态是旅游接待服务人员必须具备的心理素质。有的人虽然读了不少关于提高自身素质的书籍,也懂得行为举止的礼仪规范,但在接人待物时仍缩手缩脚,自卑胆怯,往往是由于缺乏自信,缺少积极健康的心态。

在日常生活中,任何人既不可能是天生的英雄,也不可能是注定的平庸之辈,不必去羡慕别人的天赋和机遇,只要努力去挖掘自己的潜能,把平凡的工作做到极致,行行都能出状元。当然,在服务工作中,若是过分炫耀自己,洋洋自得,油腔滑调,吹嘘夸张,也是心态不成熟的表现。

(四)"刺激"与"反应"

人际交往的过程是人与人之间相互作用的过程,心理学用"刺激"和"反应"来描述这种相互作用。当一个人采取某种行为给对方以刺激时,通常其内心是有所期待的,如果对方的反应迎合了、满足了他的期待,对于他来说这就是"相补"的反应;如果对方的反应违背了他的期待,那就是"相阻"的反应。例如甲对乙说:"请问,现在几点了?"乙回答"现在两点差一刻。"这是相补的反应。如果乙回答:"为什么自己不戴表?老是问别人,真讨厌!"这是相阻的反应。在人际交往中,如果交往双方都能作出相补的反应,交际就能顺利地进行;如果出现了相阻的反应,交际就会遇到障碍。

(五)"一致性吸引"与"首因效应"

在社会交往中,凡是"一致性"的因素,常常对交往双方都有吸引力。所谓"一致性",可以是利益的"一致性",也可以是兴趣、爱好、志向等方面的"一致性"。正如用古和孝在《人际社会心理学》(王康乐译,南开大学出版社)书里所说:"不管是谁,都想躲避自己讨厌的人,并想接近自己所喜欢的人并与之共同行动。传播与传播者的魅力有紧密的关系。喜欢某人,是因为在各种态度里相似的方面很多,使共同语言丰富,而且正因为有相似的方面,相互之间不用太费精神就可以轻松地进行传播。"

所谓"首因效应"是指在人与人初次交往的 4 分钟之内,彼此会留下很深的"第一印象"。这种交往之初留下的感觉,常常会左右今后交往的密切程度,甚至决定彼此能否成为朋友。这种现象在心理学上被称为"首因效应"。心理学的研究表明,"第一印象"具有魔力般的影响力。虽然有时会造成假象,但欲使交往成功,绝对不可忽视"第一次亮相"的作用。在初次交往时,应特别注意仪表端庄,服饰适度;礼貌周到,举止稳重;谈吐风趣,分寸得当等,从而给人留下良好的第一印象。

总之,旅游礼宾礼仪必须以良好的心理素质为基础。否则,尽管个人先天条件一流,举止谈吐规范,仍然会令人感到是一种缺少内涵的机械模仿,很难打动人,也难以帮助交往顺利开展。

> **·受人欢迎的秘密** 卡耐基指出:如果我们只是要在别人面前表现自己,使别人对我们感兴趣的话,我们将永远不会有许多真实而诚挚的朋友,真正的朋友不是以这种方法来交往的。受人欢迎的全部秘密和最高的艺术在于满足别人的需求,处处关心和帮助别人。

三、礼仪与个人修养

(一)礼仪修养的基本要求

注重礼仪必须先加强自身的修养。修养,是指一个人在道德、学识、技艺等方面,通过刻苦学习、自我磨炼和不断陶冶,从而逐渐使自己具有某些素质和能力或者达到一定的境界。礼仪是一个人内在素质的外化,礼仪修养与道德修养有着密切的关系。礼仪修养不是与生俱来的,而是一个人在人际交往、社会交往的实践过程中,根据一定的礼仪原则和规范自觉地进行学习和训练,以使自己养成一种时时处处按照礼仪要求待人接物的行为习惯的过程中形成的。在现代交往中,礼仪修养的基本要求有以下六个方面:

1. 聆听重于表达

在人们自我表现倾向普遍化的今天,能够认真地聆听别人讲话是一种难得的修养。多听有利于资料的搜集,有助于对人和事物的观察判断,还可以避免因言多造成的差错。

2. 尊重他人隐私

人们彼此接触频繁,关系密切,并不一定要尽诉衷肠。每个人都有权利保留属于自己的秘密,即使是最亲密的朋友,也不应刨根问底。尊重别人的隐私,有助于维持和谐的关系。

3. 勇于承担责任

自己做错了事,应立即表示承认,并主动地道歉,勇于承担责任。这样做可以很快互相谅解,避免许多不必要的误解和麻烦。找借口为自己的错误开脱辩解,只会徒增别人的不满和猜疑。

4. 不要牺牲原则

帮助别人是应该的,但为了讨好别人而故作姿态是没有必要的,况且也不一定能讨好。牺牲原则去讨好更不可取。

5. 注意珍惜时间

不珍惜时间,无所事事,到处说长道短的人,迟早会被发展的社会所淘汰,公关人员要善于安排自己的时间,也要珍惜别人的时间。

6. 不要过于谦虚

当受到别人夸赞时,只要是自己当之无愧的,对方又是真诚的,那么就不妨大方地报以微笑,表示谢意。这种有礼貌的表示,使自己更显值得尊重,却不矫揉造作。

(二)礼仪修养的主要内容

1. 道德品质的修养

道德品质,也称品德或德性。它是社会道德现象在个人身上的具体表现,是指一定社会的道德原则和规范在个人思想和行动中所表现出来的某种比较稳定的特征和倾向。道德品质的修养和礼仪行为的养成有着密切的联系,二者是相辅相成的统一过程。礼仪行为从广义上说就是一种道德行为,处处渗透和体现着一定的道德精神,一个人要想在礼仪方面达到较高的造诣,离开了道德品质方面的修养是不可能实现的;一个人要形成一种高尚的道德品质,就应从日常生活的礼仪规范这一最基础的层次做起。此外,一个时刻注意道德品质修养的人,也才会使交际礼仪活动成为一种自觉的和具有道德意义的活动。

2.文化知识的修养

文化知识是人类认识、改造自然和社会的经验结晶,是人类文明开化的结果。礼仪学是一门综合性的专门学科,它和许多学科都有着密切的联系,一个人只有具有广博的文化知识,才能深刻地理解礼仪的原则和规范。例如,民俗学的知识可以使我们更好地了解一个民族的文化传统、风土人情;美学知识可以使我们更好地懂得什么是美,什么是丑,怎样才能做到内在美与外在美的和谐统一;心理学知识可以使我们更好地理解和尊重别人的人格和情感,提高自我的控制能力……显然,注重文化知识的学习,对于礼仪修养来说是不可或缺的。

3.心理素质的修养

心理素质的修养是指一个人从自身的心理特点出发,采取一定的方法,学会调节控制自己的心理活动状态,使自己在心理上具有适应外界环境、完成某项任务的能力。一个人的心理素质如何,直接影响到交际活动的质量。一个具有良好心理素质的人在交际活动中遇到各种情况和困难时,都能始终保持沉着稳定的心理状态,根据所掌握的信息,迅速采取最合理的行为方式,化险为夷,争取主动。相反,一些缺乏良好心理素质的人,在参加重大交际活动前,常会出现惊慌惧怕,心神不定,坐卧不安的状况,有的在交际活动开始后,甚至会出现心跳加快,四肢颤抖,说话声调不正常的现象。这充分说明一个人是否具有良好的心理素质是能否顺利参加交际活动、完美地运用交际礼仪形式的重要因素。因此,心理素质的修养也应成为交际礼仪修养中的一个重要内容。

4.行为习惯的修养

所谓的行为习惯就是一个人后天养成的在一定情况下自动地去进行某些动作的行为倾向。良好的行为习惯能够在人们的生活中发挥积极的作用,不良的行为习惯却会在人们生活中产生消极的作用。行为习惯并不一定都是人们有意识地形成的,但这并不意味着任何行为习惯都不必要有意识地经过反复练习加以培养。礼仪是人们交际生活中的一种行为模式,这种行为模式只有通过一个人的长期自觉的练习,变成自身的一种自动的动作,形成习惯,才能在交际活动中更好地发挥作用。礼仪修养实际上就是一个人自觉地用正确的思想战胜不正确的思想,用良好的行为习惯矫正不良的行为习惯的过程。检验一个人的礼仪修养如何,很重要的一条标准就是看他是否已把交际礼仪规范转化成了自身个性中的一种稳定成分,是否能在各种交际场合自然而然地遵循交际礼仪的要求。如果一个人只会在舞台上矫揉造作地表演几个礼仪动作,而在日常的交际活动中依然我行我素,任凭各种不良习惯的存在,那就说明这个人的礼仪修养是失败的。

(三)礼仪修养的基本准则

1. 遵守公德、遵时守信

遵守公德是文明公民应该具备的最基本的品质。所谓公德,是指一个社会的公民为了维护整个社会生活的正常秩序而共同遵循的最简单、最起码的公共生活准则。它反映的是人类社会生活中最一般、最基本的关系,而不是某一领域或特定阶级的关系。公德是日常生活中的道德,是人们普遍应该做到,又不难做到的最低限度的行为要求,是道德体系中的最低层次。其内容包括爱护公物、遵守公共秩序、救死扶伤、在邪恶面前主持正义,等等。在公共场所遵守公德,表现了人与人之间互相尊重及对社会的责任感。

遵时守信是人际交往时极为重要的礼貌。遵时,就是要遵守规定的时间和约定的时间,不得违时,不可失约。守信,就是要讲信用,不可言而无信。失约和言而无信都是失礼的行为,是人际交往中普遍为人们所反感的。"一诺千金","言必行,行必果",是对自身人格的尊重和珍惜。在旅游礼宾接待过程中,规定的迎送时间、服务时间不能延误;旅游线路安排、宾客约定的服务时间一般不要轻易变更;因发生人力不可抗拒的因素不得已改动时,应及早打招呼,做好说明解释工作,尽量避免给对方造成麻烦或令人产生误会。

2. 真诚友善、谦虚随和

在人际交往时,待人真诚、表里如一的人特别具有亲和力,很容易得到别人的信任;而虚情假意、口是心非者即使在礼貌礼节方面做得无可挑剔,仍然会让人感到不快,最终使得正常的交往难以继续。同时,与人交往应从友善的愿望出发,不可心存恶意或无端猜忌别人,也不可盛气凌人,自视高人一等。"尊重,还是贬低"是人际交往中最敏感的问题。从善良的愿望出发,以诚相待,才能赢得别人的信赖和尊重,保证交往顺利与成功。

谦虚随和的人,说话和气,一般比较有耐性,待人不严厉、不急躁、不粗暴,表现出虚怀若谷的态度。这样的人,态度亲切,乐意听取他人的意见,有事能与他人商量,容易同他人建立亲近的关系。相反,如果自视高明、目中无人,或夸夸其谈、妄自尊大,卖弄自己博学多闻,往往会被人视为傲慢无礼,对其敬而远之。但是谦虚温和并不是唯唯诺诺,过分顺从,缺乏个性和主见。如果这样也会令人轻视,不利于交际成功。

3. 理解宽容、热情有度

理解,就是善解人意,理解别人心灵深处的喜、怒、哀、乐,体谅别人隐衷。在人际交往和旅游服务接待工作中,最怕的就是互相缺乏理解,甚至产生误解。缺乏理解就无法沟通感情;产生误解则往往容易导致失礼,在交往者之间产生妨碍交流思想的隔膜,甚至会使关系僵化。宽容是理解的提高升华,是理解的结果。宽容是在与不同思想性格的人打交道时,对对方的误解、无礼,有气量,宽大为怀;允许不同观点的存在,也原谅他人对你的利益的无意侵害。你谅解了他人的过失,允许别人与你的不同,可以化解矛盾,赢得他人的敬重,有利于大局。但宽容不是无限的,否则就会丧失原则和人格,姑息纵容错误。

热情会使人感到亲切、温暖,从而缩短他人与你的感情距离,愿意与你接近、交往。但热情过分,会使人感到虚情假意,因而有所戒备,无意中筑起一道心理防线。过多的吹捧语言、勉强他人吃饭喝酒,会使人不堪负担,陷于难堪。而交往时冷若冰霜,或是"面冷心热",也会使人难以接近,甚至产生误解。旅游涉外饭店服务接待工作中的过于热情容易使宾客产生你可能别有企图的看法而有损你的形象。所以,我们在待人接物时既要注意真挚热情,也要注意把握好分寸和尺度。

4. 注意小节、风度高雅

有的人做事大大咧咧,行为没有拘束,不拘小节。如进入他人会议室,推开门就往里闯;展览会上随便触摸展览品;当众掏鼻孔、剔牙齿等。不拘小节,反映出一个人的行为修养较差。在注重礼仪的社会交往场合,不注意小节的人是不受欢迎的。作为旅游工作者,注意小节,彬彬有礼,是最起码的交往行为修养。

所谓风度,是一个人气质和修养的外在表现,是一个人在日常行为中表现出来的仪表、神情、姿态等的总和,是指人的全部生活姿态所提供给人们的综合印象。风度是一个综合的概念,是控制自己情绪的一种能力。风度不是表面上的穿着打扮,也不是简单地模仿别人的行为举止,风度是一个人深层次的精神状态、个性气质、品德修养、文化品味、生活情调的外在表现。必须以内在的气质作基础,优雅的风度取决于高雅的气质,风度美是一个人内慧外秀的统一,与仪表的漂亮相比,风度的优雅是一种更深刻的美。风度美不是千篇一律的,温柔恬静是美,雄伟粗犷也是美;纯洁热情是美,成熟庄重也是美。只要能够追求自然和谐,并具有独特的个性,那就是风度美。虽然风度美没有标准的模式,但美的风度应具有以下几个方面的特点:饱满的精神状态,诚恳的待人态度,健康的性格特点,幽默文雅的谈吐,得体的仪表礼节,大方的表情动作。风度是可以塑造的,一个人无法对自己的容貌作出选择,但在成长发展的过程中却可以对自己的风度负责,可以通过后天的学习磨炼,塑造美的风度,建立良好的个人形象。

本章小结

　　有了人类的历史,也就有了礼仪。由于礼仪的漫长历史以及各个民族、国家和地区的差异,使得礼仪的内容十分丰富而庞杂。本章重点介绍了礼仪的基本概念——礼、礼貌、礼节、礼仪,礼仪的起源与发展,礼仪的作用与功能及礼仪的基本原则,强调了旅游礼宾礼仪的特征、意义以及良好的心理素质对做好旅游礼宾接待工作的重要性等。通过教学,使学生了解礼仪的起源和历史沿革,掌握礼仪的基本原则与要领,明确礼仪对于旅游事业的重要性,使其充分认识到要真正学好礼仪必须不断完善自我,注重个人修养。

思考与练习

　　1.礼、礼貌、礼节、礼仪的涵义是什么?
　　2.简述礼仪的起源与演变过程。
　　3.礼仪有哪些重要功能?
　　4.如何理解礼仪的三项基本原则?
　　5.简述旅游礼宾礼仪的涵义、特征与意义。
　　6.旅游职业道德的主要规范有哪些?
　　7.如何扮演好旅游礼宾工作者的角色?

阅读材料

阅读材料 1-1

成功靠什么

　　成功,是每个人都企求的。成功靠什么? 人们会说,靠勤奋、知识、才华、胆略、毅力和机遇,等等。无疑,这些都是成功的要素,但是,作为现代人,交往和交往中的礼仪是取得成功的一大因素。

第二次世界大战期间，欧洲的盟军统帅艾森豪威尔，统率着一支由多国组成的大部队，手下有英国的蒙哥马利元帅、法国的戴高乐将军和美国的巴顿将军等一批著名的军事将领。他们都久经沙场，自视高明，互不服气。艾森豪威尔的指挥才能实在并不比他们高明多少，但是"艾克"却有一种高于他们的才能——善于处理错综复杂的关系，因而他能驾驭这样一批桀骜不驯的将领，统帅这样一支庞杂的部队，并获得大家的尊重。美国公共关系专家道顿写道："艾森豪威尔是了解处理好人际关系的重要性的少数人之一，我们此生不大可能再见到在这方面能与他相比的人了。"

我们有幸生在现代社会，由于物质文明和精神文明的高度发展，我们每个人自由地发展、有所作为的天地远比以往任何时代都更广阔了。另一方面，在现代社会中，个人和组织所面对的信息和外在的刺激因素之多、之强，也是过去任何时代所无法比拟的。这要求我们必须进行广泛的、频繁的、错综复杂的联系交往，以便及时做出反应，调整自己的行动。

因此，交往能力是现代人必须具备的基本能力之一。故而，国外的大企业在招聘或提拔人员时，几乎无一例外地都把一个人的交往能力作为重要条件。

我们听到的和看到的关于"个人奋斗"成功的故事实在太多了，于是，"个人奋斗"长期以来一直成为想取得成功、实现个人抱负和理想的人的信条。实际上，纯粹的个人奋斗是不存在的。举世闻名的天才发明家爱迪生一生的发明，在专利局登记的有 1 328 种，前前后后加起来不下两千种，在 1882 年一年里，他平均两天半多一点的时间就有一种新发明。且不说爱迪生是如何从前人那里获得知识与经验的，就拿每一项发明来说，离开他实验室工作人员的反复实验，爱迪生单枪匹马是无论如何也不行的。

心理学家的研究告诉我们，人的创造性同合群息息相关。要想有所创造，事业成功，必须学会与人合作。著名的英国哲学家约翰·洛克说过："我把自己所具有的浅薄知识归功于不耻下问，与人们详细讨论他们所从事的工作，使我得益匪浅。"17 世纪尚且如此，在如今的信息时代，通过交往获得信息，就更为重要了。占有了信息，就是占有了知识、资源，也就有了动力，这一切都是成功的关键因素。

艾柯卡在他的名著《反败为胜》中写道："酝酿构想的最佳方法乃是通过你的同事相互琢磨。这一点可以使我们确认团体精神与人际关系的重要性。同两三个人坐在一起商谈所能发挥的'触媒效用'是令人难以想象的。事实上，我个人的成功大部分归于此。因此，我十分鼓励主管人员之间花费时间相聚在一起谈谈，不一定是正式的会谈，随便聊天也好，这对彼此提供意见来解决问题，是有益的。"

然而，必须指出，在我们中也有相当一部分人，并不认为交往能力是我们取得成功的必要因素。善于交往被认为是"不踏实"、"耍手腕"等等，这是长期以来封建的人际关系观念所造成的。在封建等级制度下，需要的是"归属型"的人——服从人治，唯上是命,人际交往处于封闭状态,这起着维护封建社会稳定的作用。

在现代社会中,据国外学者研究,人们平均有70%的时间用于交往,也即用于听、讲、读、写等方面,不是传递信息便是接受信息。因此,生活在现代社会而鄙视交往,是无法适应社会要求,满足个人需要的。在现代社会里,需要的是"自我实现型"的人,人际交往处于开放状态,起着推动社会发展的作用。

阅读材料 1-2

做一个快乐的人

"没有什么事,是好的或坏的。"莎士比亚说,"但思想却使其中有所不同。"日常生活中,我们应有良好的心态,避免忧虑、紧张和心乱,使自己快乐起来。

一个人会发现,当他改变对事物和其他人的看法时,事物和其他的人对他来说就会发生改变。要是一个人把他的思想望向光明,他就会很吃惊地发现,他的生活受到很大的影响。一个人所能得到的,正是他们自己思想的直接结果。有了奋发向上的思想之后,一个人就能兴起、征服,而能有所成就。如果他不能奋起他的思想,他就永远只能衰弱而愁苦。爱默生有一句常记在心中的话:"每一天都是一年中最好的日子。"我们要珍惜今天,不要为莫名的忧虑而烦恼。卡耐基有一个每天能产生快乐而富有建设性思想的计划,这个计划名字叫做《只为今天》。如果我们能够照着做,我们就能消除大部分的忧虑,而大大地增加生活上的快乐。下面就是这个计划:

只为今天

1. 只为今天,我要很快乐。假如林肯所说的"大部分的人只要下定决心都能很快乐"这句话是对的,那么快乐是来自内心,而不是存在于外在。

2. 只为今天,我要让自己适应一切,而不去试着调整一切来适应我的欲望。我要以这种态度接受我的家庭、我的事业和我的运气。

3. 只为今天,我要爱护我的身体。我要多加运动,善自照顾,善自珍惜;不损伤它、不忽视它;使它能成为我争取成功的好基础。

4. 只为今天,我要加强我的思想。我要学一些有用的东西,我决不做一个胡思乱想的人。我要看一些需要思考、更需要集中精神才能看的书。

5. 只为今天,我要用三件事锻炼我的灵魂:我要为别人做一件好事,但不要让人家知道;我还要做两件我并不想做的事,而这就像威廉·詹姆斯所建议的,是为了锻炼。

6. 只为今天,我要做一个讨人喜欢的人,外表要尽量修饰,衣着要尽量得体,说话低声,行动优雅,丝毫不在乎别人的毁誉。对任何事都不挑毛病,也不干涉或教训别人。

7. 只为今天,我要试着只考虑怎么度过今天,而不把我一生的问题都在一次解决。因为,我虽然连续十二个钟点做一件事,但若要我一辈子都这样做下去的话,就会吓坏了我。

8. 只为今天,我要订下一个计划。我要写下每个钟点该做些什么事。也许我不会完全照着做,但还要订下这个计划。这样至少可以免除两种缺点——过分仓促和犹豫不决。

9. 只为今天,我要为自己留下安静的半个钟头,轻松一番。在这半个钟头里,我要想到神使我的生命中更充满希望。

10. 只为今天,我要心中毫无惧怕,尤其是,我不要怕快乐,我要去欣赏美的一切,去爱,去相信我爱的那些人会爱我。

有了快乐的思想和行为,你就能感到快乐。

一般的社交礼仪

在现代社会中，广泛的社交是事业成功的必要条件。掌握一般的社交礼仪有助于在人际交往中显示自己的风度，增添个人的魅力。同时，了解一般社交过程中最基本的礼貌、礼节、礼仪，也有助于旅游礼宾活动的顺利开展和为客人提供优质的服务。

第一节　见面时常用的礼节

见面时常用的礼节是指在日常见面时使用频率较高的礼节。正确地、合乎规范地施行这些礼节，将有效地表达对对方的友善和敬意，给人留下良好的第一印象。

一、介绍

介绍是在日常生活和社交场合中经常使用的，从中沟通、使双方建立关系的一种礼节。通过介绍，可以缩短人们之间的距离，使隔阂感逐渐被亲近感所取代，以便更好地交谈、沟通和了解；还可以帮助人们扩大社交圈，结识新朋友，为以后相互合作奠定基础。

介绍有各种各样的方式。如果按社交场合分，有正式介绍和非正式介绍；如果按被介绍者的人数来分，有集体介绍和个别介绍；如果按介绍者来区分，有自我介绍、他人介绍和介绍他人。此外，如果从介绍的性质和目的来划分，还可以分为商业性介绍、社交性介绍和家庭成员介绍等形式。

（一）自我介绍

在社交场合，自我介绍是常有的事。成功的自我介绍会给人留下主动、热情、大方的印象，为今后进一步交往创造一个良好的开端。自我介绍时，应该注意做到：

1. 措辞坦然、直率，简繁恰当

自我介绍时，可以直接介绍自己的姓名、身份、单位。例如："您好，我是新都宾馆公关部的林晓嘉,请多关照。"或者:"您好,我是林晓嘉,新都宾馆公关部经理,很高兴认识您。"如果对方表现出结识的热情和兴趣,还可视情况,介绍一下对方关心的问题,比如自己的原籍、毕业学校以及学习专业、工作经历和兴趣爱好,等等。

2. 举止庄重、大方,充满自信

只有自信的人才能有勉力并使人产生信赖和好感。按照传统习惯,作介绍时可将右手放在自己的左胸上,不要慌慌张张,手足无措,不要用大拇指指着自己。切忌在自我介绍中躲躲闪闪,唯唯诺诺,似乎怕别人摸了自己的底而小看自己。或者吞吞吐吐,模棱两可,不能给别人一种清晰的概念和印象。

3. 表情亲切、自然,掌握分寸

眼睛应看着对方或大家,要善于用眼神、微笑和自然亲切的面部表情来表达友谊之情。不要显得不知所措、面红耳赤,更不能一副随随便便、满不在乎的样子。切忌信口开河,以我为主,过分表现自己。如在不适当的时候打断别人谈话,把自己硬插进去,或夸大表现自己,在自我介绍中长篇大论,洋洋洒洒。

(二)介绍他人

介绍他人是指在社交场合自己作为介绍人为他人作介绍。介绍他人时应注意做到:

1. 把握时机

如果对方正在与别人交谈,不能随意打断别人的谈话,这时可点头致意后在一旁等待。因为只有在合适的情形之下,你介绍的朋友才会被对方所重视。

2. 分寸恰当

为他人介绍时,应注意实事求是,掌握分寸,切忌刻意吹捧,使交往双方处于尴尬的境地。必要时,可以说明被介绍的一方与自己的关系,以便增进相互了解和信任。如果同时介绍几个人与对方相识,通常应一视同仁,不偏重任何一方,但对其中身份高者或年长者可以作适度的重点介绍。

3. 姿态文雅

为他人介绍时,手势动作应文雅。无论介绍哪一方,都应手心朝上,手背朝下,五指自然并拢,指向被介绍的一方,眼神要随手势指向被介绍的对象,而不应伸出食指指指划划,或眼手不协调,显得心不在焉。

4. 先后有序

在较为正式、郑重的场合进行介绍要特别注意先后有序。国际上一般惯例是把身份低的介绍给身份高的;把年轻的介绍给年长的;把男士介绍给女士;把未婚的介绍给已婚的;把客人介绍给主人;把后到者介绍给先到者。商业性介绍则不分男女,总是把身份地位低的介绍给身份地位高的。介绍的总的原则是把别人介绍给你所尊敬的人。

在介绍过程中,先提某人的名字是对他(她)的一种敬意。比如,要把一位姓张的男子介绍给一位姓王的女子,可以这样介绍:"王小姐,我可以介绍张先生认识你吗?"获得许可后,再为双方作介绍:"我来介绍一下。这位是张先生,这位是王小姐。"而要把一位年轻的女士介绍给一家大企业的负责人,则不论性别,均应先提称这位企业家:"李总,请允许我介绍一下。"然后再给双方作介绍。在介绍时,最好是姓名并提。还可附加职称、职务、爱好特长等说明。例如"李总,这位是山水国旅的导游员黄俐小姐。""黄小姐,这位是我们酒店的李浩总经理。"

此外,当把一个人介绍给众多的人时,首先应该向大家介绍这个人,然后再把众人逐个介绍给这个人。集体介绍可以按照座位次序或职务次序一一介绍。介绍时,中介人应有礼貌地以手示意。

(三)他人介绍

在出入交际场合与人相识时,也经常由他人来做介绍。由他人作介绍,自己处于当事人之中,如果作为身份高者被介绍后,应立即主动与对方握手,表示很高兴与之相识。如果自己想要认识某人,但自我介绍又不太合适时,也可以委托他人为自己介绍。如果作为一般身份的人,当未被介绍给对方时,应耐心等待。

介绍时,除女士和年长者可就坐微笑或略起欠身致意外,一般均应起立,微笑致意或说"认识你很高兴"之类的礼貌语。但在宴会桌上、会谈桌上可不必起立,这时,被介绍者只要微笑点头,相距近者可握手,远者可举手致意。

二、握手

握手礼是在社交活动中使用频率最高、适应范围最广泛的一种礼节。人们在见面时、分别时、问候时、祝贺时以及表示友好、和解时常常会使用握手礼。但是,握手礼并非全球通用的礼节。在某些国家,握手仅限于特定的场合和范围。如在美国,一般只有在被第三者介绍时两人才握手。

(一)礼节要求

按照国际惯例,握手礼有一整套比较完整的礼节要求。

1. 握手的掌势

握手时,掌心向下显得傲慢,似乎处于高人一等的地位,表现出一种支配欲和驾驭感。很显然下级对上级、晚辈对长辈、学生对老师使用这一手势是失礼的;握手之时,掌心向上是谦恭和顺从的象征;握手之时,双方手掌均呈垂直状态,两人都欲处于支配地位,并都想使对方的手处于顺从状态。在涉外场合,双方手掌均呈垂直状态,意为地位平等。

2. 握手的顺序

在交际场合,握手时伸手的先后顺序非常讲究。

(1)身份不同时,由位尊者决定。一般由主人、年长者、身份高者、女士先伸手,客人、年轻者、身份低者、男士可先行问候致意,待对方伸手后再回握。

（2）有客来访时,注意主客有序。迎接客人时,主人先伸手,以示热烈欢迎;客人告辞时,客人先伸手,主人再伸手回握,否则有逐客的嫌疑。

（3）身份相当时,谁先伸手不作计较。一般谁伸手快,谁更为有礼。另外,祝贺对方,宽慰对方,表示谅解对方,要显得真心诚意的话,应主动伸手。

（4）礼节性握手应坚持对等、同步的原则。一方伸出手来,另一方应及时回握,起码时间差不能太明显。如果反应迟钝,半天才伸手,或者未做回应,拒绝握手,都会使对方陷入尴尬境地。

3. 握手的时间

握手时间控制的一般原则可根据握手双方的亲密程序灵活掌握。初次见面握手时间不宜过长,以三秒钟左右为宜。切忌握住异性的手久久不松开,握住同性的手时间也不宜过长,除非碰到老朋友或敬慕已久的客人,为表示特别亲切,握手时间可稍长些。

4. 握手的力度

握手时用力要适度,可握得稍紧些,以示热情,但不可太用力,更不可把对方手握疼,否则会显得粗鲁无礼。但也不可握得太轻,有人为维护自尊,握手时只用指尖与对方接触,或是干脆在他人握住自己手时一动不动,不作任何反应,这种作法显得妄自尊大或让对方怀疑你在敷衍了事。正确的做法应当是不轻不重地用手掌和手指全部握住对方的手,然后微微向下晃动。自己的手被别人握住时,也应微微晃一晃,以示有所回应。当然,如遇故知或同学,紧紧握住对方的手,即使握得有点隐隐作痛,也只会为这不期而遇的亲切、热诚增添乐趣。如果下级或晚辈与自己有力而紧紧相握,一般也应报以相同的力。这会使晚辈或下级对自己产生强烈的信任感,也可以使你的威望、感召力在晚辈或下级中得到提高。

5. 握手的忌讳

一忌交叉握手。当两个人握手时,两人相握的手不能有意或无意地交叉,否则就会构成西方人认为最不吉利的十字架图案。他们认为交叉握手后形成"十字架"是凶兆的象征,日后必定会招来不幸。

二忌左手相握。用左手与人相握是非常失礼的,因故（如右手患疾或沾有污渍等）不能用右手相握时,则应主动向对方致歉并加以说明,免行握手礼。与外国人交往时,应特别注意这一点。如穆斯林与印度人都认为,左手仅只适用于为自己洗浴,或是去洗手间方便,右手才负有高雅的使命。若用左手与之相握,或握手时双手并用,他们都会感到是有意的侮辱。

三忌不摘手套。男子和女士握手时,必须先脱下手套（身穿军服的军人例外）;女士被允许在交际场合可以戴着礼服手套与人握手。

四忌厚此薄彼。握手时如果有几个人,而你只同一个人握手,对其他人视而不见,这是极端不礼貌的。与多人握手时,与每个人握手的时间应大致相等,若握手的时间明显过长或过短,也有失礼仪。

五忌心有旁骛。与人握手时,目光应注视着对方,微笑致意。眼睛"走神"、心不在焉,看着别处与人握手是非常失礼的行为。

此外,不能在跨门槛或隔着门槛时握手,也不能连蹦带跳地握手,或边握手边敲肩拍背以及有其他轻浮失礼之举。

(二)握手的形式

1. 平等式握手

平等式握手即单手握,这是最为普通的握手方式。具体做法是施礼双方各自伸出右手,手掌均呈垂直状态,四指并拢,拇指张开,肘关节微屈抬至腰部,上身微前倾,目视对方与之右手相握,可以适当上下摇动以示亲热。它是礼节性的握手方式,一般适用于初次见面或交往不深的人握手。

2. 手拍手式握手

主动握手者用右手握住对方的右手,再用其左手握住对方右手的手背。这种形式的握手,在西方国家被称之为"政治家的握手"。用这种形式握手的人,试图让接受者感到他热情真挚,诚实可靠,在朋友、同事之间,很可能达到预想的结果。然而,如果与初次见面的人相握,则可能导致相反的效果,因为,接受者可能怀疑主动者的动机。

3. 上拍肩式握手

这种形式的握手有两个组成部分。第一,主动握手者的右手与对方的右手相握,他的左手移向对方的右臂。这样,他伸出的右手和左手就可以向接受者传递出更多的感情。比如,握住对方的胳臂时,要比握手腕表达情感更多,用手握住对方的肩膀又要比握胳臂肘上方显得诚挚友好。第二,主动握手者左手给对方增加了额外的温暖。握胳臂和握肩膀等部位时,应该注意的是,只有在情投意合和感情极为密切的人之间才受欢迎。

> **·握手的起源** 在原始社会,人们以石块作武器,不同部落的人见面时,相互间以手心相碰,表示友好和互不侵犯。后来古代欧洲贵族有佩剑的习惯,若仇人相见,则拔剑相击,若伸手相握,则表示友好致意。

三、鞠躬

鞠躬礼是表示对他人敬重的一种郑重礼节,常用于下级对上级、服务人员对宾客、初次见面的朋友之间以及欢送宾客等社交场合。它包括三鞠躬(也称最敬礼)和一鞠躬两种。

(一)礼节要求

1.鞠躬的方法

身体立正,目光平视,自然微笑,面对受礼者;男士鞠躬双手在体侧自然下垂或相握背在体后,女士则将双手在体前轻轻搭放在一起,右手搭在左手上;以腰部为轴,腰、背、颈、头呈一直线,身体前倾15度~90度,视线也随之自然下垂;身体前倾到位后停留一秒钟再恢复原状。同时致以问候或告别语,如"你好!""早上好!""欢迎光临!""见到您很高兴。""欢迎下次再来。"等。

2.鞠躬的角度

行鞠躬礼时,上身前倾的角度视对受礼人的尊重程度而定,角度越大就越谦恭。一鞠躬几乎适用于一切社交场合,施礼角度约为15度左右;三鞠躬必须用90度鞠躬礼,一般用在婚礼、悼念等特殊场合。日本的鞠躬礼是双手搭在腿上,尤其是女士行礼时角度都很大。因此,跟日本人交往时施鞠躬礼的角度也要加大。日本人给尊贵的客人行鞠躬礼,总是比对方多鞠一躬,并等对方抬起头以后才能把头抬起。

3.鞠躬的要求

鞠躬应在距对方2米左右时进行。鞠躬时,必须脱帽,用右手握住帽檐中央,将帽取下,左手下垂行礼。女性戴无檐帽时可以免脱。如果在行进中向对方行鞠躬礼,礼毕后应向右跨出一步,给对方让路。

受礼者若是长者、尊者、宾客和女士,可以不还鞠躬礼,而用欠身、点头、微笑致意,以示还礼。其他人在受礼后均应以鞠躬礼相还。任何时候都不可一面鞠躬一面抬头看受礼者,礼毕应礼貌地注视着受礼者。如果将视线移向别处,会令人怀疑你鞠躬的诚意。

鞠躬时忌不站立或站立不直、边走边鞠躬、随意点头弯身、咀嚼食物、说话、东张西望、双手提拿物品或插入衣裤口袋、叼烟等不礼貌的行为。

(二)鞠躬适用的场合

1.表演谢幕

当一场精彩的演出结束时,观众往往报以热烈的掌声,以感谢演职人员的辛勤劳动。为了对热情的观众表示感谢,这时表演者常以鞠躬来谢幕。

2.发言、演讲、领奖、馈赠

大会发言人、演讲报告人在发言开始前和结束后,常以鞠躬礼来表示自己对听众的敬意;获奖者上台领奖、接受对方馈赠时也常以鞠躬礼致谢。

3.婚礼、答谢宴请、登门致谢或谢罪

按照我国的传统习惯,举行婚礼时,新郎新娘要向尊长、亲友和来宾三鞠躬;在答谢宴请时,来宾常以鞠躬礼对主人的热情接待表示感谢;在对方给予自己很大的照顾或自己给对方造成很大的麻烦,专程登门表示谢意或歉意时也常施以鞠躬礼。

4. 迎来送往、接待外宾

在旅游接待过程中经常遇到迎来送往的场合,如酒店的门童每天都要对着进进出出的客人鞠躬致礼;在接待日本等国来宾时,见面时也常按对方的习惯相互鞠躬。

5. 悼念活动

亲朋好友去世之后,在参加为其举行的种种悼念活动时,如在灵堂吊丧或参加追悼会等都要行鞠躬礼。

四、致意

致意是用语言或行为向别人表示问候、尊敬之意。致意是交际应酬中最简单、最常用的礼节。它通常用于相识的人或只有一面之交的人之间在各种场合打招呼。由于致意在很多情况下是不出声的问候,以"此时无声胜有声"来传达的友善之意,这就要求致意时一定要让对方看到。如果向朋友致意时距离太远,或在其侧面或背后致意导致对方看不清楚或毫无反应,则既无效果又令人难堪。

(一)礼节要求

致意的顺序应该遵循男士先向女士致意;年轻者先向年长者致意;学生先向师长致意;下级先向上级致意的原则。

遇到身份较高者,一般不应立即起身去向对方致意,而应在对方的应酬告一段落之后,再上前致意。与多人打招呼要遵照先长后幼,先女后男,先疏后亲的原则进行。女士一般可以不首先向异性朋友致意,唯有遇到上级、长辈、老师、特别钦佩的人以及见到一群朋友的时候,女士才需先向他们致意。

此外,如果对方先向自己致意,一般应以同样的致意形式向对方还礼,视而不见或毫无反应都是傲慢无礼的行为。致意时还要注意文雅,一般不要在致意的同时,向对方高声叫喊,也不能毫无表情或精神萎靡不振,这样会给人敷衍了事的感觉和缺乏教养的印象。

(二)致意的形式

1. 微笑致意

适于与相识者或只有一面之交者在同一地点、彼此距离较近但不适宜交谈或无法交谈的场合。

2. 起立致意

一般有尊、长者到来或离去时,在场者应起立表示致意。如尊、长者来访,在场者应起立表示欢迎,待来访者落座后,自己才可坐下;如遇尊、长者离开,则待其先起立后,其他人才可起立相送。

3. 举手致意

适宜向距离较远的熟人打招呼,一般不必出声,只将右臂伸直,掌心朝向对方,轻轻摆一两下手即可,不要反复摇动。

4. 点头致意

适于不宜或无需交谈的场合。如会议、会谈正进行中,与相识者或仅有一面之交者在一天中频繁见面时,都可以点头为礼。

5. 欠身致意

欠身致意表示对他人的恭敬。具体方法是身体上部微微向前一躬,欠身的幅度应在 15 度以内。

6. 脱帽致意

与朋友、熟人见面时,若自己戴的是无檐儿帽,就不必脱帽,只需欠身致意即可,但注意不可以双手插兜。若自己戴着有檐儿的帽子,则以脱帽致意最为适宜。当然若与朋友、熟人擦肩而过亦可采取轻掀一下帽子的方式致意。

另外,致意时,往往同时施用两种,甚至两种以上的致意形式。如点头与微笑并用,欠身与脱帽并用等。

五、其他礼节

(一)亲吻礼

在西方,亲吻礼是常见的一种见面礼。视不同的对象采用亲额头、贴面颊、接吻、吻手背等形式。一般在公共场合见面时,为了表示亲近友好,女性之间可以亲脸,男子之间一般抱肩拥抱,男女之间可以贴脸颊,长辈可以亲晚辈的脸或额头,男子对尊贵的女宾则只吻其手背等。

吻手礼是流行欧美上流社会异性之间的一种礼节。近年来我国城市年轻人中也偶有所见。行礼时双方相距 80 厘米,双方注目。女士先将右手轻轻向左前方抬起约 60 度时,手下垂,手背向上;然后男士轻轻将其提起,略俯身,低头,在女士手背上轻吻一下;再将手缓缓松开,礼毕。行吻手礼时,男士一定要稳重、自然,动作不能粗俗,姿势不可夸张,行礼时一定不可以发出声音。

在我国传统礼节中,没有接吻、拥抱的习惯。在涉外交往中,为尊重对方的习俗,可适当施此礼。年轻女性遇外宾亲吻致礼时,可主动伸出右手行握手礼。如果对方是长者,出于尊重而行吻手礼等,应落落大方地以礼相待。

(二)拥抱礼

拥抱礼是男子之间在隆重场合常施行的欢迎宾客或表示祝贺、感谢的一种礼节。拥抱礼有时是热情友好的,有时是纯礼节性的。我国的传统礼仪中不行此礼,涉外交往中,为了尊重对方,可偶尔为之。

拥抱时,两人相对而立,右臂偏上,左臂偏下,右手扶着对方的左肩,左手扶着对方的腰后部。按各自的方位,两人头部及上身都向左相互拥抱,礼节性的拥抱可以到此为止;较为亲密时,应再向右拥抱,最后再次向左拥抱,礼毕。拥抱时间的长短,视双方关系亲密程度而定。礼节性的拥抱一般时间较短,双方身体也不必贴得很紧,更不允许亲吻对方的脸颊。

(三)女士优先

国际礼仪强调女士优先,要求每一位成年男子都要尊重、照顾、体谅、帮助和保护女士,为女士排忧解难。女士优先具体表现在:

1. 行走

男士要走在女士左边,把尊者之位右边留给女士;在街上行走时让女士走在右边,即靠人行道较安全的一侧;在狭窄或人很多的人行道上行走,男子应闪到旁边,给女士让路;男子在路上遇到认识的女士时,应点头致意,并把手抽出衣袋,嘴里不要叼着烟等。

2. 乘车

陪伴女士或同乘火车或电车时,男子应设法给女士找一个座位,然后再给自己找一个尽可能靠近她的座位;如果找不到的话,应站在她面前,尽可能地靠近她;乘出租汽车时,男士应首先走近汽车,把右侧的车门打开,让女士先坐进去,男士再绕到车左边,坐到左边的座位上;有时,为了在马路上上下车安全起见,出租车左侧车门用安全装置锁闭了,那么男士可以随女士之后从右侧上车,坐在女士右边座位上,不为失礼;当男士自己驾驶汽车时,他应先协助自己的女伴坐到汽车驾驶座旁的前排座位上,抵达目的地后,男士要先下车绕到汽车另一侧,打开车门,协助自己的女伴走下汽车。

3. 上下楼或电梯

在上楼梯时,男士要跟在女士的后面,相隔一、两级台阶的距离;下楼梯时,男士应主动走在前面;乘电梯时,男子应请女士先进去,并负责按电钮,礼貌地询问女士所上的楼层。

4. 进门

走到门边时,男士应赶前几步,打开屋门,让女士先进,自己随后。

5. 社交

当一位女士走进来时,男子应起立,等到她坐下后,才可坐下。相反,女士则可安坐。如与女士对坐,则不宜吸烟。夫妇同到一家作客,告别时,应由女士起立告辞。

6. 观看影剧

进影、剧院时,应由男士拿着入场券检票;在存衣室,男士应先协助女士脱下大衣、披风,然后再自己脱去外套;如果没有专人引导入座,男士就应走前几步为女士引路;从两排之间穿行,走向自己座位时,应面向就座的观众,并且女士走在男士的前面;如果是几个男士和几个女士一起去观看影剧,那么首先和最后穿过就座观众的应是男士,女士夹在中间进去,这样,可以使女士不与陌生人坐在一起;散场人挤时,男士应走在女士前面;不挤时,女士稍前或并排与男士同行。

7. 进餐馆

如果是男士预先选择或预定了餐桌,则他应走在前面为女士引路;如果不是这样,行进的顺序应该是:侍者—女士—男士;在餐桌旁,男士应协助女士就座,把椅子从桌边拉开,等女士即将坐下时再把椅子移近桌子;坐定后,男士应把菜单递给女士,把选择菜肴的权利先交给女性;餐毕通常由男士付账。

8. 助臂

男人应该帮助他所陪伴的女士携带的较重的或拿着不方便的物品,如购物袋、旅行包、雨伞等。但是,女士的专用物品男士则不必代劳,如女士的皮包、化妆袋、阳伞和手套等。

女士携带的东西坠地,男士不论相识与否都应主动帮助拾起;女士失足、滑倒的时候,男士应该以臂相助。

在女士优先问题上,西方人认为,对熟悉的女士如此,对陌生的女士也应如此;对年轻漂亮的女士如此,对年老色衰的女士也如此,这样的男人才算作真正的绅士。

> **·共同的财富** 在世界范围内,礼节并非是哪一国家的专利,而是不同民族相互交流的产物,是全人类优秀文化的结晶。

第二节 电信礼仪

现代社会各种电信手段日益发达完善,如电话、传真、电子邮件等已成为商务运作及日常交往中互致问候、沟通信息的重要工具。在使用电信手段与人进行不直接会面的交往时,同样要注意方法正确、礼仪周到。

一、电话礼仪

电话是快捷、高效的通讯工具,电话往来是现代社会非常普遍的一种交际方式。在电话中使对方感受到热情、亲切、彬彬有礼,是个人文明修养及企业良好形象的组成部分,会提高个人和企业的美誉度。

(一)打电话

打电话是指在社交场合,作为主动发话方拨打对方的电话。这种情况下要注意以下礼节要点:

1. 选择适当的通话时间

白天应在 8 点以后,假日最好在 9 点以后;夜间则应在 10 点以前,以免影响对方休息。与国外通话,还务必注意时差和生活习惯。电话接通后,要询问一下时间是否合适、有无妨碍。

2. 查清对方的电话号码,并正确拨号

如弄错了,应向接电话者表示歉意,不可将电话挂断了事。拨号以后,如只听铃响,没有人接,应耐心等待片刻,待铃响六、七次后再挂断。否则,如对方正在离电话机稍远的地方,待匆匆赶来时,电话已挂断,也是失礼的行为。

3. 电话接通后确认受话单位

先问一下对方的单位或电话号码,并做自我介绍,然后再报要找的受话人姓名。劈头就问:"喂,你是谁?"这是很不礼貌的。如受话人不在,可请对方转告,或过后再打电话。

4. 谈话中心突出,要旨明确,陈述简洁,口齿清楚,语速适当

在工作中,要打电话时,最好在拨号前将要谈的内容理出头绪,不要边说边想,杂乱无章;不要长时间闲聊或过分客套。讲话时速度极快,含糊不清,说话从不停顿,都不是正确的通话方法。重要的地方和难以理解的词要强调、慢说,或在此之前停顿一下,或再重复一遍,保证对方听得清楚明白。

5. 通话结束应有告别语

通话结束,发话方应有告别语:"我们就谈到这儿吧,再见!"或通知对方要挂机,千万不要没有任何表示就挂断电话。

(二)接电话

作为受话方,在接听电话时应注意的礼节规范有:

(1)电话铃响后,应尽快接听,不要故意拖延。若一时腾不出空,铃响三遍后才接,拿起电话就应先向对方致歉:"对不起,让您久等了。"

(2)拿起电话先问候,然后做自我介绍。接听电话时,第一句话应向对方问好,接着自报家门,然后再问对方找谁。如在单位接到电话,在礼貌的称呼之后,先报出单位或部门的名称。如"你好!春秋旅行社。"如果正在接待来客时电话响了,应注意先向客人打个招呼:"对不起!"然后再去取听筒。

当来电话的人说明事由之后,如果刚好是本人接听,常说:"我就是,请问您是哪位?"如自己不是受话人,应负起代为传呼的责任,但不能在听筒尚未放下时,就大声叫:"小张,你的电话!"显得缺乏教养;如要找的人正忙着,不能马上接电话,你应该重新拿起电话告诉对方:"请稍等一下。"如要找的人不在,则不能把电话挂断了事,而要耐心地告诉对方:"对不起,他正好出去了。您需要留话吗?"

(3)接听电话过程中,应耐心倾听、注意力集中。听电话时,如手中正在忙碌,应注意不要弄出声响,音响、电视声应弄小;正在吃东西应尽快咽下或吐出,不要边咀嚼食物边回话;不随便打断话头插话,应不时以应和之语应答,表明在倾听;重要内容应找笔记下,关键词语、事项应复述确认。

(4)通话中需要查询情况,切忌让对方拿着听筒干等。需要较长时间时,应不时用电话和对方说:"请您再稍等片刻。"或:"请挂了电话,我待会儿再打给您。"然后问明对方电话号码之后再挂断电话。总之,不要让对方有被遗忘的感觉。

(5)通话结束,一般由主动发话的一方结束谈话并先挂断电话。如对方话还未讲完,接听人就先挂断电话,则是失礼的行为。

此外,在电话礼仪中,还特别强调语音语调的控制。无论是发话方还是受话方,声音柔和清晰,不要在电话里喊叫或声音很尖;注意使用"融入笑容的声音"与对方通话。据有关研究表明,当一个人面带微笑时,其发出的声音也会格外悦耳动听。因此,在通话中,尽管彼此看不见对方,也要像面对面交谈那样注意自己的态度。

二、传真往来

随着社会的进步,现代化的办公设备已越来越普及了。许多商务函件都采用传真的方式传递。使用规范的传真封面,注明每一页的页码(包括封面),对方接受时可以清楚是否是全部文件或缺少哪一页,这样就能使传真函件的处理方便、高效和符合礼仪。

```
                桂林旅专实习酒店传真封面            页码____
    DATA 日期:_____
    TO 收件人:_____    FAX 传真号码:_____
    FROM 发送人:_____    FAX 传真号码:_____
    TOTALPAGES 页数(含此页):_____
    RE 有关:_____




    本次传递如有问题,请致电:0773-5831502 通知我们,谢谢!
    If you have problem please call us at 0773-5831502,Thank you!
```

三、电子邮件

当今社会已进入网络时代,电子邮件(E-mail)成为了最快捷的互通信息的有效手段。在编写电子邮件留言时,应注意简洁、清楚地表达想说的意思。电子邮件的留言与传统书信在写作格式上有相似之处,留言的内容一般分为四个部分:

第一部分称谓。首行顶格书写,称谓应得体礼貌,合乎收信人的身份、地位、用词要情真意切,谦虚懂礼。

第二部分正文。这是信的中心内容,每段首行空两格,转行后顶格书写。正文内容要条理清楚,简明扼要。

第三部分为结尾。谦辞使用祝颂语要得体,并根据对象、行业、场合不同有所变化。

第四部分署名和日期与结尾谦辞间隔两行,在右三分之一处署名,在署名下面注日期。

在正式发送之前应认真检查一遍,注意避免语法、打印错误。

第三节 礼仪柬帖

在日常交际活动中,礼仪柬帖经常为人们使用,如名片、请柬、贺卡、聘书等。礼仪柬帖讲究格式与规范,这直接影响交际效果。

一、名片

(一)名片的用途

名片,是交际场合个人身份的介绍信,是使用最普遍、用量最大的一种礼柬。其主要用途有:

1.自我介绍

在普通交际场合,当介绍自己时,借助小小的名片,可以明白无误地向对方说明自己的姓名、服务单位、职务职称、通讯地址等。使用名片可避免初次见面口头介绍容易造成的遗忘、误听、误解的麻烦。中国人向以谦逊为美德,一般不习惯主动向别人介绍自己的头衔职位。使用名片则可避免不便启齿的尴尬,加深初交的印象,有益于日后的继续交往联系。

2.拜访求见

如果你没有条件在见面之前事先打个电话上去,就在拜访前,在自己名片上加上"求见某某人"字样,交由门卫或秘书传送,以示要求。当然,最正确的做法是首先打电话。

3.礼仪柬帖

名片也可以作为简单的礼节性柬帖,表示祝贺、感谢、介绍、辞行、慰问、吊唁等。如贺喜时,将名片和礼物一起送上,如果是隆重的恭贺,像朋友结婚,应再加上一张结婚贺卡。逢亲友、客户住院,可以在送花去的同时,再在自己名片名字下加写"祝早日康复"等。

(二)名片的种类与规格

现代人们常用名片按照用途来分有两种:一种是只印名字、联络电话、传真和地址、E-mail 的普通社交名片;另一种是加印单位名称、地址、职衔的公务(商务)名片。

名片的文字排印,分横式、竖式两种。横式行序由上而下,字序从左至右。第一行是持片人的供职单位、部门名称,兼职较多者,择要分行列出。正中以较大字号低两格排印持片人的姓名,姓名右下方用小字标上持片人职务、职称或学衔。名片下方分行列出单位地址、电话号码、邮政编码等,或附上寓所地址、电话号码等。竖式行序从右至左,字序由上而下,排印内容先后顺序同横式所述。名片的背面可空白,亦可根据需要印上某种外文,其内容与正面各项内容相统一。

(三)名片礼节

(1)递赠名片者,一般以左手持名片夹,右手取出自己的名片双手递给对方,要把名片上的字体正对接受者,态度要从容大方,可说句"请多指教","请多关照"等礼貌语言。当你与长者、尊者交换名片时,双手递上,身体可微微前倾,说一句"请多关照"。你想得到对方名片时,可以用请求的口吻说:"如果您方便的话,能否留张名片给我?"

(2)接收受者亦应双手接过,并说声"谢谢",将名片上的内容仔细地看一遍,然后妥善收放;或端正地暂置案前,以便继续交谈。也可向对方回赠自己的名片。切忌漫不经心,一眼也不看就收藏起来,也不要把名片放在桌子上时,在其上面压上别的东西,更不要把别人的名片在手中玩弄,这些都是非常失礼的。

(3)在社交场合,应根据需要,确定递赠名片的对象,切忌滥发或厚此薄彼。同一场合,切忌向同一对象重复递赠名片或在一大堆陌生人中散发名片,给人以轻薄之感。应该有选择、有层次地递交名片,让你的名片在可能起作用的范围内散发。

(4)在对方的名片上做一些简单的记录和提示是个好办法。如果与交换过名片的人交谈时发现对方的一些特点或爱好等可记在他的名片上,以利于下次交往。

(5)索取他人名片的正确做法是欲取之必先予之,即把自己的名片先递给对方,以此来求得对方的回应。或略示自己的意愿,对长辈、嘉宾或地位、声望高于自己的人,可以说:"以后怎样才能向您请教?"对平辈和身份、地位相仿的人,可以问:"今后怎么和您保持联系?"这两种说法都带有"请留下一枚名片"之意。切忌像收集名片似的,逢人便要。过分热衷于名片的交换,反而有失礼仪,使人敬而远之,甚至遭人鄙视。

通常,不论他人以何种方式索要名片都不宜拒绝。不过要是真的不想给对方,在措辞上一定要注意不伤害对方,如可以说:"不好意思,我忘了带名片。"或是说:"非常抱歉,我的名片用完了。"这些都比直言相告"不给",或盘问对方要高雅得多。

二、请柬

请柬又称请帖,是郑重地邀请某人或某单位参加某项活动的格式文书,具有浓重的礼仪色彩。请柬多用于会议、典礼、仪式、婚礼、寿筵等场合,也可以作为会议入场券和参会的凭据。请柬的大小、形状和类型的选择,应依活动内容和邀请对象的具体情况而定,既要有针对性,又要讲求艺术性。

请柬一般由名称、正文、结尾和落款组成。

(1)名称。"请柬"二字要醒目,独占一面,字体工整、美观、大方。

(2)正文。作为请柬的主体部分,其内容包括:受邀人的姓名、拟举行的活动名称、活动的时间、地点及注意事项等,有时也要请被邀请者确认能否受邀。正文的写作,要尽量做到用词准确、精练、热情、恳切、得体。

(3)结尾。结尾处空两格写上"敬请"或"恭候"等字样,再另起一行写上"光临"或"莅临"等敬辞。

(4)落款。写在正文右下方1/3处,由发柬者署名盖章。再另起一行注明日期。

请柬写好后,装入信封内邮寄或直接递交均可。最好适当提前一些时候发出,以便受邀者有安排时间的余地。

例一:

某某先生(女士):

兹定于12月30日下午2时在湖滨饭店多功能厅举行旅行社行业代表新年茶话会。

敬请

光临

某某市旅游局(印章)

×年×月×日

例二:

某某先生(女士):

在您的关怀和支持下,本厂的产品在全国质量评比中获金奖。谨订于×年×月×日(星期×)下午四时在××宾馆举行招待会。

敬请

光临指导

×××厂厂长(签字)

×年×月×日

例三：

恭　　请

×××先生：

敝公司综合大楼竣工仪式定于×年×月×日上午×时举行,敬请光临并为之剪彩,本人将不胜荣幸。

××公司总裁(签名)
×年×月×日

三、聘书

聘书是一个组织邀请有关人员担任某项职务,承担某项工作时所使用的柬帖。其内容包括:名称、正文、结尾、署名、日期。

(1)名称。名称为"聘书"或"聘请书"字样,字体较大,印在封面以及内页正文上方。在封面的名称占整面的居中位置,文字一般竖排;在内页正文上方正中的名称,字号大于正文。

(2)正文。写明被聘请人姓名、为何聘请,聘请为什么职务。有时也写上聘请期限或时间。应语言简洁。

除以书信形式出现的聘书外,一般不在开头写被聘者的姓名、称呼。被聘者的姓名和称呼往往在正文中写明。

(3)结尾。聘书的结尾,习惯写上"此聘"两字,有时不写。书信体的聘书结尾也可以写表敬意和祝愿的话。

(4)署名。在正文的右下方署上聘请单位的名称并加盖公章。

(5)日期。署名下方写上签发聘书的日期。

现在许多聘书,封面上的标题都烫金字,以示隆重。封面有缎面、布纹面、塑料面几种,颜色以红色为多,也有墨绿色的。

此外,填发担负任务、担任某职的聘书,事先应征得被聘人同意,以示尊重。

例一：

聘　　书

兹聘请×××先生(女士)为"××市第四届导游大赛"评委。

××市旅游局
××市导游协会
2006 年 5 月 6 日

例二：

聘　书

兹聘请×××同志为校记者团顾问,时间为 2006 年 5 月 4 日至 2008 年 12 月
31 日。

此聘

桂林旅游学院团委(盖章)
2006 年 5 月 4 日

第四节　公共场所的礼节

日常交往中,还有一类特殊的场合,如出门旅行、听音乐会、观看戏剧或参加舞会
等。在这类人群聚集的场合,为了保证良好的秩序,每个人都应当按照公共场所的礼
仪规范约束自己的言行举止,讲究文明礼貌。

一、旅行

(一)整理行李

现代社会生活中,出门旅行,如公务出差、旅游度假、商务活动等是很普遍的事
情。出门之前,应根据自己所带的行李数量选择体积相当或者更大一些的箱子或旅
行包,件数不宜多。行李中的必备物品有:

1. 证件票据

机票、护照、签证、身份证是最重要的证件,还有证件照片、现金、信用卡、旅行支
票、有关联系地址电话等,一定要整理收放妥当,避免登机、住宾馆办理手续时,因翻
找证件而耽误排在后面人的时间。

所有证件可以放在随身携带的手提包里,另外最好复印一份留在家中以防急用。

2. 个人用品

包括衣物、盥洗护肤用品、自备药品如感冒药、创可贴、消炎药膏等。也可以请医
生开具病历单(出国旅行则以英文书写)以在发病时可获得妥善治疗。重要的不能
随便买到的东西一定要随身带着。

3. 旅游用品

包括旅游手册、地图、胶卷相机、折伞、太阳眼镜、游泳用品等等。

4. 商务用品

包括名片、重要文件、记事本、公司信纸、信封、手提电脑等。

(二)入住宾馆

住宾馆最好提前电话预约,告知准备入住的时间、停留几天、需要哪种房间、入住者姓名以及当天何时抵达饭店等并问清房价。如果情况有变化,应设法尽快通知宾馆。如果取消房间,有礼貌的做法是及时打个电话取消,以便宾馆可以把房间租给别人。在前台办理入住或结账手续,要按顺序排队等候,不能乱站乱挤或采取任性无理的态度。

宾馆客房并非住客的私有财产,对待租用的房间应注意行为文明。如不要随地吐痰,不要在墙上乱画,不要弄脏家具,用完卫生间后要清理干净,不拿走毛巾、烟灰缸等非消耗性的酒店物品。从住客如何使用房间可以很容易地看出其人品与文化修养的层次。

在宾馆里,客房外都是公共场所,与在街道上行走一样,不允许穿着睡衣或浴衣在走廊或大厅里转来转去。还应注意不要在大厅高声说话和吵闹。关门时要轻,不能在过道里乱跑,早上遇到任何人都说声"早上好"。

如果你是到宾馆探望朋友,须先打电话进房间,征得主人同意才上去,不能未经允许就上门敲门。进门前应敲门,哪怕门是开着的,经允许后进人。

按照国际惯例,付小费是对提供服务的人表示赞赏和感谢。在西方,对为你服务的行李生,旅行团的导游、司机,为你叫出租车的门童以及客房服务员,都应付给一定的小费。通常国外餐馆(美国除外)都在结账单上加上了服务费,即已含小费。如果服务特别好,也可以象征性地多给5%的小费;美国99%的餐厅不加收服务费,一般你应视服务情况在账单上加付15%~20%的小费;当不能确定账单里是否含服务费时,可以直接问,问清楚以后再决定付与不付以及付多少小费。

> **·进出电梯是否女士优先**　在人群中分辨男士、女士、下级、上司往往会让人误了电梯。因此,一般说来,离电梯门最近的人先进出,替随后进出的人按住门,与性别、职位无关。

二、参加音乐会和上影剧院

听音乐会、欣赏影剧或其他演出是一种精神享受。良好的秩序和洁净的环境不仅能够反映观众的文明程度,也是演出获得成功、观众获得精神满足的基本条件之一。在这种场合应注意的礼仪规范有:

(1)提前或准时到达,尽量避免打扰已经入座的观众和表演。此外,在穿过满座的一排寻找座位时,如果有足够宽的走道,脸要朝着座位而不是舞台,并为挡住别人视线而道歉。在西方听音乐会一定要准时。万一迟到了,必须在场外耐心等待,通常在一首曲子结束而第二首曲子尚未开始时允许迟到的观众入座。如果是看电影,应跟随服务员悄然入场,并尽可能地放轻脚步,有礼貌地让别人给自己让道。入座以后,戴帽的应脱帽,也不要左右晃动,以免影响他人的视线。同时,也不要把身旁的两个扶手都占用了,因为你身边的人也有权使用它。

（2）影剧院属于公共场所,观众在这里观看演出,应遵守剧场的有关规定,自觉地维护场内秩序。如在演出过程中保持安静;在演奏时翻看节目单,尽量小心翼翼,不发出一点声音;手机和传呼机保持静默,入场前一定要关掉手机和传呼机或改为震动;绝对不能在演出场所内吸烟、吃零食、嚼口香糖和嗑瓜子;在公共场合大声地咳嗽也是一种粗俗的行为,实在忍不住时,也要用手帕捂住嘴;如果喉咙多痰,应吐在纸巾上,然后放在你包里,不要随便扔在地上,等离开音乐厅之后处理掉;如果要打哈欠,用手挡在嘴上;如果你要打喷嚏,一定要用手遮挡。与恋人一起观看影剧时,不要有过分亲昵的举动。

（3）看完节目再聊天。在交响音乐会、歌剧或其他正式的演出中,不能与旁人说话。尽管是压低了嗓子说话,但照样会影响到旁边的人。对一个真正喜欢音乐的人来说,当他正在仔细聆听台上的演奏时,是不能容忍一点点细微的声音的。在观看演出的过程中,为表示对演员劳动的尊重,应以鼓掌的方式向演员致谢,但应注意礼仪,把握好分寸。当演出到精彩之处时,可以通过鼓掌、喝彩等形式向演员表示敬意。用吹口哨、怪叫、跺脚等方式宣泄情感,既会影响演出,也显得没有教养。若演出中出现一些故障或特殊情况,应采取谅解的态度,喧闹、怪叫、喝倒彩等行为都是不应该,也是不礼貌的行为。

（4）如因故提早离开,无论出于何种原因,你都要等到剧目间隔或幕间休息才能离开。在演出中离开剧场,这很容易使演员分心而且也非常不礼貌。如果你早知道要提早离开,你可以设法坐在最靠边的位子上或站在最后一排,以使离开时不会影响别人。演出快结束时,不能为抢先出场而离座,应在演出结束后依次退场。

（5）音乐会的着装应穿得比较正规一些,以表达对音乐家的尊重。但是如果参加摇滚音乐会或爵士音乐会,那么任何服装都可以被接受。相对而言,某些欧洲国家,如奥地利、德国等,人们出席古典音乐会,通常穿戴比较正规。

演出结束后,观众应起立向演员热烈鼓掌,对他们的劳动和精彩演出表示感谢。给演员献花,应选择适当的机会和时间,一般在演出结束或演员谢幕时为好。请自己喜爱的演员签名,也要分场合和情况,缠住演员不放,是很失礼的行为。

三、舞会

舞会是一种社交娱乐活动,可以联络感情,增进友谊。舞会还是一个十分微妙的谈判场所,在轻松愉快的气氛中可以解决有些在谈判桌上未能解决的问题。因此,作为旅游接待人员掌握与熟悉舞会的礼仪是十分必要的。

（一）舞会的组织

舞会通常安排在晚上,可以作为一次单独活动,也可作为宴请之后的余兴;还可以穿插安排短小精悍的文艺节目和游戏等。被邀请的男女客人人数要大体相等,对已婚者一般要约请夫妇双方。舞会场地应宽敞,环境布置应雅致、美观。正规的舞会应安排乐队演奏,节奏强烈或舒缓的乐曲应适当搭配。可备咖啡、茶、三明治、点心等食品和饮料,以便客人休息时随时选用。

(二)舞场的礼节

1.服饰整洁

参加舞会时,应根据舞会的性质适当地修饰一下仪表,不可过分随便,不修边幅。无论男士还是女士,服饰均应整洁、讲究,最好能与环境融为一体。男子如穿西装,则要换上洁白的衬衣,带好领带或领结,擦亮皮鞋。女子可穿得漂亮些,并适当打扮,但不要过于浓妆艳抹。

2.遵循惯例

按照正式舞会的惯例,第一场舞由主人夫妇、主宾夫妇共舞(如夫人不跳,也可由已成年的女儿代替);第二场舞由男主人与主宾夫人、女主人与男主宾共舞;第三场舞方可普遍邀舞。

3.注意风度

舞会上,男主人应陪无舞伴的女宾跳舞,或为她们介绍舞伴,并要照顾其他的客人。男主宾应轮流邀请其他女宾,而其他男宾则应争取先邀女主人跳舞。男子应避免全场只同一位女子跳舞。切忌同性相伴跳舞,以免有同性恋之嫌。男子要与尽可能多的女子跳舞,同时要记住:第一次和最后一次,必须和自己的舞伴跳。男子如果仅仅和自己的舞伴跳舞,而忽略了其他女子,是不礼貌的。男女共舞时,男子不可当着一位小姐的面,夸赞另一位小姐如何漂亮动人等。在舞厅如遇见熟人或朋友,应将舞伴介绍给对方,可作简单的寒暄,不要过分热情,更不宜深谈。

4.舞姿优雅

跳舞时,男士的右手扶着女士腰肢时,正确的手势是掌心向下向外,用右手大拇指的背面轻轻将女士挽住,而不是用右手手掌心紧贴女士腰部。男士的左手应让左臂以弧形向上与肩部成水平线举起,掌心向上,拇指平展,只将女伴的右掌轻轻托住,而不是随意地捏紧或握住。女士的左手应轻轻放在男士的右肩上,而不应勾住男士的颈脖。跳舞中双方握得或搂得过紧,都是有失风度的。

跳舞时,双方的身体应保持一定的距离。跳四步舞(布鲁斯)时,舞步可稍微大些,表现出庄重、典雅和明快的姿态。跳三步舞(华尔兹)时,双方应保持一臂的距离,让身躯略微昂起向右,使旋转时重心适当,表现出热情、舒展、轻快和流畅的情绪与节奏。跳探戈舞时,随着乐曲中切分音所含节拍的弹性跳跃,因男女双方的步法与舞姿变化较多,舞步可稍大些,但男士应注意不可将脚伸入女士的两脚间;回旋时,也不要把女士拉来拖去。跳伦巴舞时,男女双方可随着音乐节奏轻轻扭动腿部及脚踝,但臀部不应大幅度地摆动。

舞者肌肉应松弛,姿势要自然。脸部朝向正前方,用眼睛的余光留心周围,避免碰撞,不要转头去看四周,也不要低头看脚的动作,要凭身体的感觉来转换方向。相握的手,在线性舞蹈中切忌随着音乐节拍,大幅度上下摆动,只要自然放松就行了。随着步法的变化,身体会产生高低起伏,应按音乐节奏,保持一种均匀协调的优美体态。站立或运步时,两脚要自然靠拢,膝部应放松伸直。

5. 文明礼貌

进入舞场以后,言谈举止要讲文明,不要高声说笑和怪叫,更不能骂骂咧咧、满口污言秽语。走路时脚步要轻,不要在舞池中穿行。

一般情况下,多由男士主动邀请女士。当舞曲响起后,男士走到女士面前,略微弯腰鞠躬作出邀请手势,态度亲切:"请您跳舞,可以吗?"女士如有同伴在旁,邀舞者则应先向其同伴点头致意。邀舞时,表情要谦恭自然,不要紧张和做作,更不能流于粗俗。跳舞时,男女之间应保持一定的距离,男子应张开右手,放在女子的腰正中。男女双方的神情姿态要轻松自如,动作要健康优美,表情要谦和自在。男方不要强拉硬拽,女方不可挂靠在对方身上,使对方有负重感,自己也有失雅观。跳舞过程中,不宜高声谈笑,更不能大声喧哗;双方可以轻声交谈一些共同感兴趣的话题,也可以默默不语,沉浸在优美的舞曲之中。

舞曲终了,男子应向女子致谢,并陪送其回到原来座位,向其周围亲属点头致意后方可离去,至少也要共出舞池。男子邀请女子跳舞要注意礼貌。邀请时,应立正,向对方点头邀请,待对方同意后,再陪伴进舞池。如对方不同意,则不能勉强。而女子无故拒绝男子邀请也是不礼貌的;如实在不愿意同某人共舞或太累时,可婉言谢绝。已辞谢邀请后,一曲未终,不可再接受别的男子的邀请。

本章小结

生活在现代社会中,要取得事业的成功,必须具有强烈的社交意识。在人际交往中,按照社交的礼貌礼节礼仪行事,可以显示自己良好的风度,增添个人的魅力。了解一般的社交礼仪也有助于旅游礼宾任务的圆满完成。通过教学,使学生重点掌握社交中常施的礼节——介绍、握手、鞠躬、致意、互换名片等,并对如何接打电话、发送传真及电子邮件等电信礼仪有清晰的概念。此外,对出门旅行、入住酒店、去影剧院、参加舞会等公共场所的礼貌礼节有所了解。

思考与练习

1. 正确施握手礼的方法怎样？握手时应注意哪些礼貌礼节？
2. 什么叫正式的介绍？正式介绍的先后次序怎样？使用名片应注意哪些礼貌礼节？
3. 如何正确地施鞠躬礼？致意有哪些形式？
4. 接听电话有哪些礼貌礼节？发送传真和电子邮件要注意什么？
5. 简述听音乐会或出席舞会等场合的礼节规范。
6. 书写请柬或聘书的基本格式是怎样的？

模拟实训

·技能要求· 掌握介绍、握手、鞠躬、致意等常用礼节的规范要求；学会正确拨打、接听电话；学会正确使用名片。

1. 在教师的指导下，学生分组练习各种场合下采用的握手、鞠躬与致意的不同形式。
2. 设定某种场景，让学生练习如何正确得体地介绍自己和为别人做介绍，练习如何正确地互换名片。
3. 举办一次交谊舞会，让学生在现场学习如何大方得体地邀舞及共舞。
4. 设计某种情景，让学生练习正确规范地书写请柬、聘书。

阅读材料

阅读材料 2-1

绅士风度

绅士风度是西方人特别是英国人比较崇尚的习俗风度。从礼仪礼节的角度讲，并没有一定的法规，而不过是约束绅士、淑女们的一种相沿成习的文明习惯罢了。讲究绅士风度有下列习惯：

（1）讲究仪表和衣帽整洁，其面、手、衣履要洁净。头发、胡须不宜过长，要修剪整齐，须发不整是失礼的。指甲要经常修剪，一般与指尖等长，刷净其中污垢，保持手部清洁，若手部有疾症或不雅观的斑疤要戴手套。衣服要清洁笔挺，不使之出现折皱，纽扣均应整齐，特别是裤扣，决不能在室外或公众场合整理。衬衣以白色为主，一般为硬领，袖与下摆不长于外套，下摆放入裤内，按交际场所或集会的性质着相应服装。领带、领花应结好，佩戴端正，口袋内备有洁净手绢和梳子。皮靴要擦亮，不沾灰尘和污痕。不在人前做一些不雅的小动作，如剔牙、漱口、打哈欠、伸懒腰、挖鼻子、掏耳朵等。

（2）举止大度得体，态度端庄和蔼，挺胸正颈，精神饱满，任何失礼或不合礼仪的言行都会被认为是有失体面的。交际中很注意言行检点，站相、坐相、走相都要合乎常规，并略带严肃。

（3）讲究身份，说话客气，不做任何越礼之事。与人谈话时神情矜持和蔼，略带微笑。经人介绍，即使是萍水相逢的人，也要大方、得体地与之攀谈。

（4）尊重妇女，女士第一。这种习惯起源于中世纪的骑士之风，为了表示尊重妇女，特别在公众场合处处遵守女士第一的原则。女士下车，男士要给打开车门，进室内男士要开门礼让，女士示意要求帮助时，任何一个男士都有义务给予热情的帮助。入座时男士要为女士拉开椅子、脱大衣，打招呼问好时应先向女士问候。如果两对不常见的夫妇在街上或公共场所不期而遇，互相问候的顺序是这样的：首先是两位女士互相问候，其次是男士向对方的太太问候，最后才是两位先生互致问候。如果一个男士与女士发生了争执，任何绅士都会以绅士风度挺身而出保护女士，男士当众与女士争吵是非常失体面的。

（5）遵守时约。与人约会必须严格守时，不能失约超时，失约超时是极不礼貌的。允诺别人的事不能忘记，必须按时做好，失信或失约的人是很丢面子的，而且有损于自己的人格。

（6）遵守公共秩序。不给别人造成麻烦或不便，不打搅别人、不干扰影响别人。尊重别人，不随意指责别人。爱发议论、爱指责别人被认为是没有教养的。

阅读材料 2-2

打电话的艺术

不知是因为生活节奏在加快，还是社会风俗所致，在日本往往使人有这样一种印象，似乎社会越是现代化，人就越发不懂礼节，甚至不知道怎样打电话或怎样应酬。不管是在公司还是在家庭里，凭这个人在电话里的讲话方式，就可以基本上判断出其"教养"的水准。我每天除收到好多预约讲演的信件外，还接到很多委托讲演的电话。我凭着对电话里的讲话方式就能判断其人修养如何，凭对方在电话里的第一句话就可以基本决定我是去讲还是不去。

在现代化大生产的公司里,职员的使命之一,是一听到电话铃声就立即去接。遗憾的是,我往外挂电话时,常常听到电话"呤——呤——……"反复直响却没有人接。电话铃声响了五六次都没有人去接的公司,肯定不会有大作为,这肯定没有错。因为这至少说明这个公司毫无一点时间的价值观念。再退一步说,如果一个办公室里的人员真的忙得连接电话的时间都没有,那又何必把电话设在这样的办公室里呢?更何况,根本不可能忙到如此程度。

"让你久等了。"

电话铃声响了四次以上时,拿起话筒这样回话的公司或家庭,可谓"教育"有方。

打电话是当今社会联系业务、沟通信息必不可少的重要工作。换句话说,打电话本身就是一种业务。这种业务的最大特点是无时无刻不在体现每个人的性格。"言为心声"正是这个道理。

电话可以说是不速之客,常常会不顾对方欢迎与否,以声音的形式突然闯进来。然而,对打电话的方式毫不留意的却很多。比方说,有人拿起受话器就喊"喂喂……"似乎是一种条件反射,对方也跟着"喂喂……",于是双方就相互"喂喂"起来。这是在日本明治时代最初开通电话时的挂法,不曾想到社会发展到今天,有人还在沿用这种方法。在现代社会,每逢接电话时应当说:

"哈咿,我是铃木。"

"哈咿,现在是营业时间。"

重要的是加上个"哈咿"。说"哈咿"的时间虽然只有零点二秒,但在这零点二秒时间内,挂电话的人能做好听的精神准备。反之,若拿起电话听筒突然来一句"我是石川",对方一时会反应不过来,听不准是"石川"还是"西川",这样一来,对方就得再重新询问一遍,弄不好,一开始就会使双方处在一种不愉快的气氛之中。

在公司挂接业务电话时,应该禁止交谈多余的私事,即使是应酬和恭维话也应该慎重从事。比方说,你前几天同一个老主顾一起去饭店喝了几杯,第二天他由于礼节打来电话时,相互含蓄地客套几句也未尝不可:"谢谢你昨天赏光。""不,彼此彼此。"谈到此种程度就可以了,不要信口开河说什么:"昨天硬拖着你去喝酒,大概弄了个酩酊大醉吧!我今天还没醒过劲来。我说,酒吧的那位小姐,怎么样? 哈哈……"因为公司不只是你一个人工作的场所,周围的人也在听你打的电话。更确切地说,你不过是在奉公司之命接电话,因此一切都必须考虑周围的影响。

还有,接电话后的记录方法也是不可忽视的。从中也能够看出一个人的头脑聪明与否。同事不在,你代接电话时,要记上"×××打来的电话",这是最基本的。此外,如下事项也是必须注意的。

首先,不要忘了是谁打给谁的电话,要写上是"×××的电话"。若不注明,尽管你特意把便条放在同事桌子上,一旦让风刮跑,就不知这是要通知哪位的电话了。

其次,要注明是谁来的电话,并要写清楚简要内容。诸如"回来后请给×××公司×××打电话"等等。

最后,别忘了写上日期和接电话人的名字。日期,是为当时不在场的同事考虑怎么办为妥的判断材料。而写上接电话人的姓名,则是为不在场同事可能提出的疑问、或是道谢指明方向。

虽说这都是一些非常简单的事情,可现在在日本,应该做而没有做的事情太多了。所谓有魅力的人,正是平常应该做的事做得自然得体的人。

选自铃木健二《人际关系趣谈》

阅读材料 2-3

名片使用的学问

实际上,在日常生活看来平淡无奇的万事万物中,常常潜藏着一个人腾飞和成功的真谛。对于公司的职员来说,名片是人际交往必不可少的工具之一。然而,一张名片用法是否得当,会导致截然不同的人际关系。日本人有个习惯,初次见面时肯定要掏出自己的名片。也许正是因为这个原因,人们平日在交换名片时,都不十分经心,常常是习以为常地给,习以为常地接。其实,使用名片并不是如此简单、随便的。恰恰相反,出示名片应该严肃认真,因为有时对方是凭你出示名片的举动来判断你的人品。

同一个刚接触的人会面,按照常规需要相互问候、交换名片。这时,讲究名片使用的人事先会把名片工整地捏在手里,或准备在易于从衣兜里掏出的地方。相反,当有人与你会面时,你一面说着:"我叫……请多关照……"一面到处摸衣兜,动作慢慢腾腾,好不容易地找到名片掏出来时,还得在手上吐上一点唾沫,从一厚叠包括他人的名片中寻找。这样做,不知要耽误多少时间,谁瞅着你的上述举动都会着急上火,可想而知,这样做在对方心里会引起多么的不快。

假如对方得体地与你交换了名片,那你应该怎样处理从对方手里接到的名片呢?是放进办公桌抽屉里,还是放到笔记本里保存起来呢?显然,大多数人都是采用上述办法保存名片的。然而,如果只把名片保存起来,名片就任何作用都起不到了。

为了充分发挥名片的作用,在收存以前,应该先记好接收名片的时间,可能的话,最好记上会面的地点和内容,而且还应记下在同对方交谈时感兴趣的话题。如对方说:"我喜欢钓鱼……"那你就应该在这个人给你的名片后面写上"钓鱼"二字。这样下次再与这个人见面时,就可以从钓鱼谈起。

"最近到什么地方去了?是伊豆海吗?那里能钓到什么鱼?……啊,是加吉鱼吗?我不大去那里……,下次,我也一定去一趟……"

然而,在交谈时也要注意,即使自己真的爱好钓鱼,并且很在行,也不要马上显示自己,这也是交谈的一种技巧。

"前些日子,我钓了一尾身长三十公分的大家伙。"当听到对方这样说时,千万不可选择富有挑衅性的话语予以对答:"撒谎吧,说不定只有金鱼那么大。"即使你心里确实这样想过,也不要和盘托出。更何况,你心里想的又毫无一点根据,为什么能用这种刺激人的字眼说话呢?

"你真行啊,下次请一定带我去。"如果这样讲,就可能使对方眉开眼笑,无形之中就可能为双方谈话的顺利进行打下良好基础。

名片这种东西,别看它似乎不大,然而在使用方法上却很有学问。只要注重研究名片的使用功能,人际关系就会进一步融洽,甚至等于在人与人之间加进了粘合剂。

这里特别值得指出的是,绝不要像发传单那样地去使用名片。在国外,经常会看到日本商人和外国商人见面时对方苦笑着的情景——穿得笔挺地赴了约,站在门口按了门铃,恭恭敬敬地等着。等对方出来开门,便迫不及待地递出事先准备好放在上衣口袋内的名片,自我介绍说:"可以握手吗?"然后频频地点头握手,也不管对方的反应如何——就是这样,傻头傻脑的,弄得外国人啼笑皆非。其实,这样反而会被看成乡下佬。

因为一般在访问时,都是事先约好才去的,对方知道访问者为何许人也,因此可以直接握手,随即开始交谈,不必再拿出名片,这样做反而会比上述做法更为好些。假如想用名片加深对方的印象,可以在告别时顺手取出名片拿给对方。另外,在有介绍人介入商谈的场合里,也不要忙着交换名片。应该在经过介绍握手之后,随即进行交谈。这时,假如想让对方记住自己的名字,可以模仿外国人的作法——临别时再递上名片,并接着说:"你在这里有你的家。"所谓"这里",就是指名片上的地址。事实上,这样简单的一句妙语,就可以使对方产生亲切感,而牢牢地记住你的名字。

仪表礼仪

仪表即人的外表,它包括人的仪态、仪容和服饰等方面。"诚于中而形于外"表明了中华民族自古以来对仪表美的崇尚和理解。人们的仪表风度、仪态举止,反映了时代的特点和一个国家、一个民族的精神风貌。旅游活动是一种满足旅游者精神需要的社会活动,讲究仪表是旅游服务行业的职业要求,旅游工作者优雅的仪表能给旅游者带来心理上的愉悦和美的享受。

第一节 仪 态

仪态是指人在行为中的姿势和风度。旅游工作者美的仪态,不仅是旅游工作者自身良好形象、气质和风度的展现,也是旅游企业良好形象及管理水平的体现。

一、典雅的站姿

站立是人最基本的姿势,优美、典雅的站姿是一种静态美,它是形成人不同质感动态美的起点和基础,同时也是一个人良好气质和风度的展现。

(一)基本站姿

基本站姿是各种站姿的基础,其规范要求为:两脚跟相靠,脚尖分开,开度45度左右,身体重心落在两脚间的中心位置上;两腿直立,双膝并拢;收腹提臀,髋部上提;立腰挺胸,挺直背脊;双肩平齐,放松下沉;双臂自然下垂,虎口向前,手指自然弯屈(中指贴裤缝);头正,颈直,下颌微收,双目平视前方。

(二)旅游服务的站姿

在旅游服务工作中,许多岗位需要站立服务,在为客人服务时,站姿一定要规范。旅游服务人员在工作中的站姿常有以下几种:

1. 垂臂式站姿

同基本站姿,如图3-1。

图 3-1   垂臂式站姿   图 3-2   腹前握指式站姿

2. 腹前握指式站姿

在基本站姿的基础上,两手握于腹前,右手在上,握住左手手指部位,两手交叉放在衣扣垂直线上,如图3-2。

（1）站姿一（女）:在基本站姿的基础上,两脚尖略展开,右脚在前,将右脚跟靠于左脚内侧前端,两手握指交于腹前,身体重心可在两脚上,也可在一只脚上,通过两脚重心的转移减轻疲劳。

（2）站姿二（男）:在基本站姿的基础上,左脚向左横迈一步,两脚之间距离不得超过肩宽,两脚分开平行站立,两手握指于腹前,身体重心在两脚上,身体直立,注意不要挺腹或后仰。

3. 后背握指式站姿（也称双臂后背式站姿）

在基本站姿的基础上,两臂后摆,两手在身后相握,右手握住左手手指部位,左手在上,置于髋骨处,两臂肘关节自然内收,如图3-3。

图 3-3   后背握指式站姿

4. 单臂后背式站姿

（1）左臂后背式站姿:在基本站姿的基础上,左脚前移,将脚跟靠于右脚内侧中间位置,两脚尖展开90度,成左丁字步。左手后背,右手自然下垂,身体重心在两脚上,如图3-4。

（2）右臂后背式站姿:在基本站姿的基础上,右脚前移,将脚跟靠于左脚内侧中间位置,两脚尖展开90度,成右丁字步。右手后背,左手自然下垂,身体重心在两脚上,如图3-5。

图 3-4　左臂后背式站姿　　　　　　　　　**图 3-5　右臂后背式站姿**

5. 单臂前曲式站姿

(1)左臂前曲式站姿:在基本站姿的基础上,右脚前移,将脚跟靠于左脚内侧中间位置,两脚尖展开90度,成右丁字步。左臂肘关节弯曲,前臂抬至横膈膜处,左手手心向里,手指自然弯曲,右手自然下垂,身体重心在两脚上,如图3-6。

图 3-6　左臂前曲式站姿　　　　　　　　　**图 3-7　右臂前曲式站姿**

(2)右臂前曲式站姿:在基本站姿的基础上,左脚前移,将脚跟靠于右脚内侧中间位置,两脚尖展开90度,成左丁字步,右臂肘关节弯曲,前臂抬至横膈膜处,右手心向里,手指自然弯曲,左手自然下垂,身体重心在两脚上,如图3-7。

以上站姿男士、女士都适合,一般情况男士更适合后背式,而女士更适合前曲式。

在旅游站式服务中常见一些不良姿态,如头不正,颈不直,或仰头,或低头,或左右偏头,或探着颈;身不直,肩不平,或弯腰驼背,含胸挺腹,或塌腰、撅臀、挺腹,身子前倾,或倚门靠墙,扒桌靠椅,或耸肩、斜肩;指手画脚,抱臂、握拳、叉腰,手放在衣裤兜里,或插在腰际,或两腿交叉,一腿弯曲,脚尖点地,或两脚分开太远,腿脚抖动等。这些姿态会让人产生没有礼貌、懒散无力、自卑委琐或缺乏教养的印象。作为企业而言,会令人感到缺乏管理、服务较差。

(三)站姿训练

旅游服务工作者必须经过严格训练,长期坚持,养成习惯,才能在站立服务中做到持久地保持优美、典雅的站姿。下面给大家介绍几种站姿的训练方法:

(1)在老师的指导或他人的帮助下,或自己对着镜子进行训练,这样才能纠正不良姿势。在找准规范动作时的感觉后,再坚持每次20分钟左右的训练,开始时间可短一点,以后再慢慢延长训练时间。

(2)靠墙站立练习,要求后脚跟、小腿、臀、双肩、后脑勺都要紧贴墙壁。每次训练时间同上。

(3)两人一组,背靠背站立练习。要求两人的个子高矮差不多,二人脚跟、小腿、臀部、双肩、后脑勺要贴紧。每次训练时间同上。

二、正确的坐姿与蹲姿

(一)入座和起座

优美的坐姿不仅包括坐的静态姿势,还包括其动态姿势,即入座和起座。"入座"作为坐的"序幕","起座"作为坐的"尾声",直接影响坐姿是否优美。

1.入座

入座时从容大方地走到座位前,自然转身,背对座位,双腿并拢,右脚后退半步,轻稳自如地坐下,然后将右脚与左脚并齐,身体挺直,呈基本坐姿状。女子入座时若穿的是裙装,应用手沿大腿侧后部轻轻地把裙子向前拢一下,并顺势坐下,不要等坐下后再来整理衣裙。

2.起座

起座时,右脚向后收半步,用力蹬地站起,右脚再收回与左脚靠拢。起身时,动作不要太迅猛。

(二)基本坐姿

基本坐姿是其他各种坐姿演变的基础,其规范要求为:

头正,颈直,下颌微收,双目平视前方,或注视对方;身体正直,挺胸收腹,腰背挺直;双腿并拢,小腿与地面垂直,双膝和双脚脚跟并拢;双肩放松下沉,双臂自然弯曲内收,双手呈握指式,右手在上,手指自然弯曲,放于腹前双腿上。忌弯腰驼背,含胸挺腹,双膝分开,如图3-8。

图 3-8　基本坐姿　　　　　　　　　图 3-9　开膝合手式坐姿

(三)常见坐姿

1. 双腿垂直式坐姿

同基本坐姿,有时根据情况,上体可稍稍前倾。这种坐姿是正式场合最基本的坐姿,它给人以诚恳、认真的印象。

2. 开膝合手式坐姿

在基本坐姿的基础上,双脚向外平移,两脚间距离不得超过肩宽,两小腿垂直于地面,两膝分开,两手合握于腹前。此坐姿仅适于男士,如图3-9。

3. 前伸式坐姿

在基本坐姿的基础上,女士左脚向前伸出,全脚着地,小腿与地面的夹角不得小于45度,右脚跟上,右脚内侧脚弓部靠于左脚跟处,全脚着地,脚尖不可上翘,如图3-10。男士双脚前伸并拢,小腿与地面的夹角不得小于45度。

4. 双腿斜放式坐姿

(1)左斜放式:在基本坐姿的基础上,左脚向左

图 3-10　前伸式坐姿

平移一步,左脚掌内侧着地,右脚左移,右脚内侧中部靠于左脚脚跟处,右脚脚掌着地,脚跟提起,双腿靠拢斜放。两膝在整个过程中,始终相靠,如图3-11。

(2)右斜放式:在基本坐姿的基础上,右脚向右平移一步,右脚掌内侧着地,左脚右移,左脚内侧中部靠于右脚脚跟处,左脚脚掌着地,脚跟提起,双腿靠拢斜放。两膝在整个过程中,始终相靠,如图3-12。

无论左斜放或右斜放式坐姿,大腿与小腿均呈90度直角,小腿不回屈,充分显示

小腿的长度。两脚、两腿、两膝靠拢,不得露出缝隙。未着地的脚掌内外侧切不可上翘,否则会有失雅观。若旁边有人,应将膝部而不是脚部朝向他人。双腿斜放式坐姿仅适于女士。

图 3-11　双腿左斜放式坐姿　　　　　　　图 3-12　双腿右斜放式坐姿

5. 双脚交叉式坐姿

(1)前伸交叉式:在基本坐姿的基础上,左小腿向前伸出 45 度,右小腿跟上,右脚在上与左脚相交,两脚交叉于踝关节处,膝部可略微分开,如图 3-13。

图 3-13　双腿前伸交叉式坐姿　　　　　　图 3-14　双腿左斜放交叉式坐姿

(2)左斜放交叉式:在基本坐姿的基础上,左脚向左平移,左脚掌及脚跟内侧着地,右脚在上与左脚相交,右脚掌外侧着地,脚跟提起,两脚交叉于踝关节处,双小腿成斜放,两腿靠拢。此坐姿适于女士,如图 3-14。

(3)右斜放交叉式:在基本坐姿的基础上,右脚向右平移,左右脚掌及脚跟内侧着地,左脚在上与右脚相交,左脚掌外侧着地,脚跟提起,两脚交叉于踝关节处,双小腿成斜放,两腿靠拢。此坐姿适于女士,如图 3-15。

(4)后收交叉式:在基本坐姿的基础上,双脚后收于椅下,两脚脚掌着地,脚跟提起,两腿靠拢,如图 3-16。

双腿交叉式坐姿也适宜于坐低矮凳时采用。但需注意,无论是前伸交叉式,还是

图 3-15　双腿右斜放交叉式坐姿　　　　　　图 3-16　双腿后收交叉式坐姿

左斜放交叉式,或者右斜放交叉式,都不得将双脚伸得太出去。后收交叉式适于座椅凳下为空者,沙发类椅子则不宜采用此坐姿。

6. 双腿交叠式坐姿

在基本坐姿的基础上,左小腿起支撑作用,右腿交叠于左腿上,小腿内收,脚尖向下,交叠的两小腿紧靠呈一直线。此坐姿适于高脚凳椅,如图 3-17。

图 3-17　双腿交叠式坐姿　　　　　　　图 3-18　双脚后点地式坐姿

7. 双脚点地式坐姿

(1)后点地式:在基本坐姿的基础上,两脚后收,脚掌着地,脚跟相靠,双腿并拢。此坐姿适于凳椅下有空间者,如图 3-18。

(2)左侧点地式:在基本坐姿的基础上,两脚向左侧伸出,左脚跟靠于右脚内侧部,左脚掌内侧着地,右脚脚跟提起,脚掌着地,双腿两膝并拢。此坐姿适于女士,如图 3-19。

(3)右侧点地式:在基本坐姿的基础上,两脚向右侧伸出,右脚跟靠于左脚内侧中部,右脚掌内侧着地,左脚脚跟提起,脚掌着地,双腿两膝并拢。此坐姿适于女士,如图 3-20。

图 3-19　双脚左侧点地式坐姿　　　　　　图 3-20　双脚右侧点地式坐姿

双脚点地式坐姿适于较低的凳椅。

8. 开并式坐姿

在基本坐姿的基础上,两脚外移分开,两脚间分开的距离不得超出肩宽,两脚尖约向外,两膝并拢,两腿呈下开上并之态,此坐姿适于坐在低矮的凳椅或不起眼的地方,如图 3-21。

图 3-21　开并式坐姿　　　　　　　　图 3-22　曲伸式坐姿

9. 曲伸式坐姿

在基本坐姿的基础上,右脚后收,脚掌着地,右脚呈后曲状;左脚前伸,全脚着地,左腿呈前伸状,膝部靠拢,两脚前后在一条直线上,如图 3-22。

坐姿中除了注意两腿两脚的摆放外,两臂两手的摆放姿势也很重要。两臂双手的摆放除两臂自然弯曲内收,两手呈握指式放于腹前双腿之上外,还可根据坐姿的变化两手呈握指式放于一腿上。若椅子有扶手,女士可将两手重叠或呈握指式放于扶手上,也可将一手臂放在扶手上,掌心朝下,另一手臂横放于双腿上,不要把双手放在扶手上男士则可双手掌心向下放在扶手上。若前有桌子,也可将两臂弯曲,双手相握放在桌子上。

　　无论哪种坐姿,一般不要满坐。如与德高望重的长辈、上级等谈话时,为表示尊重、敬意可坐凳面的三分之一;如坐宽大的椅子或沙发,不可满座,也不可坐得太靠里面,坐满三分之二即可,否则会使小腿靠着椅子边或沙发边而有失雅观;若坐得太少太靠边会使人感到你在暗示对方你随时都会离开。与人谈话时要目视对方,若对方不是与你对面相坐,而是有一定的角度或坐于你的一侧,那么我们的上体和腿应同时转向一侧面对对方。

(四)蹲姿

　　在日常生活中,在各种公众场合,人们有时难免会有需捡起掉在地上的东西,或取放在低处的物品。下面介绍两种常用的不失雅观的蹲姿。

图 3-23　高低式蹲姿　　　　　　　　　　图 3-24　交叉式蹲姿

1. 高低式蹲姿

　　下蹲时左脚在前,全脚着地,右脚稍后,脚掌着地,后跟提起。右膝低于左膝,臀部向下,身体基本上由右腿支撑,女子下蹲时两腿要靠紧,男子两腿间可保持适当距离,如图 3-23。

2. 交叉式蹲姿

　　下蹲时右脚置步于左脚的左前侧,使右腿从前面与左腿交叉,下蹲时,右小腿垂直于地面,右脚全脚着地。左膝从右腿后面向右侧伸出,左脚脚跟抬起,脚掌着地,两腿前后靠紧,合力支撑身体;臀部向下,上身稍前倾。此蹲姿女子较适用,如图 3-24。

三、优美的步态

　　步态是人们行走时的姿态,即走姿。步态能直接反映出一个人的精神面貌,性格特点等。优美的步态具有动态美,能体现出一个人良好的精神风貌和良好的气质与风度。因此,从事旅游服务工作的人员,非常有必要对走姿加以训练。

(一)总体要求

　　标准的走姿要以端正的站立姿态为基础,通过四肢和髋部的运动,以大关节带动小关节,使整个身体移动来实现。总体要求是:轻巧、自如、稳健、大方,有节奏感。

(二)步态规范

在行走时,头正、颈直,下颌微收,目光平视前方;挺胸收腹,直腰,背脊挺直,提臀,上体微前倾;肩平下沉,手臂放松伸直,手指自然弯曲,摆动两臂时,以肩关节为轴,上臂带动前臂呈直线前后摆动,两臂前后摆幅(即手臂与躯干的夹角)不得超过30度,前摆时,肘关节略屈,前臂不要向上甩动;提髋、屈大腿带动小腿向前迈步,脚跟先着地,身体重心落在前脚掌上;身体重心的移动,主要是通过后腿后蹬将身体重心推送到前脚掌,从而使身体前移;前脚落地和后脚离地时,膝盖须伸直。

(三)步态三要素

所谓步态的三要素,即一个人在行走时的步位、步幅和步速。

(1)步位,即脚落地时的位置。女子行走时,两脚内侧着地的轨迹要在一条直线上。男子行走时,两脚内侧着地的轨迹不在一条直线上,而是在两条直线上。

(2)步幅,即跨步时前脚跟与后脚尖之间的距离。标准的步幅是本人的 1 ~ 1.5个脚长。

(3)步速,即行走时的速度。一般步速标准为女士每分钟 118 ~ 120 步,男子为每分钟 108 ~ 110 步。

(四)步态禁忌

弯腰驼背,含胸挺腹,摇头晃脑,左顾右盼,仰头低头,探颈前窜,歪背晃膀,扭腰摆臀,或翘臀、大甩手,双腿过于弯曲,脚尖向内形成"内八字"步,或脚尖向外形成"外八字"步,步子太大或太碎,脚抬得过高或过低,脚蹭地面,身体左右摇晃,或上下波动,都会形成不良的步态。

> **·美的体态**　黛安娜·维瑞兰德是目前世界最重要的时装权威之一,她说:脖颈、脊背、手臂和腿的伸展以及轻捷的步履是与美紧密相连的。优雅的体态是人有教养、充满自信的完美表达,它会使你看起来年轻得多,也会使你身上的衣服显得更漂亮。

四、适当的手势

手势是通过手和手指活动所传递的信息。手势是一种非常富有表现力的"体态语言",它不仅对口头语言起加强、说明、解释等辅助作用,而且还能表达有些口头语言所无法表达的内容和情绪。在旅游礼宾服务中,规范、恰当、适度的手势,有助于增强人们表情达意的效果,并给人一种优雅、含蓄、礼貌、有教养的感觉。旅游从业人员在与不同国家、不同地区、不同民族的客人交往时,了解并懂得他们的手势语,可以避免误解与不快。

(一)"请"的手势

"请"的手势是旅游礼宾工作者用得最多的手势。如"请"根据场景的不同,"请进"、"这边请"、"里边请"、"请跟我来"、"请坐"、"请跳舞"等语义。无论是哪一种，其基本手势是相同的，仅手臂所抬的高度有所不同而已，如图 3-25 为"请进"手势，其手臂抬起较高；图 3-26 为"请坐"手势，其手臂抬起较低。

图 3-25　"请进"的手势　　　　　　图 3-26　"请坐"的手势

　以上两种"请"的手势也叫体侧式，其规范要求为：五指自然伸直并拢，掌心斜向上方，手掌与地面成 45 度角，腕关节伸直，手与前臂形成直线，整个手臂略弯曲，弯曲弧度以 140 度为宜，注意整个手臂不可完全伸直，也不可呈 90 度的直角。做动作时，应以肘关节为轴，上臂带动前臂，由体侧自下而上将手臂抬起，身体约微前倾，头略往手势方向倒，面向客人，面带微笑，目视来宾。

　若一只手拿着东西或扶着门，而另一只手不便做体侧式"请"手势时，可采用曲臂式"请"手势。做法是：五指伸直并拢，掌心向上，手臂由体侧向体前方自下而上地抬起，当上臂抬至离身体 45 度的高度时，然后以肘关节为轴，手臂由体侧向体前摆动，摆到手与身体相距 20 厘米处停住，身体约微前倾，头略转向手势所指方向，面向客人，面带微笑，目视来宾，如图 3-27。

图 3-27　曲臂式"请"　　　　　　　图 3-28　双臂横摆式"请"

　　若当面对较多的来宾表示"请"时,可采用双臂横摆式,如图 3-28;如果是站在来宾的侧面,可将两只手臂向一侧摆动,如图 3-29。

图 3-29　双臂侧摆式"请"　　　　　　　　图 3-30　　直臂式"请"

(二)指示方向的手势

　　为旅游者指路、指示方向是旅游礼宾服务人员常做的事。可以采用直臂式,如图 3-30。规范手势要求是:曲肘由身前抬起,抬到略低于肩时,再向要指的方向伸出前臂。与体侧式的不同点是,手臂高度齐肩、肘关节基本伸直。上体微前倾,面带微笑,眼睛看着所指目标方向,并兼顾客人是否看清或意会到目标。

第二节　仪　容

　　仪容,主要是指一个人的容貌。但严格地说,仪容指的是按照社会审美观念进行人工修饰后符合礼仪规范的容貌。修饰仪容的重点是一个人的头发与面容。

一、头发的修饰

　　旅游工作者的发型不仅要符合美观、大方、整洁和方便工作的原则,而且要与自己的发质、脸型、体形、年龄、性格、服饰以及环境等因素很好地结合起来,才能塑造整体美的形象。

(一)发型与年龄相配

　　年轻人的发型应体现青春活力,避免老气呆板,发型的选择余地较大,短、中、长发均可。中年人则宜选择整洁简单、大方文雅、线条柔和的发型。女性不宜披长发,因为披肩长发的活跃感与成熟稳重的气质不相称,一般宜留短发、卷发或盘髻;男性可选三七分头式和短平头。分头显得俊秀,短平头显得自信、刚健。

(二)发型与体型相配

身材细高的人,宜选择头发轮廓为圆形的发型;身材较矮的人,适宜短发、中长发,顶部头发可略为高耸,尽可能使头发重心上移;身材较胖的人,一般不宜留长发,最好选略长的短发式样,两鬓要服帖,后发际修剪得略尖;身材高大的女性不宜留短发,以中长发或长发为好。

(三)发型与脸型相配

发型曲线应与脸部线条相中和,用蓬松的头发来掩饰与弥补脸型的缺陷。如椭圆形脸,俗称瓜子脸,适宜各种发型;圆脸,发型应选视觉上显长不显宽的,让顶部头发蓬高,两侧紧,忌头发中分;长脸型,原则上用圆线条来弥补,男性发脚可稍微蓄低一点,女性顶发平贴头皮,留额前刘海,并且尽量让头发向两边分散,以增强横向扩张的感觉;正三角脸型,顶部头发蓬松,女性的发梢微遮两颊;倒三角脸型,上半部头发不要蓬松,不宜取无缝式及全部后掠式,头发从前至后形成蓬松的弧度,女性可发长至下巴以下,卷成弯曲的形状,以增加下巴宽度,使脸形匀称;菱形脸型,挡住前额,耳后下部的头发蓬松,男士忌梳背头,女士可将头发剪中长烫卷,使脸形看起来呈椭圆形。

(四)发型与性格相配

动作语言学研究表明,最早采纳流行发型的人,可能是对环境适应能力很强的人。一个人如果经常随便更换发型就证明他是一个善变、举棋不定、三心二意的人。经常变动发型,也证明此人容易轻信他人,易受他人煽动,很少执着于自己的意志、喜好。这类人中的女性大多数脾气好而为人率直。

发型与人的性格息息相关。所以,一般认为留飘逸长发的少妇温柔贤淑,留短发的属精神活泼好动之人;保守的人发型也守旧,而喜创新的人发型也喜创新等等。

(五)发型与环境相配

工作场合,选择的发型要自然明快、简洁大方。野外作业和体力劳动的男性,发型尽量简短平直;出入商界的男士宜选优雅大方、较为保守的发型,给人沉着谨慎、办事可靠的印象。女性不梳披肩发、长发应扎起来或盘成发髻。

隆重的社交场合,发型要高贵雅致,绮丽气派。男士力求优雅,女子则要典丽,并突出女性魅力。女性发型较多的选各种发髻。

二、美容与化妆

美容是指人们通过各种手段对自己的面容进行修饰,其目的是追求一种近距离的美感。旅游工作者要使自己在礼宾接待工作中表现得从容自信,必须注意面容的修饰。

(一)健美的肌肤

容光焕发、富有弹性的肌肤既是身体健康的标志,也是构成仪表美的重要组成部分。保持健美的肌肤是美容的基础。皮肤越润泽、细腻,化出的妆就越自然;反之,如果皮肤粗糙,化妆品不能与其融为一体,就给人不自然的感觉。随着年龄的增长,人的皮肤会老化,产生皱纹,失去光泽和柔韧性,这是一种自然生理现象。然而,通过科学的方法却可以减慢皮肤的老化过程,使皮肤的青春期多保持一段时间。

1. 保持乐观的情绪

乐观情绪是效果最好的"润肤剂"。美国笑学权威福莱博士说:"笑是一种化学刺激反应,它激发人体各器官,尤其是激发头脑和内分泌系统的活动。"经常笑可以使脸部肌肉舒展,皮肤新陈代谢加快,促进血液循环,增强皮肤弹性,起到美容的作用。此外,学会"放松",也是保持乐观情绪的一剂良药。每天平躺在床上,什么也不想,使脚比头高,10分钟后,即可增加面部血液供血。持之以恒,可以使人面色红润,容光焕发,给人一种年轻和健康的美感。

2. 保证良好的睡眠

在睡眠的状态下,人体所有器官(包括皮肤在内)都能自动休整,细胞加速更新;皮肤可以获得更多的氧,用于满足代谢的需要。要保证良好的睡眠,一是要经常变换睡觉的姿势,固定朝一侧睡,长时间压迫可能增加面部皱纹,甚至出现不对称的难以消失的条纹;二是睡前要洗脸,防止化妆品或尘土对面部皮肤的刺激;三是尽量不服安眠药,安眠药会使血管收缩,减少对皮肤的血液供应,影响面部美容;四是保持卧室的良好环境,对卧室的温度、床垫和枕头的软硬,都要适合自己入睡要求,如有可能,可在室内装置加湿器,防止皮肤干燥。

3. 保持皮肤适度的含水量

皮肤的弹性和光泽,由含水量决定。如果皮肤中含水量低,皮肤则会干燥、无光泽。要使皮肤滋润,每天要保证喝水2 000毫升。每天晚上睡前饮一杯凉开水,睡眠时,水分会融入细胞,为细胞所吸收。早上起床后,也要饮一杯凉开水,使胃肠通畅,使水随血液循环分布到全身,滋润着皮肤。皮肤角质层水分也可从体外吸收,保持环境湿度,在化妆品中配合上保湿剂,是保持皮肤水分的好方法。

4. 合理的饮食搭配

营养不良的人,容貌体态瘦削苍白,皮肤也干燥无光泽。人们从食物中摄取的各种营养成分,其美容功效远非任何化妆品所能及,而且获得的是一种健康的美。丰富多变的食物可以健美皮肤,使皮肤滋润光洁。在饮食中,除需吸取足够的蛋白质、碳水化合物和脂肪以外,还要吸取丰富的维生素和矿物质。日常饮食切不可偏食。

5. 保持皮肤的清洁卫生

经常清洁皮肤,可以避免污垢引起皮肤腺管的阻塞和对皮肤的刺激,防止细菌生长,保证皮肤的健康。正确的洗脸方法,一是洗脸水温度不宜偏高,一般应低于35 ℃;二是洗脸应从下往上、由里向外的方向洗,这样有助于皮肤的血液循环;三是使用温和的洗面奶,少用或不用香皂;四是洗脸动作要轻柔,坚持"漫脸",每天让脸浸入冷水中一次,约2分钟,早晚均可。

6. 注意防晒

紫外线对皮肤的弹力纤维有着明显的破坏作用,过度日晒会导致弹力纤维断裂,使皮肤粗糙,生出皱纹。因此,阳光太强的天气,应使用遮阳伞和防晒霜。如果皮肤被晒,可用稀释柠檬汁洗脸,再用清水洗净,然后用毛巾铺在脸上轻轻按摩,使皮肤保持洁白光滑。

7. 按摩皮肤

按摩皮肤,可促进血液循环,改善皮肤营养,减缓皮肤的老化过程。按摩的方法很多,可以用两手掌相互摩擦发热,然后两手掌由前额顺着脸的两旁轻轻向下擦,擦至下巴时,再上擦至前额,如此一上一下将脸的各处擦周到,上下共36次,每天早晚洗脸后进行。也可用双手手指从颊部向上斜推至外眼角部,再向外至发际部,反复30~50次。在按摩时手法要轻柔,不可过分用力。还可以用经络美容法即用手指或毛刷等按摩、刺激有关的经络和穴位。

(二)化妆的讲究

1. 化妆的原则

(1)符合审美原则。美容化妆必须根据自己的面容特征、性格特点来确定化妆的风格,应讲究整体性、和谐性和自然性,给人以美的享受。

(2)注重科学性原则。美容化妆必须了解各种化妆品的性质和特点,合理选择和使用。使用化妆品要根据自己皮肤的性质来选择,同时在涂抹时考虑皮肤的构造。在不同环境、不同季节,应随皮肤性质的改变更换不同的化妆品。

(3)规范得体原则。对于旅游工作者来说,外貌修饰是很必要的,适当的外貌修饰,可以扬长避短,使自己容光焕发,充满活力。但过分的浓妆艳抹、刻意追求打扮是不适宜的。从心理学角度去认识,旅游服务人员过分的修饰,会在宾客面前造成显示自己的华贵娇艳的印象,从而影响宾客的心理情绪。所以旅游工作者的外貌修饰应适度得体。

(4)修饰避人原则。在众目睽睽之下化妆或整理妆容是非常失礼的。无论是在办公室、营业厅,或是社交沙龙、宴会席间,这样做既不尊重别人,也不尊重自己。需要补妆或化妆应到房间或洗手间去,切勿当众表演,尤其注意一般不在男士面前化妆。

2. 职业妆的化妆程序

(1)洁肤。选择适合自己皮肤性质的清洁类化妆品,洗净脸上的污物,清洁皮肤。

（2）理肤。使用化妆水调皮肤，干性皮肤选用爽肤水，油性皮肤选用紧肤水等。

（3）润肤。滋润皮肤，隔离有色化妆品。干性皮肤选用霜膏，中性皮肤可选乳液类，油性皮肤可选用水质润肤品。

（4）施粉底。选择适合自己的粉底，均匀涂于面部，遮盖或弥补面部瑕疵，调整肤色和脸型，使皮肤平滑、细腻。

（5）定妆。扑散粉定妆，防止化妆脱落，抑制过度的油光。

（6）勾勒面部轮廓。涂阴影和腮线，修正面部轮廓。

（7）描眉。改善眉型和调整眉色。

（8）涂眼影。修饰眼型，渲染眼睛魅力，强调眼睛立体感。

（9）画眼线。掩饰、修正眼形，使眼睛明亮有神。

（10）上睫毛液。用睫毛夹卷曲睫毛，涂上睫毛液，使睫毛显得长翘、浓密。

（11）敷唇膏。使嘴唇呈现健康红润的色彩，具有光泽润滑感，并能修正唇型。

（12）搽胭脂。调整脸型，使面部呈现红润健康色和立体感。

（13）查妆容。看是否对称、均匀、和谐、自然。

3. 化妆的类型

（1）工作妆。宜化淡妆，净面之后涂上润肤霜，敷粉底，薄施粉，轻点朱唇淡扫眉。妆色健康、明朗、端庄，追求自然清雅的化妆效果。

（2）晚宴妆。追求细致亮丽的化妆效果，宜化得浓艳些。粉底比白天亮一级；蜜粉色彩以亮丽色系为佳；胭脂用浅色或鲜红色；口红选用深桃色或玫瑰色，在灯光下这些颜色会让肤色华艳鲜亮；要强调眉形，并施染眼影，画眼线和上睫毛膏；唇妆须格外费心地防脱落，可涂上唇膏后再点蜜粉。

（3）舞会妆。追求妩媚动人的化妆效果。舞会灯光幽暗，宜化得稍浓艳。可使用掩饰力较强的粉底（对于面部有瑕疵者），扑上肉色粉；胭脂和唇膏选明艳的粉红色调，并上光亮唇膏；施敷眼影，画眼线，还可戴假睫毛和上睫毛膏。要注意突出个性。

（4）旅游妆。追求清丽洒脱的化妆效果，宜淡妆轻描。粉底用耐汗水的粉饼，或乳液型粉底薄敷一层；胭脂用朱红或桃红，淡淡施抹；口红用色不要过重。长时间旅游最好不涂眼影，不描眼线，以免汗多，化妆品刺激眼睛。

男士在平常一般不用化妆。男士要显得有风度，也应注意外形的修饰，从而使人感到清洁、庄重、文雅、有朝气和有品位。如经常运动，锻炼胸肌和臂力，使你具有强壮的体态；短发比较专业，注意发脚线要整齐，最好每天洗发，不能有头屑；唇部要保持滋润，可使用无色的润唇膏；牙齿要洁白，没有牙石，口腔没有异味；手指甲要经常修剪，指甲内不能有污垢，使用润手霜，保持双手清洁滋润；注意清洁皮肤，户外工作要使用防晒品，以防紫外线晒伤皮肤、加速皮肤的失水老化等。

·男人的指甲 男人的指甲要短,一般不超过1毫米。在西方人的眼中,一个留着长指甲的男人是很奇怪的。

第三节 表情的控制

在人际交往中,表情是一种无声的语言,可以传递人们内心世界的思想感情。行为分析专家认为,在人际交往中给人的各种刺激中,视觉印象占75%,包括表情、态度,特别是微笑;谈吐印象占16%,包括谈吐文雅,语言谦逊,有文化教养等;味觉印象占3%,包括香甜可口;嗅觉印象占3%,包括芳香、舒畅,富有吸引力和魅力等;触觉印象占3%,包括和谐、温暖和综合性多方面的感觉。因此,旅游礼宾接待人员在工作中有必要正确地把握和运用好自己的表情。

一、认真的眼神

"眼睛是心灵的窗户",芬兰心理学家曾请一些演员通过表情来表现各种不同的情绪并拍成照片,然后再把拍摄的照片裁成细条,挑出印有双眼的细条相片让其他人来辨认,结果回答的正确率相当高。眼神又称"目光语",它对心灵信息的反映,又主要是靠瞳孔的变化和眼睛注视的方式来实现的。

(一)瞳孔的变化

美国心理学家赫斯经过长期研究,得出如下结论:瞳孔的收缩与放大,既与光线刺激的强弱有关,也与心理活动机制有关,而且瞳孔的变化是无法自觉地、有意识地加以控制的。因此,瞳孔的变化能如实地传达人们内心的信息。瞳孔是兴趣、偏好、动机、态度、情感、情绪等心理活动的高度灵敏的显示屏。瞳孔的变化随着人们的情感、态度、情绪等的变化而自动地变化。在某一特定光线下,当一个人的情绪或态度从积极状态转变为消极状态,或从消极状态转变为积极状态时,他的瞳孔就会随之缩小或扩大。当人们对某物表示爱、喜欢或感兴趣时,即兴奋时,瞳孔会扩大;而当人们对某物不喜欢或厌恶时,或在紧张、生气、戒备、消极时,瞳孔就会缩小。一些精明的商人即通过顾客瞳孔的变化,来判断他是否喜欢某种商品,从而决定是高价还是折价卖给顾客。

(二)注视的方式

在人际交往中,不同的注视方式所传达的信息也不尽相同。

1. 位置的变化

(1)公务注视。目光注视的位置在以对方双眼或双眼为底线,额头为顶点的三角形区域内,是用于洽谈、磋商、谈判等场合的注视行为。若一直注视这个区域,便给人以严肃、认真的感觉,使对方感到你是要谈正事。对你来说,你就能保持主动。

(2)社交凝视。注视的位置以对方双眼或双眼为底线,唇心为顶角的倒三角形区域内,是用于各种社交场合的一种注视行为。这种注视令人感到舒服,有礼貌,能够营造一种和缓的社交气氛。

(3)亲密注视。注视的位置在对方双眼或双眼到胸部之间的区域内,是用于亲人之间,恋人之间的注视行为。

旅游从业人员的注视行为一般来说采用社交注视,有时也可根据岗位的需要采用公务注视,一般不采取亲密注视。

2. 方向的调整

(1)俯视。即目光向下注视对方,一般表示爱护、宽容之意。

(2)平视。即目光与对方的目光约在同一高度平行接触,一般体现平等、公正、自信、坦率等语义。

(3)仰视。即目光向上注视对方,一般体现尊敬、崇拜、期待的语义。

(4)斜视。即视线斜行,一般表示怀疑、疑问的语义。

(5)侧扫视。即目光向一侧扫视,一般表示兴趣、喜欢或轻视、敌意态度的语义。表示兴趣、喜欢时,伴有微笑和眉毛上扬;表示轻视、敌意时,伴有皱眉、嘴角下撇。

旅游从业人员对宾客宜多采用平视或仰视。

3. 时间的控制

据心理学家实验表明,人们目光相互接触的时间,通常占交往时间的30% ~ 60% 。如果超过60% ,则表示对对方本身的兴趣可能大于谈话;若低于30% ,则表示对对方或对谈话的话题不感兴趣;如果完全不看对方,只是倾听,则表示听者或是自卑、紧张,或是心中有鬼,不愿让对方看到自己的心理活动,或者是对谈话者漠视。

(1)注视时间过长,会令人感到不自在,这是一种对他人占有空间的侵犯行为;注视时间过短,甚至不看对方,使人感到受漠视。这两种行为都是非常失礼的,都不利于感情的交流,在交往时一定要避免发生。

(2)在交谈过程中,除双方关系十分亲近外,连续的目光接触的时间一般为一秒左右。较长时间的目光接触会引起生理上和精神上的紧张,大多数人倾向于避开这种接触,把目光转移开,以示谦和退让。

(3)一般眨眼的正常次数是每分钟5 ~ 8次,如果一秒钟眨眼几次,且神情活泼,往往被视为对某物有特殊的兴趣,但有时会给人怯懦的感觉;若频繁地眨眼看人,目光闪烁不定,会给人心神不定,心不在焉的感觉;如果眨眼的时间超过一秒钟,则视为闭眼,如果在交谈中不时地闭眼,就易给人厌烦、藐视之感。

旅游从业人员的眼神应传达出热情、友好、尊重、诚恳的信息,经常注视旅游者的眼睛,以便从旅游者的眼睛中获知其真实的感受,并将自己的心情祖露给对方,以达到心灵的交流。但需要注意的是,不同地区、不同国家、不同民族有着不同的注视习惯和礼节。比如,在交谈中,互以目光打量的次数美国人多于大多数亚洲人,瑞典人多于英国人;日本人在与人面对面交谈时,目光一般落在对方的颈部,而对方脸和双眼要映入自己眼帘的外缘,对视在日本是一种失礼行为;在阿拉伯等一些民族却认为不论与谁交谈都应目视对方,他们的子女从小就被告知与人交谈若不看对方的脸则是不礼貌的行为等。

二、真诚的微笑

(一)微笑的作用

微笑是一种没有国界的语言,它是人们内心喜悦情感的自然外露,具有丰富的内涵和巨大的作用。它是自信的表现,是礼貌的表示,是真诚、热情、友好、尊敬、赞美、谅解等的象征。微笑似阳光似雨露,温暖、滋润着人们的心田,拂去人间的冷漠和心中的芥蒂,给人以理解和友谊;微笑似春风似细雨,吹散人们心中的烦恼与忧愁,以及一切不愉快的感受,它给人送去爱心、信心、喜悦和快乐。

微笑可充分展示一个人的风度,助其成功。当他人获得成功时,你的微笑表示出你对他(她)的真诚祝贺;当他人不慎做错了事而向你表示歉意时,你的微笑显示出你对他(她)的谅解和你的大度;当他人处在紧张、缺乏信心的时候,你的微笑表明你在为他(她)鼓励、加油,而不是鄙视……

在人际交往中,微笑能迅速地缩小彼此间的心理距离,创造出和谐、融洽、互尊、互爱的良好氛围,在交流与沟通中起着润滑剂的作用,有助于交际成功;微笑可以使旅游者感到受欢迎、受尊重;微笑还可使旅游者那种初到异地的陌生感、紧张感及疲劳感得以消除,从而使旅游者在心理上产生亲近感、安全感和愉悦感;微笑有助于企业树立良好形象,获得良好的经济效益和社会效益,促进企业成功和发展。

微笑的作用,已为世界上不少企业家所深晓,被奉为企业成功之法宝。在旅游服务业内,微笑服务更是受到普遍的重视与倡导。如"希尔顿的微笑"挽救了经济大萧条大危机时代的希尔顿饭店,造就了今天遍及世界五大洲、近百家的五星级希尔顿饭店集团;日本的新大谷饭店要求服务人员一进店就要像演员进入角色一样,表现出甜美的微笑。他们认为微笑是"通向五大洲的护照";法国的所有窗口行业都张贴着微笑诗,使巴黎成为微笑着的城市;泰国的饭店业提出"要把优良的服务体现在欢乐的微笑之中",不少饭店到处张贴着"微笑服务"的图片和口号;在我国的不少星级酒店也经常开展评选"礼貌大使"和"微笑明星"的活动。

(二)微笑的养成

微笑是人们喜悦心情的自然流露,旅游工作者的微笑是其自身良好情绪的体现。加强这方面的培训教育是使服务人员能够习惯微笑,善于微笑,并自觉地控制不良情绪的有效方法。

1. 加强爱岗敬业、职业道德及微笑服务意识教育

只有当从业人员在思想和心灵的深处,对自己所从事的职业和岗位有正确的认识,并热爱它时;只有当从业人员在思想或心灵深处具有了敬业乐业的职业道德时;只有当从业人员的思想或心灵深处具有了微笑服务意识,认识到微笑服务的意义和作用,明白了为什么要进行微笑服务时,从业人员才能以强烈的责任感,饱满的热情,把个人的烦恼、杂念置于脑后,全身心地投入到服务工作中去,自觉地为客人提供微笑服务。

2. 加强心理素质锻炼、增强自控能力

微笑需要以良好的心情为先导。心理素质好的人,无论遇到什么事,心理承受能力较强,情绪相对较稳定,自控能力也较强。而心理素质差的人,心理承受能力较弱,情绪的波动较大,自控力也较弱,喜怒哀乐溢于言表,这常常会有损形象。因此,培养良好的心理素质,增强自控能力,对旅游从业人员来说是非常重要的。微笑服务要求旅游从业人员不得将个人任何不良情绪带入岗位,而要在上岗前就控制调整好自己的情绪,从而全身心地投入到工作中去,为客人提供微笑服务。

3. 体验角色转换的感受

体验角色转换的感受,即是要求旅游服务人员去体验一下旅游者在旅游中的感想和感受:他们需要些什么?他们希望从旅游服务人员那里得到什么样的服务?不希望得到什么样的服务?旅游服务人员是怎样服务的?他们对旅游服务人员所提供的各种不同服务有何感受?平常你是如何为游客服务的?若别人向你这样服务,你有何感受?旅游服务人员的微笑不仅是职业道德规范的要求,基本的待客礼仪,而且还是一种具有普遍意义的人情味的体现。旅游服务人员在有了角色转换感受的深刻体验之后,在服务中才能多为客人着想,才能体谅客人的感受,才能对客人多一分理解,多一分同情,多一分人情味,从而自觉地为客人提供微笑服务。

4. 微笑训练

(1)对着镜子训练:对着镜子微笑,首先找出自己最满意的笑容,然后不断地坚持训练此笑容,从不习惯到习惯微笑,并以此笑容去为客人服务。

(2)情绪记忆法:即将生活中自己最好的情绪储存在记忆中,当工作需要微笑时,即调动起最好的情绪,这时脸上就会露出笑容。

(3)视顾客为"上帝"、"财神":只有当服务人员内心深处真正有了顾客就是"上帝",顾客就是"财神"的观念时,才能在服务中形成一种条件反射,自然地展露微笑。

(4)借助一些字词进行微笑口型训练:微笑的口型为闭唇或微启唇,两唇角微向上翘。除对着镜子找出最佳口型进行训练外,还可借助一些字词发音时的口型来进行训练。如普通话中的"茄子"、"切切"、"姐姐"、"钱"等,当默念这些字词时所形成的口型正好是微笑的最佳口型。

·**信息传递公式**　现代心理学家在一系列实验基础上得出一个感情信息传递公式：

感情信息传递（100%）= 语言（7%）+ 语调（38%）+ 面部表情（55%）

本章小结

一个人的仪表包括仪态、仪容和表情，它是一个人精神、气质的外在表现，是一个人长期生活、习惯、性格、品质、文化、道德、修养的体现。本章要求重点掌握正确的站、行、坐姿态，掌握仪容的修饰要点和化妆的基本技巧，学会如何以亲切自然的表情面对宾客。但需要指出的是，优雅的仪表不是一朝一夕就可以养成的。个人内涵的提升，不良举止的纠正，化妆基本功的训练，良好表情的养成都要经历一个长期而艰苦的过程。

思考与练习

1. 什么是仪表美？为什么旅游工作者要讲究仪表美？
2. 什么是仪态？优美的仪态应该注意哪些要素？
3. 什么是仪容？在旅游接待工作中，如何修饰自己的仪容？
4. 怎样以适当的表情向交往对象表示友善与敬意？
5. 化妆的原则是什么？简述职业妆的重点与规范。

模拟实训

·**技能要求**·掌握旅游业中对站、坐、行的基本姿势要求，学会旅游业界基本的化妆技能，领会微笑服务的要领。

1. 站姿、坐姿、蹲姿练习。在老师指导下，学生分组练习各种正确的站姿、坐姿与蹲姿，互相纠正不良姿势。

2.练习正确地使用各种手势。首先自己对着镜子练习,然后分组观摩评议。

3.步态训练。

(1)在老师的指导下或他人的帮助下进行训练,或自己对着镜子训练。

(2)在地上放一长绳进行步位训练。

(3)头顶物品(如书本等)进行平衡训练。

4.化妆练习。假定不同的场合,请几位学生按照角色要求化妆,其他学生进行观摩评议。

阅读材料

阅读材料 3-1

不同着装的走姿

穿着不同的服装,应有与之相协调的举止步态,这样才能显出整体美。如西装以直线条为主,因而在仪态举止方面也要以直线为主,着西装时身体要挺直,后背要平正,两腿直立,走路的步幅可略大些,行走时,女子髋部不要左右摆动。

旗袍最能反映出东方女性柔美的风韵,富有曲线韵律美。行走时,步幅要小一点,不宜过大,髋部可随脚步和身体重心的转移,稍左右摆动,两臂前后摆幅也不宜过大;一步裙,无论长短,因其裙摆小,行走时最大限度只能跨出一步。因此着一步裙时步幅要小一点,应注意保持平稳,两手臂的前后摆幅也要小一点;长摆裙使人显得修长,而大裙摆则使人显得飘逸潇洒,着大摆长裙走动时可一手提裙,步幅稍大些,手臂的摆幅也可以大一些;短裙的裙长在膝盖以上,穿着短裙,要表现出轻盈、敏捷、活泼、洒脱的特点,行走时步幅不宜大,步速可稍快些。

穿高跟鞋行走时,由于脚跟被垫高,为保持身体平衡,身体重心前移至脚掌上,为保持形态美,要注意将踝关节、膝关节、髋关节挺直,立腰收腹、提臀挺胸,直颈、头微上仰,从脚到头要有一种挺拔的感觉。行走时步幅及手臂摆幅不宜大。穿高跟鞋行走,不强调脚跟到脚掌的推送过程,但在前脚着地,后脚离地时,膝盖一定要挺直,步位为柳叶步,即两脚跟前后踩在一条线上,脚尖略外展,走出来的脚印像柳叶一样。

穿平底鞋行走时,步幅和手臂的摆动可稍大些,由脚跟到脚掌用力的过渡要均匀适度,身体重心的推送过程要平稳,不可脚掌过度用力,使身体上冲升高,待脚跟落下,身体又下落复原。这样的步态连续起来,即呈上下颠动的不平稳状态。为避免这一现象的发生,只需减弱脚掌的用力,脚跟不要提起过高,使身体重心平稳地向前脚转移即可。另外,穿平底鞋行走时还需注意抬腿不可过高,否则往前行走时会给人一种往前甩小腿的感觉。

阅读材料3-2

不同国家、不同地区、不同民族的手势举例

1.“请到这边来”的手势

在中国和日本,人们习惯手臂前伸,手心向下,伸曲手指数次向人招手,示意“过来”。在欧美,这一姿势是唤狗的表示,在英国则是表示再见。他们招呼人过来是手心向上,伸曲手指数次。在中国和日本,这一动作易被误解为招呼幼儿和动物。

2.“OK”手势

即用拇指和食指合成圆圈,另三指自然伸开,掌心向前。在美国表示“OK”,含有同意、赞许、允许、承诺等之意。尽管它的含义正广泛地传播到欧亚等地,但在世界某些地区还有其他的含意。如在法国一些地方,则表示为“零”、“没有”或“毫无价值”、“一钱不值”、“微不足道”等;在日本则表示“钱”、“货币”;在一些地中海国家则暗示一个人是同性恋者;在拉丁美洲,则是低级庸俗的动作;在巴西、俄罗斯、土耳其则是骂人的意思。

3.“V”型手势

即食指和中指伸出,张开形成一个“V”型,其余三指弯曲,这一手势在英美表示“胜利”、“成功”。但需注意的是使用时掌心一定要向外(因丘吉尔最初使用时是掌心向外)。否则当你不小心而将手背向外了,那在英国人的眼中是伤风败俗,而在中国这一手势是表示数字“二”。若两手均做出此手势放在头顶上则表示兔子耳朵。

4.竖大拇指的手势

在我国竖起大拇指是表示赞赏、夸奖之意。而在美、英等国,则表示“好”和“行了”。在澳大利亚,这一手势,尤其是横向伸出大拇指则认为是一种骂人、侮辱之意;若站在公路上伸出大拇指,则是想搭车;在日本,如果一女孩向一单身男子伸出大拇指,就是在问对方是否有女朋友,若你不了解而照样伸出大拇指,这女孩就会认为你在邀请她出去玩;在希腊,这种手势意味着“够了”、“滚开”,是侮辱人的信号。在使用大拇指这一手势时,应注意避免将大拇指指向别人和自己。指向别人通常是看不起人的表示,指向自己则是自夸之意。

5.伸食指的手势

即食指伸出,其余四指弯曲握拳的手势。竖立食指,在我国这一手势表示数字“1”或“一次”或是提醒对方注意的意思;在日本、韩国则表示“只有一次”;在新加坡则表示“最重要”;在缅甸则表示“拜托”;在法国则表示“请求,提出问题”的意思;在澳大利亚则是表示“请再来一杯啤酒”。

竖起食指放在嘴前,且嘴做出发"嘘"字的口型,或嘴直接发出"嘘"的声音,在我国是表示"别出声"或"小声点"之意。若竖起食指对人不停地左右摇晃意为"不赞成"、"不对"。若伸出食指上下点动是表示"警告"。伸出食指在太阳穴外转一圈,在美国和巴西是指别人是个疯子;在我国则既含有表示脑子或精神出了问题或有毛病,又含有表示"动脑"之意;在阿根廷意指有人要在电话里和你通话;在德国开车时使用此手势,则表示骂别人开车技术太差。食指放在下眼睑往外一抽,在意大利、西班牙和拉丁美洲表示提醒别人注意;而在澳大利亚,这一手势却表示蔑视,看不起等含义。

在使用食指手势时,切记不要用食指指点着别人,大多数国家均认为这是极不礼貌的动作。

服饰礼仪

人类在漫长的历史发展过程中,为了改造和美化生活,创造了绚丽多姿的服饰文化。服饰有广义和狭义之分。广义的服饰是指人的服装穿着、饰品佩戴、美容化妆几个方面的统一;狭义的服饰仅指衣着穿戴。一个人的穿着品位能体现他的性格,显示他的职业、地位,更重要的是能体现他的修养。旅游工作者衣着得体,符合礼仪规范,有助于树立良好的形象和赢得客人的尊重。

第一节　服饰基本常识

一、服饰的作用

服饰被称为人的第二肌肤,它在人类的生活中,发挥着三大作用。一是实用性作用,如御寒、避体等;二是装饰性作用,正如俗话所说"人靠衣装马靠鞍",得体的服饰可以扬长避短;三是社会性作用,如职业的区别、年龄的划分、性别的标识和礼仪的工具等。从社会文化角度说,服饰是一系列符号的集合。

(一)服饰是一种历史符号

人的服饰能体现时代特点和民族风采。每一个历史时代的人们,虽然在穿着打扮上会有许多具体样式,但总是超越不了那个时代所具有的一般模式。从质地、色彩到款式造型总会有一个时代的共同的基本特征。

(二)服饰是一种社会符号

在同一历史阶段,同一年龄段、同一性别、相同职业的服饰中尽管有差别,许多人都希望穿戴出众一些,但在总体上仍具有与社会背景基本一致的或相似的地方。

(三)服饰是一种礼仪符号

服饰是人际交往中的主要知觉对象之一,它不仅反映其主体的审美能力,也反映其道德水平。服饰具有明显的信息暗示功能,它是向交往对象所作的一种最真实的"自我介绍"。讲究服饰礼仪,往往有助于社交的成功。

(四)服饰是一种情感符号

服饰是一种无声的语言,故有人把它称作物体语言或人体语言。它能传递出行为主体的情感信息和其他信息。例如,人们在哀伤的时候总不会穿着大红大绿的衣服。

(五)服饰是一种个性符号

社会正在朝着多元化的方向发展,服饰具有越来越强烈的个性特点,一个人所穿的服装往往能够传达出他的性格、爱好和心理状态等多方面的信息。例如,性格开朗、外向者,大多选择比较明快的色彩、新颖的款式造型、大方的装点修饰;个性抑郁、内向者,则大都选择较暗淡的色彩、古朴的款式造型,一般不会选择太多装点修饰的服装。

> **·裙子的长短**　西方的服饰文化专家发现,女人穿的裙子的长短同所在国家的经济状况是密切相关的。经济萧条时期,为了不让人觉得贫穷潦倒,大多穿着长裙子;经济高涨时期,人们已无须显阔,为了方便美观,大多选择短裙子。

二、着装的原则

(一)着装的基本原则

1. 整洁原则

整洁的原则是服饰打扮最根本的原则。一个穿着整洁的人总能给人积极向上的感觉,总是受欢迎的;而一个穿着肮脏的人给人感觉总是消极颓废的。在社交场合,人们往往通过衣着是否整洁大方来判断一个人的文明涵养。整洁的原则并不意味穿着的高档时髦,只要保持服饰整洁、合体、大方即可。

2. 个性原则

每个人都希望自己以一个独立的个体被社会接纳与承认,在服饰的选择方面也应注重个性化。第一不要盲目赶时髦,最时髦的往往也是最没有生命力的;第二穿出自己的个性,每个人由于年龄、性格、职业、文化素养等不同,气质上也各不相同,服装选择要符合个人的气质,透过服饰展现自己个性化的风采。

3. 和谐原则

着装应与自身的体型、年龄、职业相和谐。如浅色服装有扩张作用,瘦人穿用可产生丰满的效果;而深色的服装给人以收缩感,适宜胖人穿用;少女穿超短裙显得朝气蓬勃、热情奔放,少妇穿上则显得不太庄重;政府机关工作人员穿着打扮应大方朴素,不宜穿着奇装异服,教师也不宜打扮得花枝招展。此外,在服饰的色彩选择上,也要注意搭配得和谐自然。不同颜色代表不同的意义,不同颜色的服装穿在不同人的身上会产生不同的效果。

4."TPO"原则

"TPO"是英文"time"、"place"和"object"三个单词的缩写。所谓"TPO"原则是指人们在择装时,应兼顾时间、地点和穿着目的这三个要素。

(1)T(time)——代表时间,即择装打扮必须由时间来决定。"时间",是一个广义的概念,它有三层含义:一指每天的早、晚及日间不同的时间;二指一年春夏秋冬四季的更替;三指时代的变迁。

(2)P(place)——指地点、场所、位置、职位,即服饰打扮应与所处的场合相协调。如上班装要庄重、高雅、大方;社交装应注意时尚;休闲装则要强调舒适自然。

(3)O(object)——代表目的、目标、对象,即根据交往对象的特点,有目标地选择服饰,达到给对方留下深刻印象的目的。

三、首饰的佩戴

佩戴首饰重要的是要与服装构成一个有机整体,即款式上相协调,色彩上相补充。首饰分为休闲类和正装类。前者以木质、骨质、塑料、陶瓷等为材料,注重装饰性;后者则常用金、银、铂金、钻石、珍珠、合金等有光泽的材料,以衬托佩戴者的高贵和典雅。一般情况下身上同时佩戴的首饰不应超过三件,以起到画龙点睛的作用。男子一般宜选择纯金银质地的首饰,要突出男性特征,显示出阳刚之气。

(一)戒指

戒指是男女皆可佩戴的首饰,通常戴在疏于劳作的左手上。在正式场合,戒指的不同戴法有固定的含义,一定要严格区分,避免失礼。一般来讲,无论男女,戒指在手指上的含义是这样的:戴在食指上,表示尚未恋爱,正在求偶;戴在中指上,表示已有意中人,正在恋爱;戴在无名指上,表示已正式订婚或已结婚;戴在小指上,则表示目前为独身状态。修女的戒指则总是戴在右手无名指,意味着把爱献给了上帝。一般情况下,一只手上只戴一枚戒指,戴两枚或两枚以上的戒指是不适宜的。按照风俗,结婚戒指忌用合金制造,必须用纯金或白银制成,象征爱情的纯洁。选择戒指应注意和自己的手型相配,参加涉外活动时佩戴的戒指以传统式样为好。

> **·戒指的困惑** 第十一届亚运会举行期间,一名外国记者挺纳闷地问中国同行,"中国的女士们一只手带好几枚戒指,到底意味着什么?"中国记者急中生智地回答:"这意味着她们富有。"方才应付了过去。

(二)项链

项链由不同的原料制成,有各种颜色、长度和造型。佩戴项链,应注意与自己的身材、肤色及服装相配。一般说来,体型较胖、脖子较短的人适宜选佩较长的项链,而不要选用短而宽的项链;身材苗条、脖子细长的人则最好选佩宽粗一些的短项链,不宜再戴细长的项链。项链的颜色应与服饰、肤色有较大的对比度。男士佩戴项链应贴身戴,在造型上要粗犷一些,不可太纤细。

(三)耳环

耳环的种类很多,色泽形状各异。选择耳环应与自己的脸型、头型、发式、服装相配。如长型脸应佩面积较大的扣式耳环,以便使脸部显得圆润丰满;面部较宽的方型脸则宜选佩面积较小的耳环。服饰色彩比较鲜明,耳环色彩也可以艳丽一些,并应考虑两者间色彩的适当对比。一般来说,金银耳环可配任何衣服,而彩色耳环应根据配色原则与服装颜色协调。除了艺术家等比较前卫者,男士一般不佩耳环。

(四)手镯、手链

手镯、手链的材质与款式都比较丰富。严格说来,如果在左臂或左右两臂同时佩戴,则表明佩戴者已经结婚;仅在右臂佩戴,则表示佩戴者是自由而不受约束的。公务交往场合,一般只戴一只手镯(手链),且不宜再戴手表,否则会显得有些累赘。男士佩戴的手链应粗犷大方,但在公务场合一般不戴。

第二节　男士服饰

目前西装是全世界男士出席正式活动最流行的服装。20 世纪 80 年代以来,西装在中国重新成为时尚,是旅游企业经理、办公室人员日常工作的最佳着装选择。一般来说,一套西装配上不同衬衫、领带,差不多就可以每天穿着并应付多种交际场合的需要了。很久以来,西装作为许多国家男士的正统服装,已经形成了一定的穿着规范。主流的西装文化给人一种有教养、有绅士风度、有权威感的印象。

一、西装的构成

(一)礼服套装

西方在交际场合中的穿着大体上可以分为便服与礼服两大类。各式外衣、衬衣等日常穿着的服装为便服,适合一般场合。参加正式的仪式或典礼,应当穿着礼服。男士礼服一般有三种:

(1)晨礼服。多为黑色或灰色,上装后摆为圆尾形,裤子一般用背带,配白衬衫,黑、灰、驼色领带均可,黑袜子、黑皮鞋,可戴黑礼帽。晨礼服是白天穿的正式礼服,参加典礼、星期天到教堂做礼拜、参加婚礼等活动用。

(2)燕尾服(大礼服)。黑色或深蓝色,上装前摆齐腰平,后摆如燕尾。裤子一般用背带,白色领结。黑皮鞋、黑丝袜、白手套,可戴大礼帽。大礼服是一种晚礼服,适用于晚宴、舞会、招待会、递交国书等极其隆重的场合。

（3）小礼服（便礼服）。全黑或全白,配白衬衫、黑领带或黑蝴蝶结、黑皮鞋、黑袜子,一般不戴帽子和手套。小礼服多用于晚 6 时以后举行的晚宴、晚会、音乐会、歌剧、舞剧晚会。

目前,国际上正逐渐以黑色（或深灰色）西装套服取代礼服,在大多数社交活动中,男子都可以穿西装。

（二）分类与款式

工作用和正式场合穿着的西服,称之职业西装。它具有严肃性、职业化特点,并表达了着装者的社会地位和经济能力。非正式场合穿着的西服,称之时尚西服或休闲西装。

西装款式主要有两大类,一类是平驳领、圆角下摆的单排扣西装;另一类是枪驳领、方角下摆的双排扣西装。另外西装还有套装（正装）和单件上装（简装）的区别。套装要求上下装面料、色彩一致,这种两件套西装再加上同色同料的背心（马甲）就成为三件套西装。

二、西装的着装规范

（一）尺寸合体

上衣——衣长为颈部至鞋跟的 1/2 处;系上扣子后,稍有宽度。

袖长——至手腕处。

衬衫的袖长应比西装上衣袖子长出 1～2.5 厘米,衬衫的白领也应该高于西装领子,其露出部分应与袖口相一致,以给人一种匀称感。

西裤——裤脚接触脚背,盖住约 1 厘米左右的鞋帮;腰围在系好扣子、拉上拉链后,可以插入一个手掌;臀围合体,可以自如地做蹲下或抬腿动作。

袜长——长度要高及小腿上部,否则袜子太短,穿起来松松垮垮,坐下来稍不留意就会露出皮肤、腿毛,显得不够雅观。

腰带——腰带长度以不超过腰带扣 10～12 厘米为标准,宽度一般为 2.5～3 厘米。

（二）着装规范

（1）袖口商标应取下。名牌西装上衣的左袖上大都有一个商标,类似酒瓶瓶口的封纸,一旦启封便不能复位,在穿上身之前,即应拆去。

（2）正式场合穿着西装必须打领带。领带的色调应与西装、衬衣颜色和谐一致。非正式场合可以不打领带,但应把衬衣领扣解开,以示轻松、洒脱,避免给人忘了打领带的感觉。

（3）西装钮扣法有讲究。双排西装钮扣在正式场合都应全部扣上,否则会给人轻浮、不稳重之感;非正式场合可只扣上面一粒,显得比较轻松,但不可全部不扣。单排二粒扣西装,扣子全部不扣显得随意、潇洒;扣一面上粒,表示郑重、正式;全扣则显得土气呆板。单排三粒扣西装则通常只扣中间一粒扣或上面两粒,后者更为郑重些。

（4）口袋不乱用。上衣小兜称"手巾袋",除了礼服手帕,不宜放其他东西,不能用来插笔。钢笔应插在马甲的左胸口袋里。如不穿马甲,则应插在西装里面的口袋里以保持绅士风度。下面两个口袋也不放东西。

（5）马甲的穿法。马甲可穿可不穿,穿上更为正式、隆重,马甲应与上衣料相同,也可用腰饰带代替马甲。

（6）裤线熨烫挺直。西裤一般应与上衣同色同料,也可选同色系,有深浅。西装的衣袋和裤袋里,都不宜放东西,最好将东西放在西装上衣左右两侧内袋里。

（7）穿西装要配皮鞋。黑色皮鞋比较正式。

（8）领带的长度要适当。领带通常长约 130～150 厘米,打好之后,外侧应略长于内侧。领带系好后的标准长度,应当是下端正好触及腰带扣的上端。穿西装背心、羊毛衫、羊毛背心时,领带应处于它们与衬衫之间。

（9）慎用领带夹（针）。领带夹（针）目前已不大流行。其主要用于将领带固定于衬衫上。使用领带夹的正确位置,是在衬衫从上朝下数的第四粒、第五粒钮扣之间,最好不要让它在系上西装上衣扣子之后外露;领带针应别在衬衫从上往下数第三粒钮扣处的领带正中央。

（三）选购技巧

（1）要紧记现成西装并不会一穿便合身,通常已在下列提及的部位预留"纸口"位,如有问题可方便修改,成为最合身的剪裁。

（2）领口平服:后领口位要平服、贴颈,不宜高低不平。

（3）膊位流畅:膊位要依据膊形顺畅剪裁,否则会呈现下陷现象,天生斜膊人士应注意。

（4）袖口真衩:真钮袖口会采用真衩真钮设计,突显精致手工及保留传统特色。

（5）后衩不吊起:如果西装后背是开衩设计,留意衩位有否吊起或交叠太多。

三、西装的搭配

（一）衬衣

穿着西装应配比较合体的衬衣,其颜色应与西装颜色搭配和谐,一般首选国际化的白色、淡蓝色、中灰色、浅褐色等单色衬衫。在正式交际场合,衬衫的颜色最好是白色的;较轻松一些的场合可选取白底条纹、格子衬衫等。深色衬衫和花纹衬衫一般不适合正式商务活动,只有在较轻松、休闲的场合才能选用此类衬衫。在非正式场合穿着休闲西装配以颜色相宜的高档休闲衬衫或 T 恤衫,也是不错的搭配。

　　穿西装时,衬衫袖应比西装袖长出 1 ~ 2 厘米,衬衫领应高出西装领 1 厘米左右。衬衫下摆必须扎进裤腰内。若不系领带,衬衫的领口应敞开。如果衬衫有领扣,在打好领带后一定要把领扣扣好。衬衫必须保持洁净,系领带时领扣和袖扣必须扣上。

　　(二)领带

　　领带是西装的灵魂。领带是比较男性化的服饰,女士一般不打领带。参加正式交际活动或穿着全套西装应系领带。同一套西装配以不同的领带,也能带给人全新的感觉。

　　· **领带风波**　1945 年美军登陆日本,美军统帅麦克阿瑟将军在会见日本天皇时,身着西装却没有系领带,日本朝野舆论大哗,认为美方对日本天皇的礼仪简慢,为此愤愤不平。

　　1. 款式

　　领带的款式常受时尚流行的影响。一般而言,有宽窄之分,还有箭头与平头之别。在选择时,应注意最好使领带的宽度与自己身体的宽度成正比,而不要反差过大。领带下端为倒三角形大箭头的款式,比较传统,适用于各种场合;下端为平头的款式,比较时髦,多适用于非正式场合。此外,英国人穿着正式燕尾服时,几乎都使用大领结来搭配;而蝴蝶结式的小领结则一向深受美国人青睐。

　　2. 搭配

　　(1)领带与衬衫领型应搭配和谐。小领和普通领的衬衫可以打单结,有领扣和领子较宽的衬衫可以打小三角结。常见的男士衬衫衣领有以下几种类型:

　　暗扣领——左右领尖上缝有提钮,领带从提钮上穿过,领部扣紧。这类衬衫,领带结均应打得小一些,领部才会显得妥帖。

　　敞角领——左右衣领的角度在 120 ~ 180 度的领子。这种领型又称"温莎领",据说当年温莎公爵(英王爱德华八世)非常喜爱这种领子。与此相配的领带结也称"温莎领结",领结宽阔。近年来,敞角领的衬衫流行与打得稍小的半温莎领结相配。

　　钮扣领——领尖以钮扣固定于衣身,是典型美国风格的衬衫。领带以只绕一圈的细结为佳。

　　长尖领——同标准领的衬衫相比,领尖较长,多用作具有古典风格的礼服衬衫。以白色或素色的居多。长尖领衬衫宜配宽领式西装,领带挑选范围较广,稍稍艳丽的印花领带、古典型的条纹领带皆宜。

　　此外,穿立领衬衫不宜打领带,穿翼领衬衫则只适合扎蝴蝶结。

> **·领带的妙用**　服饰专家发现美国里根总统的头显得比较小,于是建议他穿上领子较为宽大的衬衫,系大结的斜条纹领带。当里根总统这样出现在公众场合时,头小的缺点便没有人看得出来了。

(2)领带的质地、颜色和图案应有所讲究。一般好的领带都是选择真丝的软缎、桑波缎、采芝绫等,其质地柔软,易于系结,飘动在男士宽阔的胸前,凸显阳刚之气。非常正式的商务活动切忌戴化纤的、做工粗糙或用料单薄的领带。领带上图案可以根据自己的爱好选择,首选单色和单色织纹领带,它能够和各种西装和衬衫相配。单色为底,印有规则重复出现的点状图案的领带,显得格调高雅;斜条纹的领带显得精明强干。领带一般的配色原则是,应与西装外衣同色系或有同色成份,显得和谐、得体、庄重;若与外衣形成对比色,则感觉比较年轻、有活力。

(三)鞋袜

穿西装时不宜穿布鞋、凉鞋或旅游鞋。庄重的西装要配深褐色或黑色的皮鞋。鞋子要选择正式的硬底皮鞋,皮质好、做工精良、造型简洁大方。鞋不管新旧,一定要擦拭得很干净、光亮。袜子的颜色应比西装深一些,一般应与裤子同色系,花色要尽可能朴素大方。如果不是穿白色西装,千万别穿白色袜子。一般也不穿花袜子,这是比较休闲的搭配。

(四)帽子

一项合适的帽子能够恰如其分地衬托出戴帽者的社会地位、经济状况和风度修养。戴帽子要注意其式样、颜色与自己的年龄、脸型、装束及工作相协调。脸圆的人适合戴宽边较高的帽子,脸窄的人适合戴窄边的帽子。通常,男士戴的帽子的颜色要求稍微深一些、暗一些,色彩要求柔和一些。穿礼服时,必须戴黑色的帽子。涉外交往中,参加正式的仪式一般应戴黑色的帽子。平时戴的帽子,帽檐要窄一些,帽顶不能太高。一般来说,上门作客或进入室内场所都应该脱帽。

(五)围巾

男士在办公室或比较正规的场合可以选用纯毛或开司米的棕色、灰色、海军蓝或深紫酱色围巾,而在亲友聚会或度假时,可选用白色围巾或带有流苏的围巾。进入室内,男士应将围巾连同外套一同脱下来。

(六)装饰手帕

装饰手帕以各种单色手帕折叠而成,式样很多。常见的有一字形、三角形和双三角形,插在礼服或西装上衣胸袋里,并配合领带,衬衫的颜色进行变化,使男士更显体面与斯文。装饰手帕不能拿来当作普通手帕使用。

(七)男士饰品

男士饰品不宜多,重在表现个人的风格和品位。在正式场合,一块造型凝重、较为高档的手表是男士饰品的第一选择,它能使人感到你是一位务实的、时间观念强的、训练有素的人;已婚男士还可戴上一枚婚戒,它能提升你的形象,让人觉得你是一位对社会、对家庭有责任感的人。

第三节　女性服饰

一、礼服

按西方传统礼仪要求,在正式的交际场合,女子一般应穿礼服。

(一)晚礼服

即西式大礼服,是一种最正式的礼服。主要适用于晚间举行的各种正式活动,如官方举行的大型宴会、交际舞会、庆典活动等。这类礼服大多是下摆及地的长裙,比较多的显露颈、胸、背和手臂部位,充分体现女性美。穿大礼服时,必须戴上与其色彩相同的帽子或面纱,配礼服长手套,耳环、项链等饰品也不可少。

(二)小礼服

西式小礼服主要适用于参加晚上 6 点以后举行的各种宴会、音乐会或观看歌剧等场合穿着。小礼服为长及脚面的露背式连衣裙,衣袖可长可短,配手套。为方便交谈,女性着小礼服时可不戴帽子或面纱。

(三)常礼服

也叫西式晨礼服。常礼服为质地、色泽一致的衣裙组合或单件连衣裙,裙长过膝。主要在白天穿着,适于出席白天举行的庆典、茶会、游园会和婚礼等。配帽子、薄纱短手套及小巧的手袋等。

(四)旗袍

中国女性常以旗袍作为正式礼服。一般采用紧扣的高领,衣长至脚面,两侧开衩在膝盖以上,大腿中部以下为宜,斜式开襟,袖口至手腕或无袖均可。面料多为单色的高级呢绒、绸缎等。穿无袖式旗袍,可配披肩。

现在多数西方国家对女子的穿着要求并不十分严格。同质、同色的西式套裙也可以作为礼服穿着,但要注意质地精良,款式简洁大方;连衣裙也可作为日间社交活动的礼服,但要注意选用单色、图案简洁,面料高档,质地厚实,且裙长及膝。

我国从事旅游礼宾工作的女性人员在涉外活动中,一般场合可以穿西装套装、连衣裙、中式上衣配长裙或长裤,或其他民族服装。在比较正式的场合,可以穿着西装套裙、连衣裙或旗袍作为礼服。特别是旗袍,作为东方女服的奇葩,其上下结构严谨,没有重叠的衣料、外显的带绊和口袋等繁饰,显得线条流畅,干净利落,雅致端庄。旗袍两旁的衩口,美观实用,使穿着跨步方便,给人以活泼轻盈之感。无论"环肥燕瘦",均能体现女性婀娜多姿的优美体态,是最适宜中国女性穿着的民族服装。在涉外活动中,中国女士穿旗袍参加往往会受到外宾由衷的赞美。

二、职业女装

职业女装指的是职业女性上班时穿着的服装。女性旅游管理人员或礼宾工作者的上班装多为西装套裙。女式西装套裙都是由一件西装上衣和一条半截裙所构成的两件套女装。大致上可以分为两种,一种是用西装上衣与随便一条裙子自由搭配与组合,另一种是则是指西装上衣与和它配套的裙子是成套设计、制作的。正式的西装套裙指的是后者。

1. 着装规范

经典的女式西装套裙用比较高档的素色面料精工制作而成,上衣与裙子同质、同色。造型简洁大方,讲究挺括合身。上衣的肩部垫得非常平整,裙子以窄裙为主,裙长及膝,切忌在办公室穿超短裙。素雅的白、灰、藏青、炭黑、烟灰、雪青、黄褐、茶褐、暗土黄、暗紫红等冷色调服装,可以体现着装者的端庄与稳重,是最适合办公装的颜色。

2. 着装禁忌

穿着西装套裙时,应注意以下禁忌:

(1)过大或过小。西装套裙的上衣最短处可以齐腰,裙子最长可至小腿中部,松紧适度。

(2)衣扣"不到位"。在正式场合,西装套裙的上衣扣子应按规矩系好,再忙、再热,也不要敞怀不扣,更不宜随便当着别人的面把它脱下来。

(3)内衣外显。穿丝、麻、棉等薄型面料或浅色面料的西装套裙,一定要内穿衬裙。衬裙的长度不应长于外面的裙子,颜色也应与之相近。衬衫不宜过于透明。

(4)搭配不当。西装上衣不可以与牛仔裤、健美裤、裙裤搭配穿着,黑色皮裙更不宜作为正式服装。

(5)鞋袜不配。穿西装套裙应当着黑色高跟或半高跟浅口皮鞋,配肉色丝袜。不可穿布鞋、凉鞋、旅游鞋或拖鞋,丝袜不可有挑丝或破损,袜口不能露在裙子外面。

> **·职业女装的讲究**　在公司、企业负责的女士,上班时穿上灰色或蓝色的西装套裙,有助于提高自己的威信;若想显得比较亲切、平易近人,可以选择色彩柔和一点的衣裙。切忌穿着过于时髦、暴露,或显得过于休闲、散漫的服装。

总之,职业女性的穿着除了要因地制宜、符合身份、清洁舒适外,还须记住以不妨害工作效率为原则。在工作中不要把自己打扮得花枝招展或太过性感,不要让自己的衣着喧宾夺主,影响工作。因此,尽管女性的办公装也可以适度反映时尚但绝不应损及其专业形象。对流行服饰要有所取舍,以"时尚中略带保守"为度,现今流行的凉鞋、脚链、内衣外穿、透明衣饰或太薄、太轻的衣料都不适合作办公装。

三、职业女装的搭配

(一)鞋袜

俗话说:脚底没鞋穷半截。一身漂亮的衣服总得有双得体的鞋相配方能显示出一种整体美。在庄重、正式的场合,女士不宜穿露脚趾的凉鞋或拖鞋;在办公室里不宜穿皮靴;一套精致的时装绝不能配一双布鞋或球鞋。在社交场合,应该选择与套装相配的皮鞋,一般来说黑色或棕色浅口高跟或半高跟皮鞋适应性比较强,与衣裙同色或同色略深的颜色也比较协调。

一名职业女性可以为自己多备几双适合四季穿着的黑色鞋,因为黑色几乎可以与所有颜色的服饰相搭配。冬季可以穿高帮黑皮鞋,春秋可以穿低帮的皮鞋,夏天可穿船形皮鞋。皮鞋跟的高低选择可视身高来决定,一般而言,穿中跟皮鞋能较好地显现女士的挺拔与秀气。身材特高的女性可以穿低跟鞋,身材较矮的可以穿高跟鞋。皮鞋跟的造型与大小也有讲究,例如身材较矮的女士最好不要穿酒杯跟的皮鞋,一些较高大的女士则不宜穿特尖细的皮鞋等。

在正式场合女士若穿裙装,应当配长统丝袜,其长度一定要高于裙子下部边缘,袜口不能露出在裙摆或裤脚外边。不要穿着挑丝、有洞或用线补过的袜子外出。袜子的颜色应与自己的肤色相配,一般肉色袜子能使女士皮肤罩上一层光晕而显示出一种线条美。白色和黑色袜子要慎穿,特别是白袜子在正式场合不多见,应尽量避免穿着。

(二)手袋

手袋是女士社交场合不可缺少的配件,款式有手挽式、肩背式两大类,一般以皮包居多。手袋与服装的配色应注意,一是手袋与服装呈对比色,显得鲜明醒目;二是如果服装为多色彩,则手袋应与服装的主色调相一致;三是使手袋与鞋子、手套、帽子等同色调,从而具有整体协调感。

此外,小型手袋适合女性出席正式场合使用,手提包应套在手上,不要拎在手里摆来摆去。经常参加社交活动的女士,可以多准备几个不同款式、颜色、质地的包袋,可根据穿着的服饰进行搭配,以达到和谐与完美的整体效果。

(三)手套

在西方,手套被称作"手的时装"。选用手套一般要注意以下几点:第一,要同整体装束相一致。穿深色大衣,适合戴黑色手套;穿灰色或浅褐色大衣,可以戴褐色手套;穿西装或运动服装,要选择与之色彩一致的手套或黑手套;穿西服套裙时或穿夏令时装时选戴薄纱手套或网眼手套等。第二,要同个人气质相协调。选择时必须注意到每一个人年龄、性格与气质的差异。年长而稳重的人,适合戴深色的手套;年轻而活泼的人,适合戴浅色或彩色手套。第三,要适应时间与场合的变化。在西方,正式社交场合女士大多戴着手套,一般白天戴短手套,晚上戴长手套。此外,注意礼服手套一定要保持整洁;一般不要把戒指、手镯、手表等物戴在手套外边;饮茶、吃东西或吸烟时,应提前脱下手套;女士不要戴着手套化妆等。

(四)帽子

女士戴上一顶合适别致的帽子,可以增添风采。在寒冷的冬天,女士戴上一顶手织的绒线帽,既使人感到温暖,又让自己显得妩媚、俏皮、可爱。但是,这类帽子若在正式场合戴却会有损威严。地位较高的女士,可以选择小呢帽、宽边帽、中等宽边等有边沿的帽子,这种帽子会为女士增加风度和气派。但参加宴会、游园和婚礼活动时戴的帽子帽檐不能过宽,否则便会遮挡别人的视线。

不论男帽女帽,帽子的戴法都很有讲究。把帽子戴得端端正正,使人显得很正派;将帽子稍微往前倾斜一些,看上去很时髦;帽子戴得稍稍歪斜一点,帽檐下压,显得人俊俏;把帽子拉得很低,使人显得忧郁。

(五)围巾

女士的围巾多种多样,过去主要用来挡风、御寒,而今天女士的围巾更多地被当作装饰品。同一款服装用不同的围巾能搭配出不同的效果,使其变化多端。女士选用围巾的花色、式样要与着装、身份和环境相适应。

(六)胸针(花)

胸针(花)是指佩在女性上装胸、肩、腰等部位的各种小装饰。选择金属胸针应与项链、耳环等首饰的色泽款式相协调。胸花常用在出席隆重的庆典等场合,有鲜花和人造花两大类,相比之下,鲜花更为高雅。最常见的是将胸(针)花佩戴在胸部左侧,身高较矮的适合选用造型小一点的,佩戴的位置稍微高一点;身材高大一些的可以选用造型大一些的,佩戴位置亦可稍低。

(七)首饰

职业女性在工作场合,一般只戴比较朴素、传统的结婚(订婚)戒指和紧贴式的耳环。

第四节　旅游行业制服

旅游行业制服是一个国家政治、经济、科技文化、地域、宗教、民俗等自然与社会大背景下的旅游企业视觉形象的重要组成部分,蕴涵着一定的文化品味和管理思想。旅游行业制服不可能像时装那样采用各种艺术处理手法以达到最佳视觉效果,而是在传统、经典、实用、整齐划一的基础上表现出时代感。

一、择装原则

在设计、选择旅游职业制服时,应遵循以下四项基本原则:

(1)合身。要适合穿着者的身材、年龄和不同岗位的职业身份。在工作中穿上岗位工服感觉舒服,显得精神,不会感到别扭、紧张,不会影响心理平衡;能起到识别和象征作用,穿上就会使人立即产生一种责任感和荣誉感,产生庄严、自尊和敬业的心理,体现出不卑不亢、热情大方的职业风度。

(2)合意。在选择旅游职业制服的时候,应根据特定的工作环境和宾客类型选择令双方感觉良好的颜色与款式。整体感觉简洁自然,端庄大方,修饰适度,充满活力;要体现不同工作岗位的特色以及与之相协调的风格,并能得到大多数员工及来宾的认可。

(3)合时。应注意服装整体上具有时代气息,既不古板,也不过于时髦;要符合不同场合下宾客的审美需求,并与其心境相呼应。如前厅要华贵庄重,餐厅要温暖明快,客房要柔和安静,酒吧要幽雅静谧,舞厅要热烈活泼等。

(4)合礼。在旅游礼宾交往中,服饰充当着礼仪的工具。衣冠整洁得体是对客人最起码的尊重。参加社交活动应选择符合社交礼节的服饰,而工作时则按旅游企业的视觉识别系统要求选择最合适的服饰基调和行业制服,并符合基本的礼仪要求,否则再漂亮的服饰也是不合适的。

二、制服特色

旅游行业制服作为一种职业服饰,除了具有共性化的基本特征——实用性、审美性和象征性外,整体上还应具有旅游行业特色。

(一)多样统一

讲求多样统一是旅游工作者服饰美的基本要求,特别是旅游饭店员工制服的多样统一尤为重要。在现代饭店里,门卫、前台、客房、餐厅、酒吧、商场和健身房等,均有风格多样、款式各异但又局部统一的工服。尽管很大程度上这是出于工作的需要,但是在客观上却构成了一种多样统一的服饰美感。对于接受单项服务的宾客来说，款式格调相同的员工服饰会给其一种井然有序、赏心悦目的整一感；而对于住在饭店、享用各种服务的宾客来讲，款式格调各不相同的员工服饰又会给其一种形态各异、多彩多姿的鲜活感。此外，从视觉的生理与心理角度分析，人们普遍忌讳色彩单一、形式刻板、风格僵化的事物。如果视觉神经总是受到同一式样同一色调的外物的刺激，生理上就会产生视觉的疲劳感，心理上也会相应地产生一种压抑感。事实上，视觉作为人类的高级审美感官之一，总是在不断地追索着形态富于变化的观赏对象。饭店各部门中多样统一的服饰在客观上有助于满足宾客的视觉审美需求。

(二)和谐美观

职业服饰与工作环境在风格上应和谐或互补。饭店部门众多，功能各异，以饭店的中式餐厅为例，其内部装潢和饮食器具总离不开雕花桌椅、古董书画、竹木阁楼、元宝餐巾叠花、象牙红木筷箸和细瓷碗碟砂锅等物，所有这些无不带有浓厚的民族特色。如果让女服务员着西服革履，难免会大煞风景，体现不出中国饮宴美学的特有神韵；若身着旗袍，效果就大不一样，服装与环境在风格上的统一协调会使外来宾客耳目一新，得到一种特殊的文化享受。而在旅游饭店公共区域的制服则一般宜用中性色，以期创造一种沉稳、柔和、明洁淡雅的美感，使宾客在安静轻松的氛围中解除身心的疲劳。在舞厅和游艺室等娱乐场所，华丽活泼的内部装潢，神奇变幻的五彩灯光以及宾客追寻愉悦的心情情趣，要求服务员的服装具有新颖的款式和艳丽的色调，如玫瑰红色的西服套裙或旗袍，就对烘托气氛，刺激视觉美感十分有效。

(三)含蓄大方

含蓄，作为中国的传统审美趣味，通常被视为服饰美的至高境界。中唐诗人李贺在描写宫人的游猎服时，曾以"宝袜菊衣单，蕉花密露寒"等诗句，热情地赞颂了服装的含蓄之美。在旅游职业制服的选择上，含蓄大方是一项非常值得重视的美学原则。目前，有的饭店、酒吧或舞厅盲目求洋，照搬西方，采用袒胸露背大开衩的裙装，想以此来增添服务的魅力。殊不知这种忽视民族传统审美意识的服装，一方面无益于培养人们积极健康的审美情趣，另一方面也未必能满足游客(特别是不少追求民族社会文化美的游客)的审美需求。当然，强调含蓄美，并非一味抑露，而是从"万绿丛中一点红，动人春花不须多"的格调出发，解决好藏与露的"适度性"关系。使藏能收到护体和遮羞的效果，但无封闭呆板的感觉；使露能起到展示人体自然美的作用，但无逸荡低俗的流弊。

(四)整洁实用

旅游工作者，特别是饭店员工服饰不只是以美学的眼光审视，而且也常常从饮食卫生角度加以评价。事实上，在饭店这一特定环境内，特别是在一线面客的部门，整洁可谓服饰美的基本要求。服装整洁不仅使客人享受到一种视觉形式美感，而且也会产生一种心理上的安全感,对饭店市场的开拓和经济效益的提高有着不可忽视的作用。相反,一些饭店,其员工服饰若从远距离看,确实不乏形式美感,但若从近处细观,衣上的油污、鞋上的尘土、怠于修剪的指甲、沾在衣领上的头皮等不洁现象,不堪入目,令人产生一种不好的联想,进而对食物饮料和床褥杯碟等用品的卫生产生怀疑,致使饭店形象大为受损。

此外,旅游工作者的服饰还应考虑结实、耐洗涤、吸汗等特点,既考虑美观性又考虑实用性。当然,旅游工作者的服饰并不完全排斥个性化的表现,旅游工作者穿上行业制服后的个性美主要应表现在其工作态度、言谈举止和风度气质上,以此进一步展示职业服饰独有的美感。

三、着装规范

旅游职业制服既要突出民族化服装的特色,也要有国际化的特点,并与国际上通行做法"接轨"。以饭店为例,饭店制服虽因内部岗位的不同而有不同的样式,但如门童、行李员、西餐厅服务员、厨师等许多部门工服的款式在国际上却已经约定俗成化了。其中,有些款式已沿用几十年,虽然没有明文规定,但确已为本行业普遍认可,被当做饭店规范化的一部分。如门童的制服多为西服或制服,色彩醒目,装饰华丽;西餐厅服务员的制服则是黑色燕尾服、马甲、白色礼服领衬衫、领结等。

中餐厅服务员的着装,根据餐厅经营的菜系及整个餐厅的背景装饰色调来加以选择、调整,给顾客一种协调的美感,为餐厅增添生动的情趣。例如主要经营淮扬菜的餐厅,其服务人员的衣着色彩要与餐厅色调相协调,并体现出扬州一带衣着的特点;以宫廷菜系为主的餐厅,其服务人员的着装,应体现历史传统服装的特色等。

穿着制服时要特别注意衣领和袖口的洁净,保持制服整体的挺括;衬衣袖口应扣上钮扣;制服上衣外面的口袋原则上不应装东西。部门经理以下人员戴领结,部门经理以上的人员打领带。

饭店经理的标准职业服是西装,应该做工讲究,质料上乘,大小合体,深色,给人持重老成的印象。领带应与西装协调,避免过于花哨。少佩戴饰物,一般仅有戒指、领带夹等。皮鞋应保持锃亮。

女经理的服装最好是套裙。以色彩素雅为宜,不必太醒目。内衣领口不能太低,裙子长度齐膝。套裙应注意式样简洁、质地良好。长统丝袜以肉色为主,避免抽丝、起皱。首饰宜少而精。

饭店服务员严格说来,一般不宜佩戴耳环、手镯、项链、胸针等饰物。

本章小结

　　服饰是人体的静止无声状态或姿势的延伸。服饰的质地、式样、颜色、花纹以及其饰品配件具有多种功能与含义,它可以表达出个人的文化修养、气质风度、性别年龄、职业特征,乃至国民的气质、时代风尚、文化特色。本章重点介绍了服饰的社会文化作用、着装原则、首饰佩戴技巧等基本常识;特别强调了男士和女性的服饰礼仪,行业制服择装原则和基本特点。如男式西装着装规范及基本搭配,特别是西装上衣与衬衫的搭配,西装领带的选择和系法;女士择装原则及西装套裙穿着规范等。通过本章的学习,要求学生掌握在不同场合服饰的选择和着装规范,并能够在实际工作中熟练得体地穿戴和搭配。

思考与练习

　　1. 服饰美应该具有哪几个方面的要求?
　　2. 什么是着装的"TPO"原则?
　　3. 浅谈戒指佩戴的不同含义。
　　4. 穿西装应遵循哪些基本礼仪?
　　5. 女士着西装套裙时应注意符合哪些规范?
　　6. 旅游职业制服的特色有哪些? 其择装原则是什么?

模拟实训

　　·**技能要求**·学会在不同场合、环境条件下服饰的正确搭配,掌握"TPO"原则在旅游职业服饰搭配中的应用。
　　物质准备:戒指、项链等各类首饰,男式西装、衬衫、领带及各种配件,女式西装套裙及皮包、手套等配件。
　　1. 让同学练习不同的领带系法。
　　2. 角色扮演。假定不同的场合,请同学扮演其中角色,演示服饰的穿戴和搭配,请其他同学找出不合规范之处。

　　3. 搭配练习。请几位同学穿着不同款式的衬衫,配合领型尝试各种领带系法,其他同学进行观摩评议。

阅读材料

阅读材料 4-1

服饰色彩的搭配

　　法国著名服装设计师夏奈尔在海边度假,将皮肤晒成了棕褐色。为此,她专门为自己设计了一套滚蓝色边的白色套装,频繁出入饭店。一夜之间,棕色皮肤加白色套装竟成为当时妇女们争相模仿的最时髦的流行装束,很多人甚至不惜晒伤了皮肤。服饰色彩搭配的讲究由此可见一斑。

　　深浅、明暗不同的两种同一类颜色相配,如青色配天蓝色、墨绿配浅绿、咖啡配米色、深红配浅红等,会使着装显得柔和文雅;两个比较接近的颜色,如红色与橙色、红色与紫红、黄色与橙黄色、黄色与草绿色等的配合效果也显得比较柔和,而且比较有女人味;两个相隔较远的颜色相配,如黄色与紫色、红色与青绿色等给人的感觉比较强烈,会让人有惊艳的感觉;两个相对的颜色,如红色与绿色、青色与橙色等补色相配能形成鲜明的对比,有时也会收到特别的效果。

阅读材料 4-2

领带的系法

　　领带的系法很多,下面介绍国际上流行的两种领带的系法:

　　1. 法式结。因其较复杂的系法和饱满的造型,所以最好选择丝织或是轻薄面料的领带。

　　(1)将领带绕在颈部,宽端长于窄端,两端交叉宽端在上。

　　(2)宽端从上往下绕过窄端,从颈圈上方穿过。

　　(3)宽端再绕一圈,从前至后穿过颈圈。

　　(4)宽端再绕一圈,从后至前穿过颈圈和结节处,使宽端盖住窄端,拉紧、拉直。

　　2. 英式结:秀气的系法适合任何面料的领带。

　　(1)打半个普通的结,使两端交叉,宽端在上。

　　(2)拉住窄端,将宽端沿窄端绕过一圈。

　　(3)将宽端从后往前穿过颈圈,再将宽端前端穿过打结处拉紧、拉直。

谈吐礼仪

口头语言是人们日常交往的主要工具。虽然从孩提时代起人们就已使用语言进行交流和思维,但要善于使用语言却是不容易的。怎样使语言更好地发挥它的交际功能,怎样把自己的思想感情表达得更加完美,一直是人们醉心研究和刻意追求的目标。在旅游礼宾交往中,注意掌握说话的技巧和礼仪,谈吐得体、应对大方,可以使宾客产生良好的印象,缓解矛盾冲突,提高服务质量。

第一节　说话的艺术

一、问候礼节

问候,又叫问好或打招呼。问候礼节是指人们在日常生活和工作中,根据时间、场合和对象的不同,使用不同的礼貌语言向交往对象表示亲切问候和关心的礼仪规范。

(一)顺序的讲究

一般情况下,应当由身份较低者首先向身份较高者进行问候。如果被问候的宾客不止一人时,问候的方法有三种:

(1)一并问候。即一并向对方进行问候,而不再一一具体到每个人。例如,"大家好!""各位早上好!"等。

(2)"由尊而卑"。即按照礼仪惯例,首先问候身份高者,然后问候身份低者。

(3)"由近而远"。即先问候与本人距离近者,然后依次问候其他人,当被问候者身份相当时多采用这种方法。

(二)问候语的类型

在问候他人时,具体内容应当既简练又规范。通常,问候语可分为以下三种类型:

（1）标准式问候语。即直截了当地向对方问候。其常规做法，主要是在问好之前，加上适当的人称代词，或者其他尊称。例如："您好！""各位好！""小姐好！""××先生好！""××主任好！"

（2）时效式问候用语。即在一定的时间范围内才有作用的问候用语。常见做法，是在问好、问安之前加上具体的时间，或是在前面再加以尊称。例如："早上好！""下午好！""晚安！""各位下午好！""××经理早上好！"

（3）特殊问候语。在一些特殊的时间与场合，如在生日宴会或其他喜庆之日，可以用"生日快乐"、"健康长寿"、"婚姻美满"等问候语表示祝福；在探望病人时，可以用"早日康复"、"保重身体"等问候语表示关心；每逢节庆之时，可以用"新年好"、"春节好"、"圣诞快乐"等问候语表示祝贺。

二、称呼礼节

称呼，也叫称谓，是当面招呼对方，以表明彼此关系的名称。称呼是给对方的第一印象，是交谈前的"敲门砖"。在旅游礼宾交往中，礼貌得体的称呼表现出对他人的尊敬。称呼使用是否恰当，常常会决定你与客人的交往能否顺利成功。

（一）基本原则

1. 准确原则

称呼语的使用必须符合对方的年龄、性别、身份、职业等具体情况，并尽量设法记住对方的姓名。一般来说，对女性宾客，称呼得年轻些，会使其心悦；对于男性宾客，称呼时注意其地位，会让他高兴。如果只见过一面就能叫出客人的姓名，就等于给其一个巧妙的赞赏，肯定会让对方感激。

2. 适度原则

称呼要符合社交场合与当地的风俗习惯，比如在正式场合对前来进行业务洽谈、开会的人都应以职务相称，以体现进行公务活动的严肃性；而在日常交往和居家休闲时，则可随便些。

3. 尊敬原则

称呼宾客要用尊称，对己则用谦称。态度要诚恳，表现要热情，语调要柔和，以体现对客人的尊敬之情。在询问客人的姓名时，也要注意礼貌，如："初次见面，不知怎么称呼您？""请问您怎么称呼？""请问贵姓？"切忌使用"喂"、"哎"来招呼宾客。

此外，称呼时还要注意性别差异。例如，在我国，对于年事已高的男士，尊称其为"张老"、"李老"等，对方一定非常乐意接受，但是同样称呼女士就不合适。30来岁的陈先生，才华横溢，称呼他为"老陈"，会被认为是一种尊重，但是如果称呼同样年龄的刘女士为"老刘"，恐怕就会导致不悦。

(二)称呼语的种类和用法

1. 姓名称呼

姓名,即一个人的姓氏和名字。姓名称呼是使用比较普遍的一种称呼形式。用法大致有以下几种情况:

(1)全姓名称呼,即直呼其姓和名。如:"李大伟"、"刘建华"等。全姓名称呼有一种庄重、严肃感,一般用于学校、部队或其他比较郑重的场合。在旅游礼宾交往中,指名道姓地称呼客人则是非常不礼貌的,甚至是粗鲁的。

(2)名字称呼,即省去姓氏,只呼其名字。如"大伟"、"建华"等,这样称呼显得既礼貌又亲切,运用场合比较广泛。如关系比较密切的朋友或同事之间的日常称呼,或是上级对下级的表示亲切时也常常采用这种称呼方式。

(3)姓氏加修饰称呼,即在姓之前加一修饰字。如"老李"、"小刘"、"大陈"等,这种称呼亲切、真挚。一般用于在一起工作、劳动和生活中相互比较熟悉的同事之间。

2. 亲属称呼

亲属称呼是对与自己或对方有亲缘关系的人的称呼。我国在传统的亲属称谓上较为讲究,一般按照与自己或对方的关系加谦敬词来称呼。例如,对别人称自己的长辈或年长亲属时,前面加"家"字,如家父、家母、家叔、家兄等;对别人称自己年幼的平辈或晚辈亲属时,前面多加"舍"或"小"字等,如舍弟、舍侄、小儿、小婿等;"敝"则多用来谦称与自己关系比较疏远的长辈或平辈,如"敝姻翁"、"敝表兄"等;对别人称自己的妻子,前面多加"拙"、"贱"等谦词,如拙荆、贱内等。而称呼别人的亲属时,多加"令"或"尊"、"贵"、"贤"等敬词,如称对方父亲为尊翁、令尊或令尊大人,母亲为令堂或令堂大人;称其兄弟为尊兄、令弟,称其妻子为贤内助、令正;称其子女为令郎、令爱等。

3. 职务称呼

职务称呼就是以对方所担任的职务作称呼。这种称呼方式,常用于公务交往场合,以示郑重与尊敬。主要有以下三种形式:

(1)行政职务称呼。如"李局长"、"刘经理"、"赵院长"、"李书记"等。

(2)专业技术职务称呼。如"李教授"、"张工程师"、"刘医师"等。对工程师、总工程师,习惯上还可简称其为"张工"、"刘总"等。

(3)职业尊称。即以其从事的职业、工作来称呼,如"李老师"、"赵大夫"、"刘会计"等。不少行业习惯上常以"师傅"相称,如旅游车司机、宾馆工程部维修技工、餐饮业厨师等。

(三)涉外称呼

在涉外交往中,应注意场合,严格遵循国际上通行的称呼习惯,不可马虎大意。

1. 正式场合

注意称呼对方职务或其引以为荣的头衔,如"总统先生/女士"。君主专制国家,按习惯称呼国王、王后为"陛下";称呼王子、公主、亲王为"殿下"。对有爵位的公、侯、伯、子、男爵,可称其爵位,也可称其"阁下"或"先生"。一般人称女士、先生即可,但如果是医生、教授、法官、律师以及获得博士学位的人士,既可单独以职业加名称相称呼,也可以在前面冠以被称呼者的姓氏,如"法官先生"、"西蒙教授"、"基辛格博士"等。对军人则一般称军衔或军衔加"先生",也可以加姓氏,如"上校先生"、"卡特中尉"、"布莱克中校先生"等;对高级军官,如将军、元帅等,还可以称"阁下"。

> **·称同志要看对象**　现在我国一般只对社会主义国家、别国共产党组织的来宾称同志;只在全民所有制单位内部称同志;只在党组织内部对党员互称同志。"同志"的称呼已淡化,既不能用作公共社交场合的统一称呼,也不要用作放之四海而皆准的泛称。

2. 非正式场合

对成年的男士可统称为"先生"。在美国,12岁以上的男子就可享有"先生"的称号。对于妇女则有所区别,对未婚女子称"小姐",对已婚女子称"夫人"或"太太",对年长但不明婚姻状况的女子或比较成熟的职业女性可称"女士"。现在这种称呼方法已为世界各国所通用。

3. 外国人的姓名

中国人的姓名,姓在前,名在后,有单姓和复姓及单名和复名之分。在港、澳、台地区,女性结婚后,往往在自己的姓氏前冠夫姓,出现双重姓氏,如张杨淑芬。外国人的姓名则不如中国人的姓名简单,在称呼时应予以区分和特别注意。

日本人的姓名顺序与我国相同,即姓在前,名在后。但日本人的姓大多是两个字,一般常见的姓名多由四个字组成,如山口百惠等。一般称呼只称姓,对男子加"君",如"三浦君",是对男子表示尊敬、文雅的称呼。在正式场合和社交场合则呼全名。在日本,"先生"的称呼只用于社会地位比较高的职业人士(包括女性),如律师、教师、法官等。其他像朝鲜、越南、柬埔寨、匈牙利人的姓名都是姓在前,名在后;中东和亚洲的印度、泰国、菲律宾、老挝等国家的姓名排列则是名在前,姓在后。

欧美人的姓名一般为名在前,姓在后,有时还加教名。如约翰·斯图尔特·布朗,即姓布朗,名约翰。妇女结婚后,必须改用丈夫的姓,不得再用自己的姓。口头称呼时,一般只称姓,如怀特先生,艾伦小姐等,而在正式场合则要称呼其全名。以英文为母语的国家,姓名组成称呼大致如此。英、德等国家对头衔非常看重,如对方有博士学位,在称呼时一定不能省略。对称呼较为随便的美国人,初次见面还是称"某某先生/小姐"等为好。

法国人、西班牙人、俄罗斯人的姓名都由1~5节组成。不管多长的词节,只要我们掌握原则就不会出错,即所有姓名中最后的一节为姓,而且姓不能缩写,缩写的只能是名字。

还有为数不多一些国家的人只有名字,没有姓,如缅甸、印度尼西亚的爪哇族等。缅甸人虽然没有姓,但常在名前冠以表示性别、长幼、社会地位等的字、词,如吴表示先生的意思,郭表示平辈,幼辈称貌,女性称玛,塞耶为老师,道达为博士等。爪哇族的名字有时可能有二三节之多,其中前一节或前两节是关于名字的说明,如苏山多·宾·阿普杜拉,意思是苏山多是阿普杜拉的儿子。

三、应答礼节

应答礼节是指回答宾客问话时的礼仪规范,其总的要求是:表情自然,语言亲切;态度和蔼,面带微笑;两眼注视对方,集中精力倾听客人谈话,然后有针对性地给予回答或提供帮助。

(一)基本原则

1. 真诚热情,有问必答

对于宾客提出的合理要求,应尽可能给对方一个满意的答复,不能装聋作哑,简单应付;不能流露出不耐烦、急躁或恐慌不安的神色;更不能情绪失控,冲客人发火。

2. 恭敬有礼,一视同仁

应答宾客的询问时,要站立回答,全神贯注地聆听,不能心不在焉,表情冷漠。在众多宾客问询时,应从容不迫地一一作答,不能厚此薄彼,冷落任何一位客人。

3. 守信负责,反应敏捷

凡是答应宾客随后再作答复的事,一定要守信负责,尽量设法迅速作出决定,给宾客满意的答复。对宾客过分的或无理的要求,要沉得住气,表现得有修养、有风度。遇到个别人提出的某些带有挑衅性的、尖锐敏感的、不宜公开回答的或者不宜正面回答的问题,应讲究回答的技巧。如果直接回答,会正中对方下怀,应避实就虚、避直就曲,可以以幽默的方式避其锋芒,也可以用精彩的言词灵活回答。

> **·巧妙的回答**　有位境外客人问导游员小梅:"请问您是中共党员吗?您对共产党的私人感情如何?"这是一个相当棘手的敏感问题。小梅略微思索了一下,微笑着回答:"虽然我不是中国共产党党员,但我的丈夫是共产党员,我们的感情很融洽。"

(二)常用应答语

对于前来的宾客,应主动招呼:"您好,我能为您做什么?"或:"请问,您有什么事吗?"

接受宾客吩咐,应迅速回答:"是,我明白了。""好,马上就来。""知道了,请您放心!"

无法满足客人的要求,应委婉诚恳地表示歉意:"实在抱歉,目前还没法满足您的要求。"

对于排在后面的客人,可以点头致意:"对不起,请您稍候片刻。"

如果宾客的语速过快或含糊不清,可以亲切地说:"对不起,请您说慢一点。"或:"对不起,请您再说一遍,好吗?"

不能立即接待宾客时应说:"对不起,请您稍候片刻。""请稍等一下,好吗?""麻烦您,等一下。"

对于等待了一会儿的宾客,应表示歉意:"对不起,让您久等了。"

接待失误或给宾客添麻烦时应说:"实在对不起,给您添烦了。""对不起,刚才疏忽了,今后一定注意。"

当客人误解致歉时应说:"没关系,您别介意。""不要紧,这算不了什么。"

当客人赞扬时应说:"谢谢,您过奖了,不敢当。""承蒙夸奖,谢谢您了。""谢谢您的夸奖,这是我应该做的。"

当宾客提出过分或无礼要求时应婉言谢绝:"这恐怕不行吧。""很抱歉,我无法满足您的这种要求。""对不起,中国人还没有这种习惯。"

四、其他常用礼貌语

除了如前所述的称呼语、问候语和应答语外,在旅游礼宾交往中,常用的礼貌语还有以下几类:

(一)请托语

在有托于人时,应使用请托语,我国常用的有"请"、"劳驾"、"拜托了"、"有劳您费心了"等。一般来说,当向人提出请求时,应以"请"字当先,且语气要诚恳,既不低声下气,也不居高临下。"请"字不是多余的,它含有谦虚、尊重对方的意思,使语气委婉,因为你提出的请求,对方并没有义务非得去做。向别人提出比较重大的请求时,要注意把握恰当的时机。如当对方正遇一场重大变故,心情忧郁时,就不应前去打扰。当别人拒绝的你的请求时,应予以理解,并致谢;而若是你不能满足别人的请求时,应婉言推托,如"很遗憾"或"非常抱歉"。

(二)感激语

所谓感激语,是在领受或拒绝他人的好意时表示感谢的词语。例如,当别人为你端上一杯茶或邀请你一起进餐时,当有人热情为你让座或为你捡起你掉下的东西时,当有人送你一件礼物或给你一句祝福时,当别人赞美你的优点或原谅你的过失时,"谢谢"是使用频率最高的感激语;在拒绝别人时,也可以说"不,谢谢"或"谢谢您的好意"、"您的好意我心领了"等感激语。

(三)征询语

要帮助别人之前或要求别人配合自己的工作时,应委婉地使用征询语,如:"您有什么事情吗?""我能为您做些什么吗?""您需要我帮您做些什么吗?""您还有别的事情吗?""这样会不会打扰您?""您喜欢这个式样吗?""您不介意的话,我可以看一看吗?""我现在可以为您点菜吗?"

(四)致歉语

旅游礼宾服务多为事务性工作,比较琐碎,出错在所难免,但应勇于认识错误,甚至有时错在客人,还是由我们主动致歉,以维护客人的自尊。真诚的道歉可以化解矛盾,解除难堪,赢得友谊。常用的致歉语有"对不起"、"实在抱歉"、"真过意不去"、"失礼了"等。

(五)赞美语

赞美语一般有两种语式,一是由赞美对象加赞美词构成,二是只有赞美词。在旅游服务中,恰当地使用赞美语会使客人感到格外愉快,例如,"很好"、"太棒了"、"真不错"、"您真了不起"、"这太美了"等。

(六)告别语

在日常分别时常说"再见"、"等会见"、"明天见"、"晚安"、"慢走"或"走好"等告别语;短期度假或出门旅游时可以说"过个愉快的假期"、"旅途愉快"、"一路顺风";较长时间的离别,可说"您多保重"等。

(七)慰问语

旅游服务中应关心体贴客人,常说"大家辛苦了"、"让您受累了"、"给您添麻烦了"等慰问语。这类话看似平常,但却能让客人心里感到非常温暖,有助于建立良好的客我关系。

(八)恭贺语

恭贺语是每逢佳节或人逢喜事等场合,表示祝福、贺喜之意的词语,常见的有"恭喜"、"祝您节日快乐"、"祝您圣诞快乐"、"祝您新年快乐"、"祝您生日快乐"、"祝您生意兴隆"等。

(九)推托语

推托语是无法满足别人的要求时委婉地表示拒绝的词语,常用的有"很遗憾"、"真抱歉,不能帮您的忙"、"承您的好意,但是……"、"真不好意思,实在是没有时间"等。

第二节　交谈的技巧

在旅游礼宾接待工作中,交谈是与客人进行沟通的重要途径,是连接客我之间思想感情的桥梁。掌握交谈的技巧,增强语言的艺术性,对于提高工作效率,建立良好的客我关系,具有极其重要的意义。

一、谈话的礼节

(一)基本原则

1.言之有物

谈话的双方都想通过交谈,获得信息、增长见识、加深印象。因此,说话要有观点、有内容、有思想,没有材料做根据,没有事实为依凭,再动听的语言也是苍白、乏味的。我们在交谈时,要明确地把话说出来,将所要传递的信息准确地输送给对方,正确反映客观事物,恰当地揭示客观规律,贴切地表达思想感情。

2.言之有理

谈话的内容不仅要丰富,而且要做到言之有理,持之有据。有理才能站住脚,有据才能使人信服。有理有据,才能增强谈话的感染力,增强语言的表达效果。言之有理,分析透彻,是交往成功的重要原因。

3.言之有序

言之有序,就是根据谈话的主题和中心设计讲话的次序,安排讲话的层次,即说话要有逻辑性、科学性。"使重理虽繁,而无倒置之乖;群言虽多,而无棼丝之乱。"(刘勰《文心雕龙》)有些人讲话,想到哪儿就说到哪儿,语言支离破碎,杂乱无章,词不达意,不知所云。因此,谈话时,先讲什么,后讲什么,思路要清晰,内容要有条有理。

4.言之有礼

谈吐要文雅、文明。话题应尽量避开粗俗的内容,也不要使用粗俗或不雅的口头语,使人感到格调不高,甚至可能会冒犯对方。谈话时讲究礼节礼貌,会为彼此之间的交谈创造一个和谐、愉快的环境。谈话时态度要谦逊,语气要友好,内容要适宜,语言要文明;听话时,要认真倾听,不要左顾右盼或做其他事情。这样就会形成一种信任、亲切、友善的交谈气氛,为交谈获得成功奠定基础。

5.言之有趣

谈话时通过准确、精当的遣词用句和幽默、诙谐的言谈风格创造出生动的语言画面,可以缩短彼此间的心理距离,达到主客之间相互理解与产生共鸣的良好效果。谈话时信息的交流和反馈过程是同步的,说话人说些什么和怎样说大多是在瞬间完成吸收、思考、选择、表达等口语表达过程的。这就需要谈话者能及时、准确地反馈信息,并能触景生情、随机应变,"随手拈来,即成妙趣",切忌生硬刻板,让人感到乏味。

(二)谈话的礼节

(1)在与人交谈时,表情要自然,语气要和蔼、亲切。不论与谁交谈都应平等相待。与晚辈、下级交谈,不要态度傲慢、居高临下;与上级、长辈、贵宾交谈不要卑躬屈膝、低声下气。

(2)为了表达某些内容,可以适当做一些手势,但动作不宜过大,不要手舞足蹈,更不要用手指着对方讲话。

(3)交谈的位置要适度,交谈的距离以使对方能够听清内容为宜。亲密的近距离谈话,多在情侣或至亲好友之间使用。也不能距离对方太远,使对方听不清你说什么。应注意口腔卫生,对着别人说话时,不能唾沫四溅。在与众人谈话时,不应只与其中一、二人交谈,冷落他人,要不失时机地向其他人打招呼,以示周全的礼仪,且不可目无他人。

(4)交谈需要不断开发新的、令双方和谐愉快的话题作为内容。交谈是双方信息的交流过程,只有双方共同感兴趣的话题出现时,才预示着谈话正趋向成功。因此,谈话应避免以自我为话题中心,自以为是,滔滔不绝,借题发挥,炫耀自己,忽视他人。

(5)谈话中应随时注意对方的反应,观察对方的表情、姿态,以判断其对谈话的关注程度,并经常征询对方的意见。一旦发现对方对话题不感兴趣,应立即调整话题。交谈中涉及个人隐私、避讳的内容不要谈论或征询,对方不希望谈论的事情,不要谈。要注意的是,自己讲话也要给别人讲话的机会,可用提问让对方思索并发表见解。

(6)在同别人交谈时,如果不想让在场的第三个人听到,则应礼貌地请其回避。如"我和×××有点要事需单独谈谈,大约需 20 分钟,请稍等",这时对方也就知道是不想让自己介入了。当有需要保密的事要谈,又不主动让第三者走开,而是交头接耳、窃窃私语,则会引起他人的反感和猜疑。

(三)交谈的技巧

1. 召集与引入主题的技巧

交谈时要注意维护整体交谈气氛,围绕中心议题展开,不要岔开主题。召集与引入主题是交谈的最初环节。从交谈技巧的角度看,在召集与引入主题这一环节上应注意这样几个方面:

(1)轻松自然。所谓轻松自然就是要求人们在交谈时不要过分拘谨、呆板,而应洒脱自如,轻松活泼,从而为交谈营造出温馨的气氛。同时在引入主题时也应该自然引入,不必过分庄重,以免冷场,如可以从时下某个社会问题入手自然地引入主题,或者从已有的话题中寻找某个细节作为桥梁或铺垫来引入主题。总之,要使交谈始终在趣味盎然的氛围中进行。

(2)幽默和谐。幽默是交谈中实现情感沟通、营造良好氛围的催化剂,又是个人智慧、爱心和灵感的结晶,日本心理学家多湖辉把幽默称为"语言的酵母"。所以,在召集与引入主题这一环节也不妨多用一些幽默,创造和谐的气氛,使交谈的众人在笑声中进入主题。但是,幽默的使用也要把握方式和限度,不能使幽默变成毫无意义的插科打诨,也不要变成没有意义的卖关子。

(3)语言得体。德国著名哲学家黑格尔曾说过:"同样一句话,从不同人嘴里说出来,具有不同含义。"这里所说的语言得体,就是要求在召集与引入主题的过程中要注意音调、音色、音质和语言表情,语言的使用要热情而不夸张,文雅而不刻板,随和而不空洞,努力使交谈气氛活跃起来,使交谈内容丰富起来,使彼此间的谈话距离拉近起来。

2. 提问的技巧

问话是使对方开口讲话的有效形式,也是打破僵局、营造和谐关系和创造友好交谈环境的重要手段。

(1)根据对象提问。大千世界芸芸众生,不同的人在人际交往中有不同的表现,有的人性格外向,谈锋甚健;有的人寡言内向,不善言辞。对于前者,提问时可开门见山,连连发问;对于后者,则要善于启发,由浅入深,诱导对方回答问题。同时对于不同的人还存在着学识水平、人生阅历、生活背景、文化传统上的不同,在提问过程中,也应当把这些因素考虑在内,以适合提问对象的方式方法进行提问。

(2)把握时机提问。交谈是一个动态的过程,提问者要准确地掌握交谈进程,通过提问来驾驭整个过程。如当对方谈锋正健、滔滔不绝时,要尽量让对方把话说完,不要以提问打断交谈;若遇到要出现冷场的情况时,则可通过提问活跃气氛,改变局面;若一个话题已经谈得差不多了,没有更多新的内容可谈时,可以通过提问适时转移话题。

(3)抓住关键提问。在交谈过程中,可能要提的问题很多,但要注意不能把问题提得太散,或者过于含糊笼统,提问要有中心,要抓住问题的关键。对有些敏感性问题的提问往往正面效果不佳,那么可以转化分解为具体问题、侧面问题进行提问。

此外,在提问过程中还要注意,向对方发问要适可而止,不能一问再问、穷追不舍。出于某种原因,对方没有给你一个满意的答复,你就要察言观色,及时调整自己的话题。

·**聪明的提问方式** 服务生这样接待客人："先生,您是加一个鸡蛋呢,还是加两个鸡蛋?"把客人"引导"到只能做"一个"或"两个"的限制性选择。这样就比"先生,您要加鸡蛋吗?"促销效果要明显得多。因为抓住了顾客的微妙心理,又运用了"猝不及防"的提问技巧,诱使顾客"脱口而出",从而成功地推销了产品。

3. 插话的技巧

在交谈过程中,插话常常是不能避免的,而且适当地插话,可以进一步活跃气氛,使谈话更好地进行下去。

(1)插话要征得对方的同意或者要和对方打招呼,如"请允许我插句话"、"请原谅,我能插句话吗"等等,切忌粗暴地直接打断对方的讲话。

(2)要控制插话的数量和时间。插话只是交谈过程的一个辅助环节,因此它处于次要地位,所以在谈话过程中插话不宜过多,而且所插的话语要简练,不能拖沓冗长,以免喧宾夺主,引起别人的不快。

(3)插话要服从谈话的主题,即插话不是打岔,不能破坏谈话主题或者远离主题。所以,插话要有明确的目的性或意图,不能太过随便或游离于谈话主题之外。当别人交谈,自己欲插话时,也一定要了解人家谈论的主题是什么,然后在适当时机切入其中。当自己把所欲表达之事说完,并引起对方重视和合理答复后,你就要马上退出谈话,以免误人交谈。

4. 拒绝的技巧

意大利人有句俗语:"所有语言中最美的一个词为'是'。"而拒绝恰恰是"否"。拒绝是语言表述的一种逆势,必然招致对方心中不满和怨恨,因而它的表达更需要技巧性。掌握婉言谢绝技巧,就能将对方的失望、不快限制在最小的范围内。

(1)以热情友好说出"不"。我们拒绝的是事而不是人。因此,以热情、真挚的感情融会到柔和的语调之中,使对方听后感到悦耳入心,以此来打动、感化被求助者,缓和因拒绝而出现的紧张局面。硬梆梆的话语、冷若冰霜的举止是拒绝的大忌。

(2)以幽默方式说出"不"。美国前总统罗斯福在担任海军重要职务时,他的一位朋友向他打听一个军事秘密。罗斯福压低声音说:"你能保密吗?"他的朋友说:"当然能。"罗斯福微笑着说:"那么,我也能。"罗斯福以幽默风趣的语言,委婉的拒绝了朋友的要求,既坚持了原则,保守了国家机密,又没有使朋友难堪。

(3)以替代方案说出"不"。以可以解决问题的另一种措施告示对方,来解脱自己的困境。一位学生找到老师表示想要担任学生干部,但是他平时表现不很突出,缺少号召力,不适合担当。老师告诉他,学校正准备创建舞蹈队,而他又有舞蹈特长,不妨参加舞蹈队,既能提高自己的舞蹈水平,业余生活也显得丰富多彩,同时又得到了意志上的锻炼。学生愉快地接受了老师的建议。

(4)诱导对方自我否定。在对方提出问题后，不是直接拒绝，而是先讲道理，诱导对方自我否定，自动放弃。例如，在一次竞赛中，某参赛选手为了取得好名次，想请评委喝咖啡。评委说："喝咖啡可以，但是，一旦你凭实力获得了较好成绩，别人要说你是利用不恰当手法获得的，你觉得对你公平吗？"选手自己认为目前的提议是不妥的，于是放弃了邀请。

此外，不论用哪种方法拒绝，都要注意语气恳切、面带微笑，态度和善。要多讲"对不起"、"很抱歉"等致谦语。努力使对方在轻松愉快的环境中理解你，接受拒绝。

> **·沉默是8万美金** 美国大发明家爱迪生想卖掉自己的一项发明，夫人米娜建议他要价2万美元。一位商人听说后愿意购买。问及价钱，因为爱迪生一直认为要2万美元太高了，不好意思开口。这位商人几次追问，爱迪生始终沉默不语。商人终于耐不住了，说："那我先开个价吧，10万美元，怎么样？"事实上在我们人生的很多关口，譬如面对一个自我赞扬的环境，面对一个据理力争的场面，面对一个强词夺理的上司等情况，沉默可以给对方和自己都留余地，沉默甚至可以挽救我们自己。

(四)交谈六忌

一忌自吹自擂。交谈是互动的，最忌讳自以为是地"独白"，不管对方身心状态和有无急事要办而高谈阔论。有些人在与人交往时，处处想显示自己，自吹自擂，显得浅薄俗气。

二忌冷落众人。与众人交谈最忌只同个别人或地位较高的人谈话，厚此薄彼。冷落众人，不顾及他人的感受和现场的气氛，就难以达到预期的交往效果。

三忌语言刻薄。说话过于刻薄，爱揭人短处，攻击别人的隐私不留一点情面，刺伤对方也不道歉，或者是得理不饶人，不给人留有回旋的余地都是交谈的大忌。

四忌不言不语。在交谈中一言不发，过分沉默会被认为是对他人的谈话不感兴趣。应把握好什么时候该认真倾听，什么时候该加入谈话，避免冷场。

五忌不告而别。如果要退出谈话，应向众人打招呼表示歉意，说明退出理由，不要不辞而别。

六忌品头论足。在交谈中，不要冒昧地讨论对方或他人的生理缺陷；不要对别人的是非大加品头论足或发现对方谈话有失误，不加掩饰地讥笑对方；不要冷嘲热讽地挖苦别人。

二、聆听的艺术

在人际交往中，聚精会神地聆听他人的谈话不仅可以满足对方的自尊心，使对方更有兴趣交谈,还可获得重要的信息和了解对方的性格、爱好与真实意图,以便作出有针对性的反应,促使交往顺利进行。在聆听的过程中,应注意以下几个方面。

(一)认真专注

在对方阐述观点时要认真耐心倾听,以专注的目光注意对方说话的神态、表情、姿势以及语气语调,以便全面、准确捕捉对方的讲话目的和思想感情。对于自己不感兴趣的话题和内容,也要听其讲完,硬性打断或插话,中断对方的思路,是不礼貌的表现。一般不提与谈话内容无关的问题,如对方谈到一些不便谈论的问题,对此不宜轻易表态,可灵活地转移话题。

(二)虚心商榷

聆听别人的谈话要虚心,不要随便插入话题,更不能以言论和表情对他人进行攻击和讽刺。即使你不同意对方的观点,也最好是等对方的话说完或告一段落后再发表自己的意见,同时要选择恰当的语言辅之以相应的表情来陈述自己的观点。要插话时,应适时示意致歉后再插话,不能接过话题就滔滔不绝。插话结束时,要立即告诉对方"请继续讲"。无论如何,虚心地聆听别人的谈话,就必须本着商榷的原则,作出求教的神态,把握语言措词。

(三)适当反馈

在聆听别人的谈话时,要以丰富的表情,恰当的言语,合适的手势作出响应和反馈,使说话者感到自己的思想和观点得到了认同和尊敬。如在倾听过程中,辅之以点头微笑,并适时插入一些引导提示语:"哦,是这样!""很有趣。""那么结果呢?"以展开话题。

(四)注意禁忌

一忌漫不经心。在听别人谈话时,不应该东张西望、左顾右盼、神色不安或流露出不耐烦、疲劳或心不在焉的情绪,这会伤害对方的自尊心。更不能在别人讲话时搞小动作,不是用手理头发,就是清牙齿,或是玩弄身边的东西,这些不雅的举止,往往会使对方厌烦。还有些人听别人讲话时把眼睛闭上,似乎是很认真的样子,可实际上给对方的印象并不好,让人觉得你对谈话内容不感兴趣,对谈话者不够重视。这是没有礼貌、缺乏教养的表现。

二忌太过挑剔。这种情形是指听话人总是喜欢摆出"检察官"的神态,威严地注视着说话者,或者像一名考官一样总是试图从谈话者那里挑出毛病,找出漏洞,而忽视了别人谈话中所包含的有用信息。或是经常用不礼貌的方式打断别人的谈话,随意纠正别人的观点,自以为是地进行完善补充,甚至对谈话者冷嘲热讽。这些都是非常失礼的,也是最不受欢迎的聆听方式。

三忌反客为主。虽然我们强调在人际交往中并没有严格的主、客限制,但是在具体的场景中,说话者与听话者的角色还是有着最起码的界定的。反客为主式地聆听是指总是喜欢在谈话过程中抢别人的话题,随意插话,而且不谈则已,一开口就没有限制,滔滔不绝,口若悬河,完全忽略了谈话对象的存在。这种谈话方式从根本上背离了倾听的宗旨,特别容易令人生厌。

四忌呆板僵硬。在聆听别人谈话时面无表情,毫无反应,或者自始至终都是一种表情,就会使谈话变得非常呆板,了无生气,使人失去与你交流、沟通的兴趣。

此外,在聆听的过程中还应当注意自己的身体语言。人们常常下意识地使用手势,来表达自己的某种主张。如手腕是"保护自己的城墙",交握着双手,就是拒绝他人进入自己领域的姿势。在劳资双方发生争执时,我们常可看见交握着双手,表示"拒绝"的情景。仔细研究起来,这种姿势表现出随时应付他人攻击、保护自己心脏的本能。因此,在倾听他人说话时,最好避免交握双手,以免使对方有被拒于千里之外的感觉,至少不会使对方觉得你是个傲慢的人。

> ·**理想的聆听者** 言谈风趣幽默,一开口就逗得大家开心的人是受了上天特别的恩宠,所以在任何场合你都不要以为只有你一个人死命地挖空心思在找话题,跟你同舟共"挖"的人多得很。只要精神松弛,充满自信,话说得不多也不成问题,做一个理想的"聆听者",受欢迎的程度不逊于健谈的人士。诀窍在于听的时候要完全投入,在适当的时候搭一两句腔;听到不懂的地方就即刻发问,对方一看你这么爱听他说话,哪怕全是他一个人的滔滔不绝,他也认定了你是个健谈的人士。倘若对方废话连篇,你一不留神打起哈欠来了,你可以说一声:"对不起! 都怪我昨晚没睡好。"

三、谈判的技巧

谈判是一种非常特殊的正式的交谈方式。它是由双边或多边人员参加的,出于不同目的的、为了同一个目标而进行的磋商或会谈。一次成功的谈判,会使谈判的双方都成为胜利者,都能获得更多的效益。对于旅游企业而言,无论是开展外联营销或是解决宾客投诉纠纷,常常需要进行各种形式的谈判。因此,掌握一些谈判的基本技巧和礼仪规范是十分必要的。

(一)基本原则

1. 以 诚 待 人

古人云"精诚所至,金石为开"。谈判的首要条件,便是各方的诚意,应坦率、真诚地将自己的意图、目标、需要向对方交代清楚。最忌讳弄虚作假,口蜜腹剑。健康的谈判提倡的是开诚布公、光明磊落。以诚待人能为谈判创造和谐轻松的气氛,改变由于误解等原因形成的不友好场面,求得对方的谅解,"化干戈为玉帛"。

2. 信誉至上

信誉至上是谈判中不可动摇的原则,各方应当严格遵守所达成的协议,履行各自的诺言,谈判中双方可以亮出自己的利益和要求,必要时会争论一番。但是如果各方就某些问题产生妥协、达成协议后,各方就有义务和责任严格遵守。

3. 礼敬对手

礼敬对手就是要求谈判者在整个谈判的过程中,排除一切心理和情绪上的干扰,始终对自己的谈判对手以礼相待。在谈判会上,文明的语言,诚挚的笑容,友好的态度,得体的举止等,都将有助于消除双方的隔阂与抵触心理。在谈判桌上,始终如一地维持君子风度,有利于赢得对手的尊重和好感。

(二)技术准备

1. 前期准备

"知己知彼,百战百胜",在谈判之前,如能对对手有所了解,并有所准备,在谈判中,就可以扬长避短,取得良好的效果。

(1)主题和实力分析。谈判的主题分析是要明确所协商解决的是什么问题。主题明确后,应紧密围绕这个中心,分析双方实力,我方的优势是什么,不足在哪里;对方的优势是什么,问题在哪里,进而制定自己的洽谈战略,并且反复审核,精益求精。

(2)了解对手。对谈判对手的了解,应集中以下方面:对方真正的决策人是谁;谈判对手的个人资料;谈判风格和谈判经历;谈判对手在商务活动、人际关系、政治等方面的背景资料;谈判对手以往谈判成功案例及失败案例等。

(3)挑选成员。谈判的成功与谈判人员的素质和修养密切相关,参与人员应深谙专业、知识渊博、能言善辩、熟知谈判策略、反应机敏、充满自信、刚毅果断、有理有节。同时,在谈判前要多做案头准备工作,精心细致地研究各种资料及应变对策,以便做到胸有成竹、处变不惊。

2. 礼仪准备

谈判的礼仪准备,是指谈判者要注意自己的仪表,合理地安排好谈判的时间地点、谈判座次,以示重视与诚意。

(1)时间、地点的安排。谈判的时间地点安排,应通过双方协商而定。一般情况下,主方应尊重客方的意愿,时间安排上除征求对方意见外,应尽量避开公众假期,以免过多占用私人时间而引起不快。谈判的地点尽量选择高雅、安静、宽敞、明亮的地方,舒适的环境可以放松人的情绪,使谈判在和谐的气氛中进行。

(2)座次的安排。谈判时,一般使用长方形桌或椭圆形长桌。长方形桌在摆放时,若是横向,以门为准,正对门的一方为上,属客方;背对门一方为次,属主方。若是纵向,以右为尊,即以进门方向为准,右侧为上,属客方;左侧为次,属主方。椭圆形桌因无界限之分,被大多数谈判所采纳。尤其在多边谈判时,几乎均是"圆桌会议"。既淡化了"主次"的界限,又可避免失礼于人。

（3）个人仪表准备。在此类正式场合,有关人员衣着是否得体,不仅体现了个人及其所代表企业、国家之形象之高低,同时也从侧面反映出对会晤的重视程度及对对方是否尊重。男士应穿深色西服配白衬衫,打素色条纹或圆点式领带,黑色系列皮鞋配深色袜子。女士则可选择单一色彩的西服套裙,内衬白衬衫,近肤色长筒丝袜,黑色中、低跟浅口皮鞋。在发式方面,男士应以整洁传统的短发为主;女士则要以体现职业女性干练的、简洁大方端庄的发型为首选。同时,女士面部应配以清新淡雅的化妆。

> **·联合国的语言服务**　在外交谈判时,在交换照会时也都有过使用哪种语言的问题。在联合国,正式使用的语言只有 6 种,按英文字母顺序为:阿拉伯文、中文、英文、法文、俄文、西班牙文。6 种语言同等有效,代表们发言时可以任意选用其中的 1 种。秘书处日常使用的工作语言,则只有英文和法文两种。

（三）礼仪规范

谈判的整个过程可以大致分为导入、概说、明示、交锋、妥协和协议六个阶段,在各个阶段都应遵守一定的礼仪规范。

1. 导入阶段

导入阶段主要是让谈判者通过介绍或自我介绍彼此熟悉。

（1）相互介绍。在双方入座后,由各自的主要谈判代表分别向对方介绍己方谈判人员。如果是一方代表同时介绍双方的谈判人员,应先介绍己方人员,然后再介绍他方人员,以示对他方人员的尊重。介绍与被介绍时应遵循介绍的基本礼节,双方均要表现出亲善友好的态度。在需要表示庄重或特别客气时,还可略施鞠躬。

（2）稍作寒暄。为了营造一个轻松愉快的谈判气氛,接下来可以稍作寒暄。话题应是轻松的、非业务性的,比如社会新闻,生活趣事等,要避免带有攻击性或胁迫性的话题。

2. 概说阶段

概说阶段的目的,是想让对方了解自己的目标和想法,双方做一些双向沟通。谈判代表发言时应当尽可能简短、清晰、准确,避免含混不清和转弯抹角,并且要善于向对方表示友善的情感,言辞和态度尽量不要引起对方的焦虑和愤怒。一方发言时,另一方应认真倾听,尽量不要中间插话打断别人的发言。这个阶段的主要工作是陈述己方立场,提出己方条件,在这个问题上,双方都应采用审慎的、实事求是的态度,讲究信誉,注重自己的谈判形象。

3. 明示阶段

谈判中双方代表必定会有一些意见争议,明示阶段的任务就是把这些问题及早提出,并加以解决。而对这些必须解决的问题,双方都应遵循平等互利的原则。互相尊重,以平等协商的态度达成谅解,不允许采用强制、欺骗的手段仗势压人,要时刻注意维护自身与企业的信誉和形象。

4. 交锋阶段

在交锋阶段,为了达到己方的利益,应该表现出勇气、自信与毅力,朝着己方的追求目标勇往直前,同时也要牢记坚持礼敬对手,以诚待人的原则与立场。在交锋阶段,双方都会列举大量事实反驳、说服对手,在反驳对方意见时,要避免使用对抗性的绝对性的语言,如"你们要么接受,要么放弃,没有协商的余地"等,如果对手说了过火的语言或提出不合理要求,也应保持沉着冷静的态度,以理服人,对"事"不可不争,对"人"不可不敬,要避免在暴躁的状态下进行人身攻击。

5. 妥协阶段

妥协阶段是谈判过程中的"讨价还价"环节,即为了达成一致而进行的让步讨论。妥协是在求同存异的原则下,通过双方的相互让步来实现的。让步要互惠互利、公平合理、双方自愿。切忌穷追猛打、以大压小。现代国际社会,讲究的是伙伴双方的同舟共济,所谓"买卖不成仁义在"。

6. 协议阶段

经过交锋和协商,双方认为已经基本达到了自己的理想,便表示拍板同意,然后由双方决策人,代表己方在协议上签字。主方在安排签字仪式时,首先要做好文本工作,文本要用规范的文句加以陈述,要表述准确,内容全面,不允许有歧义和遗漏;其次,准备好签字用的文具。签字时应是先在己方保存文本上签名,再在对方保存文本上签字,然后交换文本,"握手言和"。协议书一旦签署生效,双方必须认真履行。

第三节　社交礼仪英语

一、用英语得体交流的原则

得体是正确运用语言的关键。语言表达的得体性就是语言表达(包括文字和口语表达)要适时、适情、适度、适机,要符合当时的语境。仅仅能说一口流利的英语是不够的。如果你不会结合语境、情境得体地运用英语,便会引起对方的误解、不快、反感甚至生气。因此,除了学习语言之外,我们还必须注意在跨文化交流中因文化差异带来的语言使用和理解上的差异,掌握英语的运用习惯,在各种场合得体地使用英语来实现与外宾的交流。

（一）注意中西方文化差异

我们用中文的思维方式来回答西方人的问题常常会造成误解或不快。如西方人的思维比较直接，要就是要，不要就是不要。而东方文化婉转含蓄，如中国人在西方人家中做客时，主人问："Will you have a cup of coffee?"按照汉语的习惯是用"Thank you"来表示同意，但西方人往往迷惑不解。因为按照英美人的习惯，如果想要就说"Yes, please"，而表示拒绝就说"No, thank you"。

面对别人的赞美时，中西方表现出来的态度也是截然不同的。中国人以谦虚为美德，而西方人认为过分谦虚表示你缺乏信心。如别人见面时赞美你："What an attractive new blouse!"中国人可能会说："I really don't think it looks so good on me."你这样回答西方人的感觉就是"既然不好你为什么要买"，其实面对赞美只需微笑着回答"Thank you"即可。

类似的例子还有很多，在跨文化交际中，只有认真学习对方的文化，掌握中西方文化之间的差异，才不会"答非所问"，才能消除文化差异带来的用语误解。

（二）注意交际的场合和对象

讲话要看场合，不同的场合要说不同的话，否则便会引起对方的不悦。在正式场合中用书面语较多，而日常场合口语性词语较多。如见面时常说的"Fancy meeting you here"，在一般的场合说没有问题，但如果在厕所里碰到朋友也这样打招呼对方就会很尴尬。

要想说话得体，除了注意场合外，我们还应注意说话对象的身份、年龄、文化程度、与说话人的亲疏关系等因素。如同学间见面打招呼用一句"Hi"就很好，但如果对身份较高的领导也用"Hi"就会显得粗鲁和失礼，你最好说："How do you do? I'm extremely pleased to meet you。"

（三）注意英语的用语习惯

虽然有些句子就语法而言完全正确，但是某些说法会显得更委婉而礼貌，而一些说法却显得粗鲁而唐突。因此我们应注意委婉语的学习。

1. 多用短句

由于受国内课本的影响，学生习惯于使用完整句来回答问题。例如：

A：Have you bought your coat?

B：Yes, I have bought my coat.

其实B最好的回答方式应是"Yes, I have"。完整的长句在讲英语的本族人听起来像在不耐烦地"使性子"或"耍脾气"。

2. 委婉的表达

如对方征求你的意见，而你又不愿意直接表示否定时，用委婉的表达可不使对方感到尴尬。例如：

A：How do you like the painting?

B：I don't have an eye for beauty. I'm afraid.

3. 含糊其辞

有时说话需要具体,而有时就必须含糊其辞,这样才能做到说话得体。如你听说约翰的奶奶死了,为了表达你的难过心情,含糊地说一句"I am sorry to hear about your Grandma"就很得体了。

4. 多用过去时

在口语中,一般过去时有时可以用来代替一般现在时,使语气变得婉转。

5. 学会使用将来进行时

一般将来时和将来进行时虽然都表示将来,但后者听起来委婉一些。如："I shall be waiting for you."就较"I shall wait for you"要委婉客气得多,给人以彬彬有礼之感。

6. 多用被动语态

使用被动语态可使口气更委婉,表达更地道。例如:要表达"你应在周五前完成家庭作业",最好用"You are supposed to finish your homework before Friday",而要避免使用"You should finish your homework before Friday"。

二、常用语的礼貌表达

我国素以"礼仪之邦"闻名于世,在日常交往中常常使用一些尊重对方的礼貌用语,如请、您好、谢谢、对不起、别客气、再见等。在英语的表达中,这些用语也有不同的表达形式。

(一)请

当我们需要别人帮自己做一件事情的时候,我们常会说声"请"。提到英语中的"请",人们会马上想到"please"。但 please 不是英语"请"的唯一表达法。除此之外,常见的表达方式还有如下几种。

(1) will/would you...?

这是一种普通的用法,常用来表示对对方客气的请求或委婉的指示等。后者比前者略微客气。例如:

Will you have a cup of coffee?

Would you come and have dinner with us tomorrow?

(2) Will /Would you please...? 或 Will /Would you...please?

这也是表示客气的表达方式,由于在句中或句末加了 please,所以比第一种用法更客气。如:

Will you please open the door?

Would you be so kind to lend me your bike, please?

（3）Won't you...?

这种用法表示的不但是礼貌的请求,而且是诚挚的请求,比"Will you..."更委婉、更客气。这里并没有否定的意思。例如：

Won't you stay a little longer?

Won't you please tell me the answer?

（4）Could you...?

这也是一种表示委婉要求的用法。例如：

Could you give me a glass of water?

Could you tell me the answer, please?

（5）Do you mind...?

当你有事要麻烦别人的时候,经常用这种客气的说法。例如：

Do you mind closing the window?

（二）您好

汉语的"您好"在英语中有不同的表达方式,分别用于不同的场合和不同的说话对象。

（1）How do you do?

这是一种较为正式的招呼用语,通常用于与人第一次见面认识时,句末虽然有问号,但并非一个疑问句,只是人们在被介绍时所使用的一种说法。回答时对方重复这句话即可。

（2）How are you?

这句话多在熟人见面时使用,也是一种比较正式的说法,回答时根据具体情况回答。例如：

A：Good morning, Mr. Brown. How are you today?

Mr. Brown：Fine, thank you. And you?

（3）Hello!

这是一种比较随便的招呼用语。例如：

A：Hello, B.

B：Hello, A. Haven't seen you for a long time. How have you been?

A：Fine. And you?

B：Same as usual.

（4）Hi!

"Hi!"是比"Hello"更随便的一种招呼用语。例如：

A：Morning, B.

B：Hi, A.

A：You seem to be in a hurry.

B：Yes，I've got a meeting in a few minutes.

（三）谢谢

"谢谢"是向对方当面致谢的最普通的说法，当别人向你问候时，当你得到别人的帮助，当你接受或拒绝某些东西时，都可用"谢谢"来表达。

（1）Thank you.

表示感谢最常用的说法，既可表示对别人帮助的感谢，也可表示接受或拒绝别人的请求。还可用"Thank you very much"等来加强语气。例如：

A：Could you tell me how to get to the Friendship Hotel?

B：Walk along the street. Turn left at the first corner. You can see it on your right hand side.

A：Thank you very much.

B：That's OK.

（2）Thanks.

Thanks 比 thank you 更随便一些，也可用"Thanks a lot"、"Thanks very much"等。例如：

A：Pass me the salt，please?

B：Here you are.

C：Thanks.

（3）Appreciate...

相对于"Thank you"和"Thanks"而言，这个用法更为正式，表达的语气也更为客气、诚挚。特别在别人为你提供了较大的帮助时，仅仅说"Thanks"是不够的。例如：

A：I really appreciate your taking time to write a letter of recommendation for me，Professor B.

B：You're welcome.

（四）对不起

在英语中，表达"对不起"（或"劳驾"、"请原谅"）这个意思的说法有几种。

（1）Excuse me.

在以下几种情况下要使用"Excuse me"：

①当我们要说的话或做的事可能引起对方不愉快时。例如：

Excuse me，but I'll have to go now.

②当我们打扰别人时。例如：

Excuse me，could you tell me the way to the railway station?

③当我们打断别人谈话时。例如：

Excuse me，may I put in a word?

（2）I'm sorry.

这是表示歉意的最常用的说法,通常用于做错事或说错话以后表达歉意。例如:

Sorry, did I step on your foot?

I'm sorry, I have kept you waiting so long.

（3）I beg your pardon.

这是一种比较正式的道歉说法,可以用于以下场合:

①打扰别人时。例如:

I beg you pardon, could you tell me where I could find a barber-shop?

②做错事后。例如:

I beg your pardon, I didn't realize this was your seat.

③没听清或听懂别人的话时。例如:

I beg your pardon, but could you repeat that again?

（五）别客气

"别客气"是对方向你致谢后你说的一句客气话。在英语中,"别客气"的表达方式也是多种多样的,因时因事而异。

（1）Not at all.

这是最常用而又语气正式的一种说法,但有时未免略显呆板。例如:

A：Excuse me, could you tell me the way to the Modern Art Museum?

B：Turn left and take No. 5 Bus, it will take you there directly.

A：Thanks a lot.

B：Not at all.

（2）You're welcome.

这种表达多用于美国英语。例如:

A：I beg your pardon, could you tell me where I could find a beauty salon?

B：There's one on the next street.

A：Thank you.

B：You're welcome.

（3）It's a/my pleasure.

这是语气正式的一种说法。例如:

A：Here are your luggage, may I put them here?

B：Yes, please. Thank you very much.

A：It's my pleasure.

（4）That's alright/OK.

这是两种非正式的说法。例如:

A：Where can I get a No. 8 Bus to Main Street?

B：There is a bus stop at the corner. You can get it there.

A：Thank you.

B：That's OK.

（六）再见

（1）Goodbye.

这是表示"再见"最常见的说法,可用于正式与非正式的所有场合。一般来说,
一方说 Goodbye,对方也要说声 Goodbye。例如

A：Good morning. How are you?

B：Fine, thank you. Lovely day, isn't it?

A：It certainly is. Oh, here comes my bus. Goodbye.

B：Goodbye.

（2）Bye-bye.

这是非正式用语,口气轻快、随便,多用于儿童。例如：

A；OK,I won't hold you up then.

B：Right. Bye-bye.

A：See you later.

（3）See you later/see you.

这是熟人之间的告别用语。而"see you"为非正式用语,而且口气更轻快、随便。
例如：

A：Well, come again whenever you are free.

B：I'll do that. Thanks for the coffee.

A：Not at all. See you later.

B：Bye-bye.

（4）So long.

这是非正式的说法。例如：

A：OK. You won't forget to bring an extra tennis ball, will you?

B：Of course not.

A：So long.

B：Bye-bye.

（5）Take care.

这种说法一般适用于对方要离开一段时间或距离,表示对对方的亲昵和关心,也
译作"保重"。例如：

A：Here comes my train. Goodbye.

B：Take care.

三、称谓

(一)称呼不知道其姓名的客人

对上级或不知道姓名的男子、长辈可尊称为 Sir,但不能冠在姓名前,对女主人、女顾客可尊称为 Madam,也不要冠在姓名前,直接使用即可。对于明显未结婚的女子可称为 Miss。

(二)称呼知道其姓名的客人

西方称呼他人的一种方法是在被称呼者的姓前加上称谓词,目前最常用的是,男子称为先生(Mr.),已婚女子称夫人(Mrs.)、未婚女士(Miss)。近年来,由于西方女权运动的影响,越来越多的女性认为既然男士无论婚否都可以称为 Mr.,女性也不一定非要让别人知道自己是否已经结婚,因此产生了 Ms. 一词。对到了结婚年龄的女子都可使用这一称呼。例如:

Mrs. Brown.　Ms. White.

这些称谓除了可冠以姓名外,还可冠以职称、衔称等。例如:

Mr. Mayor　Miss Secretary.

另一种称呼他人的方式是直呼某人的职称或头衔。如 Doctor、Professor、Captain等。

还有一种方式是直接称呼他人的名字。一般适用于亲人、关系亲密的朋友之间。在社交场合,除非对方主动说"叫我汤姆(名字)就好",否则不要随便直接叫对方名字。

对于一些有贵族头衔的人,如国王、女王、皇后称"陛下"(Majesty),间接提及时用 His(Her) Majesty,直接称呼时用 Your Majesty,对有贵族爵位的人可称为 Lord,其夫人称为 Grace 或 Lady.

本章小结

谈话是人与人之间进行交流必不可少的重要工具和手段,而要创造人际交往的良好氛围,获得成功的社交往来,就必须注重谈吐礼仪,讲究说话的艺术和交谈的技巧。谈吐礼仪具体体现在问候与称呼礼节、应答礼节、谈话礼节、聆听艺术以及谈判技巧之中。在日常交往和社交场合要正确使用礼貌用语,准确表达自己的思想、感情和观点,架立人与人之间思想感情交流的桥梁,创建良好的人际关系。

能说一口流利的英语并不一定能应付社交场合的各种需要。如果不能结合语境准确得体地运用英语,便会引起对方的误解、不快、反感甚至生气。学生应在学好英语口语的基础上,重点学习社交场合中的礼貌用语,能准确得体地运用英语为客人提供服务。

思考与练习

1.称呼的基本原则是什么？称呼的种类和用法有哪些?

2.问候的正确顺序怎样把握？常用的问候语有哪些类型?

3.应答的基本原则是什么？常用的应答语有哪些?

4.请举例说明常用的各类礼貌用语。

5.简述谈话的基本原则及交谈的主要技巧。

6.在聆听别人谈话时应注意些什么?

7.论述谈判技巧。

8.反复诵读本章所学习的英语口语句型。

模拟实训

·**技能要求**·学会旅游服务行业中的沟通技巧,掌握谈话的礼仪,学会正确处理各类旅游投诉事件,灵活应用商务谈判礼仪规范,并且能熟练运用专业英语从事对客服务。

1.设定情景,为学生设计不同的角色,让学生根据相应的场景互相问候、应答、正确称呼、迎送客人。教师一旁指导。

2.设定一次招聘会,让学生按正式的求职面试程序进行演练。要求学生做好充分的面试前准备工作,并按要求着装。

3.社交英语训练。模拟社交场景,学生分组进行一般社交礼仪英语会话练习。

阅读材料

阅读材料 5-1

"老外"有时并不"外"

一天,有位斯里兰卡客人来到南京某饭店下榻。前厅部开房员为之办理住店手续。由于确认客人身份,核对证件耽搁了一些时间,客人有些不耐烦。于是开房员便用中文向客人的陪同进行解释。言语中他随口以"老外"二字称呼客人,可巧这位陪同正是客人的妻子,结果引起客人极大的不满。事后,开房员虽然向客人表示了歉意,但客人仍表示不予谅解,给酒店声誉带来了消极的影响。

[评析]

这个事例,对饭店的每一位员工来说,都应引以为戒。这位开房员在对客服务中,不注意使用礼貌语言。他误认为,外国客人不懂中文,称"老外"无所谓。其实"老外"有时并不"外",一旦客人听懂你以不礼貌的语言称呼他,心里肯定不会愉快。

在饭店服务中,使用礼貌用语是对服务人员的基本要求,我们每位员工在对客服务中,都应做到语言优美、热忱待客,这样才能满足客人希望受到尊重的心理,才会赢得客人的满意。

资料来源:张永宁编.饭店服务教学案例.北京:中国旅游出版社,1999。

阅读材料 5-2

索赔的语言艺术

在北京台湾饭店,一次有位客人在离店时把房内一条浴巾放在提箱内带走,被服务员发现后报给了大堂副理。根据酒店规定,一条浴巾需向客人索赔 50 元。如何才能不得罪客人,又维护酒店利益,大堂副理思索着。

大堂副理在总台收银处找到刚结完账的客人,礼貌地请他到一处不引人注意的地方说:"先生,服务员在做房时发现您的房间少了一条浴巾。"言下之意是:"你带走了一条浴巾已被我们发现了。"此时,客人和大堂副理都很清楚浴巾就在提箱内。客人秘而不宣,大堂副理也不加点破。客人面色有些紧张,但为了维护面子,拒不承认带走了浴巾。为了照顾客人的面子,给客人一个台阶下,大堂副理说:"请您回忆一下,是否有您的亲朋好友来过,顺便带走了?"意思是:"如果你不好意思当众把东西拿出来,你尽可找个借口说别人拿走了,付款时把浴巾买下。"客人说:"我住店期间根本没有亲朋好友来拜访。"从他的口气理解他的意思可能是:"我不愿花50元钱买这破东西。"大堂副理干脆就给他一个暗示,再给他一个台阶下,说:"从前我们也有过一些客人说是浴巾不见了,但他们后来回忆起来是放在床上,毯子遮住了。您是否能上楼看看,浴巾可能压在毯子下被忽略了。"这下客人理解了,拎着提箱上楼了。大堂副理在大堂恭候客人。客人从楼上下来,见了大堂副理,故作生气状:"你们服务员检查太不仔细了,浴巾明明在沙发后面嘛!"大堂副理心里很高兴,但不露声色,很有礼貌地说:"对不起,先生,打扰您了,谢谢您的合作。"要索赔,就得打扰客人,理当表示歉意。可是"谢谢您的合作"则有双层意思,听起来好像是让客人动大驾为区区小事上楼进房查找,其合作态度可谢。然而真正的含义则是:"您终于把浴巾拿出来了,避免了酒店损失。"如此合作岂能不谢?为了使客人尽快从羞愧中解脱出来,大堂副理很真诚地说了一句:"您下次来北京,欢迎再度光临我们酒店。"整个索赔结束,客人的面子保住了,酒店的利益保住了,双方皆大欢喜。

[评析]

这是把"对"让给客人的典型一例。客人拿走了浴巾,又不肯丢面子,若直截了当指出客人的错,就如"火上浇油",客人会跳起来,会为维护自己的面子死不认账,问题就难以解决了。此时,如果仍以客人"对"为前提,有利于平稳局势。本例中的大堂副理,站在客人的立场上,维护他的尊严,把"错"留给酒店,巧妙地给客人下台阶的机会,终于使客人理解了酒店的诚意和大堂副理的好意,而拿出了浴巾,使客人体面地走出酒店,又避免了酒店损失。这位大堂副理用心之良苦,态度之真诚,处理问题技巧之高超,令人折服,他的服务真正体现了"客人永远是对的"的服务意识。

像这样的例子在日常服务中是经常发生的,只要服务人员用心去思考、去钻研、去改进,那么在"客人永远是对的"前提下,我们的服务也会变得越来越正确。

资料来源:张永宁编.饭店服务教学案例.北京:中国旅游出版社,1999。

阅读材料5-3

日常礼貌英语

1. 称谓语

Gentleman	先生
Sir	先生
Mr.	某某先生
Lady	夫人、女士
Madam	太太
Mrs.	某某夫人、某某太太

Miss	某某小姐
Ms.	某某女士

2. 问候语

How do you do!	您好!
Good morning!	早上好!
Good afternoon!	下午好!
Good evening!	晚上好!
How are you?	你好吗?
Long time no see.	多日不见。
Glad to see you.	见到您真高兴。
Nice to meet you again.	再次见到你真高兴。
Fine, thank you, and you?	很好,谢谢! 您呢?

3. 介绍语

May I introduce myself.	请允许我自我介绍。
Please allow me to introduce myself.	请允许我自我介绍。
My name is Jane Anderson, I'm from Los Angeles.	我叫简·爱德森,我来自洛杉矶。
I would like you to meet my friend, Nancy.	让你认识我的朋友,南希。
Let me introduce you to my teacher.	让我把你介绍给我的老师。
Will you introduce me to the man sitting there?	能介绍我认识坐在那里的那位男士吗?
I believe we've met before.	我们以前一定见过面吧!
I've heard a lot about you.	久仰大名。
I've been looking forward to meeting you.	一直盼着能认识您。

4. 提供帮助

May I help you?	要我帮忙吗?
Is there anything I can do for you?	我能为您做点什么吗?
Let me give you a hand.	让我来帮您一下吧!

5. 感谢及应答语

Thank you very much!	非常感谢!
Thanks a lot!	非常感谢!
I really appreciate your help!	非常感谢!
You are welcome.	不必客气。
It's my pleasure.	不客气。
It's OK.	不客气。

6. 道歉及应答语

I'm awfully sorry.	实在对不起。
Excuse me.	请原谅。
I'm sorry to disturb you.	打扰您了。
I'm sorry. It's all our fault.	全是我们的过错,对不起。
That is all right.	没关系。
No problem.	不要紧。
It doesn't matter.	没关系。

7. 祝贺语与祝福语

Congratulations!	恭喜!
Congratulations on your promotion.	恭喜您升职了。
Good luck!	祝您好运!
Have a good time!	祝您快乐!
Happy birthday to you!	祝您生日快乐!
I wish you a good health!	祝您身体健康!
Happy new year!	新年快乐!
Merry Christmas!	圣诞快乐!
Best wishes!	致以最美好的祝愿!

8. 告别语

Goodbye.	再见。
Good night.	晚安。
See you tomorrow.	明天见。
Take care.	保重。
Have a good trip!	一路平安!
Pleasant journey!	祝您旅途愉快!
Hope to see you again.	欢迎您再来。

9. 致辞

Dear Friends:	亲爱的朋友们:
Fellow members/ representatives/ delegates:	代表们:
Distinguished / Honored Guests:	尊敬的来宾:
Mr. Chairperson	主席
Ladies and gentlemen:	女士们、先生们:
May I have your attention, please.	请注意。
First of all, allow me on behalf of all present here, to extend our warm	首先,我谨代表在座的各位向我们远道而来的贵宾表示热烈的欢迎

welcome and cordial greetings to our distinguished guests, who come from so far away.

和诚挚的问候。

Finally, I want to take this opportunity to beg him to convey our profound friendship and best regards to his people. Now let us invite Prof. Anderson to speak to us.

最后,我想借此机会请安德森教授转达我们对他的同胞的深厚友谊和良好祝愿。现在请安德森教授讲话。

I hereby declare open the 12th International Symposium on Green Hotel, with every confidence in its fruitful outcome.

在此,我宣布第 12 届国际绿色酒店研讨会开幕,并确信这次盛会一定能取得圆满成功。

On behalf of the Government of China, I bid a warm welcome to you all gathered here to participate in the 15th World Congress of Sustainable Development.

谨代表中国政府,向参加第 15 届世界可持续发展大会的来宾表示热忱的欢迎。

In bidding farewell to her, we sincerely hope Ms. Green will benefit us with her valuable advice and suggestions tending to the improvement of our work.

在向格林女士告别之际,我们真诚地希望格林女士给我们提出宝贵的指导和建议,以便我们改进工作。

I now declare the ceremony closed.

现在我宣布,仪式结束。

仪式礼仪

在通讯工具和交通工具突飞猛进发展的今天,地域间的空间距离已大大地缩短,全球化旅游的浪潮使得国际间直接交往的机会空前增多。礼宾仪式是指在社会与国际交往中,在较大或较隆重的场合,为表示重视、尊重、敬意,按照惯例所举行的规范化接待仪式。"外事无小事",在涉外交往和旅游接待过程中,了解和掌握各种常用的礼宾仪式,有助于以高度的责任感、熟练的业务知识和严谨的工作态度圆满地完成各项接待任务。

第一节　涉外交往

涉外交往礼仪,是指在对外交往活动中,用以维护自身和本国形象,向交往对象表示尊敬和友好的国际通用的礼宾仪式。目前,国际上一般通用的礼宾仪式总的趋势是庄重而从简。

一、涉外迎送礼仪

一个精心安排的欢迎仪式,能使来宾一踏上被访国就产生良好的第一印象;一个周到圆满的欢送仪式,会给来宾留下美好而难忘的回忆。在国际交往中,对外国来访的客人的迎送活动主要包括:

(一)确定迎送规格

对来宾的迎送规格,各国做法不尽一致。主要是依据来访者的身份和访问的目的,适当考虑两国的关系,遵循国际惯例,综合平衡地确定相应的迎送活动和礼仪规格。一般情况下,主要迎送人员要与来宾的身份相当。但如遇到特殊情况,当事人不能出席时,可灵活变通,由职位相当的人士,或由副职出面。同时应从礼貌出发,向对方做出解释。

（二）掌握抵离时间

迎接人员应在来宾乘坐的飞机（火车、轮船）抵达之前到达机场（车站、码头）。送行则应在客人登机之前抵达，如果有欢送仪式，则应在仪式开始之前到达。因此，就要求负责迎送的人员准确掌握来宾乘坐的交通工具的抵离时间，以确保顺利地接送客人。

（三）介绍

客人与迎接人员见面时，应互相介绍。通常由礼宾人员，或者由欢迎人员中身份最高者先将前来迎接的人员按职位从高到低的顺序介绍给来宾。

（四）握手

与客人见面或离别时表示友好的方式有很多种，如握手、合十、举手礼、拥抱、贴面颊、亲脸、吻手、鞠躬、点头或脱帽致意等。在我国，一般采用握手礼。

（五）献花

如安排献花，必须用鲜花，并注意保持花束整洁、鲜艳。忌用菊花、杜鹃花、石竹花和黄色花朵。通常由儿童或女青年在参加迎送的主要领导人与客人握手之后，将花献上。

（六）陪车

客人抵达访问地，从机场、车站或码头前往住地，以及访问结束后从住地到机场、车站或码头，有时安排主人陪车。如果主人陪同乘车，应请客人坐在主人的右侧。三排座的轿车，翻译人员应坐在主人前排加座上；两排座的轿车，翻译人员则应坐在司机的旁边。上车时，最好请客人从右侧上车，主人从左侧上车。如客人先上车坐到了主人的位置上，则不必请客人挪动。车门应由接待服务人员负责开关。

此外，如果迎接一般客人，没有官方的正式仪式，应注意做好各项安排。如果客人是熟人，只需上前握手，互致问候；如果客人是首次前来，又不认识，接待人员应主动打听并作自我介绍；如果迎接大批客人，则最好事先准备特定的标志，如小旗、牌子等，让客人从远处就能看见，以便客人主动前来接洽。

二、会见

外交会见，大致可分为三种情况：一是宾主身份相当的会见，通常称会晤。会晤可以是国家元首之间的高级会晤，也可以是其他会晤。二是身份高的人士会见身份低的，或主人会见客人。这种会见，一般称为接见或召见。三是身份低的人士会见身份高的，或是客人会见主人。这种会见，一般称为拜会或拜见。拜见君主，又称谒见、觐见。但在我国不作上述区分，一律统称会见。接见和拜会后的回访，称回拜。此外，若以会见的内容目的而论，会见又可分为礼节性、政治性和事务性三种形式。礼节性会见,一般时间较短,话题广泛,多为友好的表示;政治性会见大都涉及双边关系、国际事务等重大问题,会见双方的身份较高;事务性会见,一般为外交事务交涉,以解决业务、技术上的问题居多。

会见的地点,一般安排在会客室或办公室。主、宾多分坐两边,有时亦穿插入座。各国会见的礼仪与程序亦不尽相同。我国多安排在会客室,以右方为上,安排主宾在主人的右侧入座,其他客人按礼宾顺序在主宾一侧就坐,主方陪见人在主人一侧就座。翻译员和记录员则安排在主人和主宾的后面,如图 6-1 所示。

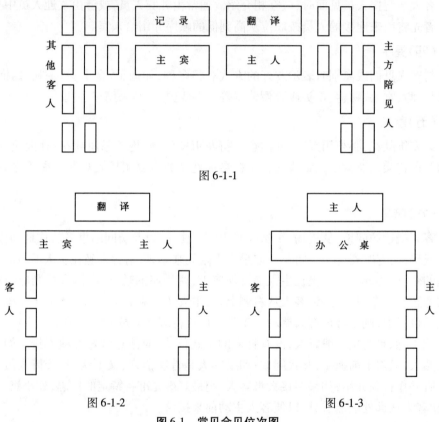

图 6-1-1

图 6-1-2　　　　　　　　　　　　　　　　图 6-1-3

图 6-1　常见会见位次图

三、会谈

会谈是指双方或多方就某些重大的政治、经济、文化、军事问题,以及其他共同关心的问题交换意见。一般来说,会谈的内容较为正式,指向性较强。因此,公务洽谈、业务谈判也可称为会谈。对正式访问或专业访问,多安排相应的会谈。

双方会谈通常用长方形、椭圆形或圆形桌子,宾主相对而坐。以正门为准,客人面向正门,主人背门而坐。如会谈桌一端正对正门,则以入门方向为准,右方为客席,左侧为主方。主谈人居中,其他人按礼宾顺序,分宾主两侧依次而坐。翻译可安排在主谈人的右侧,亦可安排在主谈人的后面,一般客随主便。记录员通常安排在后座,也可安排在会谈桌就座。多边会谈多用圆桌,以示平等;如果是四方会谈,则以方桌为宜,如图6-2所示。

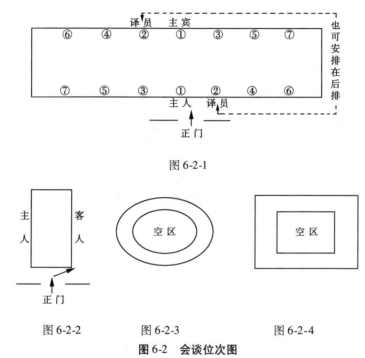

图 6-2-1

图 6-2-2　　　　　　图 6-2-3　　　　　　图 6-2-4

图6-2　会谈位次图

无论是会见还是会谈,都是常见的外交活动形式,礼宾安排必须谨慎、周密。为确保会见、会谈的顺利进行,对相应的礼宾事项必须格外注意:

(1)主人主动提出会见客人,或者宾主商定好要进行会谈。东道国礼宾人员应主动将会见(会谈)的时间、地点、主方出席人员的身份以及有关注意事项及时通知客方。

(2)客方主动提出拜访主方,应将求见人的姓名、职务,要求会见何人,有何目的告知主方。主方应及时答复,约好时间、地点。如不方便会见,应婉言解释。

(3)会见、会谈一旦确定下来,礼宾人员应及时将时间、地点、着装要求以及注意事项通知己方有关单位和有关人员,以做好准备。

(4)东道国负责布置会场,安排座位,一定要按标准挂旗,设置足够的座位。会谈如用长桌,可事先安排好座位图,桌上放置好座位卡片,卡片上用中外文标好入座人姓名。

(5)会见或会谈开始前,主人应提前到场,并在正门迎候宾客。

(6)如安排合影,通常安排在宾主握手之后,共同步入合影位置。照相之前,礼宾人员应事先安排好合影图。如果人数众多,应准备好梯架。合影时,主人居中,其右为主宾,其他人员按礼宾顺序宾主混合排列。一般来说,两端均应由主方人员把边,如图6-3所示。

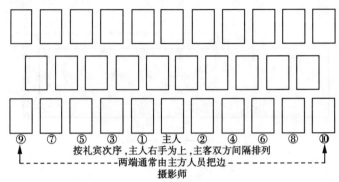

图6-3 合影图

(7)领导之间的会见或是会谈,除陪同出席者和必要的翻译、记录员外,其他工作人员在安排就绪后均应退出。谈话过程中,旁人不要随意进出。

(8)会见或会谈时,我国一般只备茶水和软性饮料。如会谈时间过长,可适当考虑上咖啡或红茶。

(9)一般官员、民间人士的会见,安排大致与上相同。礼节性的会见,一般不要逗留过久,半小时左右即可告辞,除非主人特意挽留。在日常交往中,如客人来访,相隔一段时间后,应予回访,可在对方节日、生日时前往拜望,表示祝贺。

(10)会见或会谈结束,主人应送客至门前或车前握手告别,目送客人离去后再返回室内。

四、签字仪式

签字,是文件生效的重要标志。国家与国家之间通过谈判,就政治、军事、科技、经济、文化、体育等某一领域的相互关系达成协议,在缔结条约、协定或公约时,一般都要举行隆重的签字仪式;国家领导人出访,与出访国发表联合公报或联合声明,有时也要举行签字仪式;现在,地方与国外发展友好合作关系,最终达成合作项目的协议、备忘录甚至合同时,也可举行签字仪式。

签字人由缔约双方根据文件的性质和重要性协商确定,级别有高有低,高者由国家领导人签署,低者也可由政府有关部门负责人出面签字,但各方签字人的身份应大致相当。

(一)准备工作

签字仪式之前,要做好以下充分的准备工作:

1. 文本、文具等准备

文本定稿、翻译、校对、印刷、装订、盖火漆印，要做到准确、精美、及时。签字时用的国旗、文具要准备齐全，符合规格。

2. 确定助签人员

事先与对方商定，并安排双方助签人员洽谈有关细节。

3. 布置好签字厅

签字厅的安排各国不尽相同，如图6-4所示。有的国家在签字厅内设置两张方桌为签字桌，双方签字人各坐一桌，双方的小国旗分别悬挂在各自的签字桌上，其他参加仪式的人员均坐在签字桌的对面。或者安排一张长方桌为签字桌。签字人分坐左右，国旗分别悬挂在签字人身后，参加签字仪式的人员分坐签字桌的两旁。

我国一般在签字厅内设置一张长方桌，为签字桌。桌面上铺深色台呢，桌子中间放置旗架，悬挂双方国旗。签字人面朝国旗方向分坐两边，主方在左，客方在右。座前放好各自保存的文本以及签字用的文具。各自的助签人员分立签字人外侧。出席签字仪式人员分别排列在签字人身后。

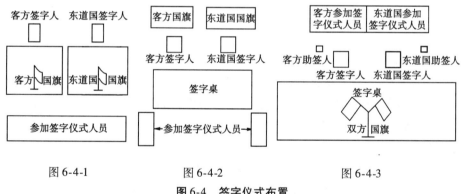

图6-4-1　　　　　图6-4-2　　　　　图6-4-3

图6-4　签字仪式布置

参加会谈的人员一般都出席签字仪式。如果有一方要求让某些未参加会谈的人员出席，另一方应予以同意，但双方人数最好大体相等。不少国家为了表示对签订的协议的重视，往往有更高级别或更多的领导出席签字仪式。

(二)仪式程序

签字仪式开始，双方参加人员进入签字厅。签字人员首先入座，其他人员分宾主按身份、礼宾顺序就位；双方助签人员分别站在各自签字人的外侧，协助翻揭文件，指明签字处；签字人在本国保存的文本上签字后，由助签人员互相传递文本，再在对方保留的文本上签字；双方签字人交换文本，互相握手致意；宾主双方举杯同贺。

多边签字仪式与双边签字仪式大体相似。若只有三四个国家，一般只要相应多配备签字人员座位、签字文具、国旗等物。如果签字国家众多，通常仅设一个座位，由文本保存国代表先签字，然后由各国代表按礼宾次序轮流在文本上签字。

(三)文本装订

在文本的装订方面,我方保存的文本排列顺序一般是中文、对方文字、第三种文字。装订用的条约夹和丝带一般由各方自己准备,如用对方的,则不可用对方印有国徽图案的条约夹和国旗色丝带。文本装订好后,凡较重要的条约和协定应加盖各方火漆印,东道国用外交部印,客方用大使馆印。火漆印应盖在条约夹上。盖印位置为:中文保存的文本,中方盖在左边,对方盖在右边;对方保存的文本正相反。

第二节　礼宾宴请

在现代国际交往中,宴请是一种常见的礼宾活动。一方面意在向来宾展示东道国独特的饮食文化,另一方面承担着应酬答谢、祝贺共勉、联络感情、结交朋友、增加接触机会、讨论共同感兴趣的问题等外交礼宾职能和使命。

一、常见的宴请形式

(一)宴会

宴会有国宴、正式宴会、便宴之分;在举行时间上,有早宴(早餐)、午宴、晚宴之别。不同的宴会,其隆重程度、出席规格,以及菜肴的品种与质量等均有差异。晚上举行的宴会较之白天举行的更为隆重。

1.国宴

国宴是国家元首或政府首脑为国家举行的庆典,或为外国元首、政府首脑来访而举行的正式宴会。在所有的宴会中国宴规格最高,要安排座位,宴会厅内悬挂国旗,安排军乐队演奏国歌及席间乐。

2.正式宴会

正式宴会是仅次于国宴的外交宴会。一般不挂国旗,不奏国歌,但可安排乐队奏席间乐,出席人员的规格可比国宴低,其余安排大体与国宴相当。

3.便宴

便宴即非正式宴会,常见的有午宴、晚宴,有时亦有早上举行的早餐宴会。这类宴会形式简便,可以不排席位,不作正式讲话,菜肴道数亦可酌减。便宴较随意、亲切。

4.家宴

家宴即在家中设便宴招待客人,西方人喜欢采用这种形式,以示亲切友好。家宴往往由主妇亲自下厨,家人共同招待。

(二)招待会

1. 冷餐会

冷餐会又叫自助餐,通常用于官方的正式外交活动或招待众多宾客的外事活动。其规格根据主、客双方的身份而定,可高可低。时间一般安排在中午 12 时至下午 2 时,或傍晚 5 时至 7 时进行。特点是不排座位,宾客可自由活动;菜肴以冷餐为主,客人自由进餐。

冷餐会一般在较大的场所举行,可以安排在大厅、院子或花园里。会场通常布置成"T"形或长条形,有时也可用长条桌、大圆桌拼合成几个部分,以便于宾客自由活动、选食进餐为原则。可设小桌,自由入座,也可不设座椅,站立进餐。所备冷食丰富而充足,有时也安排几道热菜。各种餐具、食品均摆在餐台上面,供宾客多次自由取食。酒水一般由服务人员端送,也可陈列在桌上,由宾客自取。我国举行的大型冷餐会,往往用大圆桌,设座椅,主宾席排座位,其余各席不固定席位,食品与饮料均事先放置在桌上,招待会开始后,自由进餐。

2. 酒会

酒会,又称鸡尾酒会。鸡尾酒是以朗姆、威士忌、伏特加、白兰地或其他烈性酒、葡萄酒为基酒,再配以其他辅料,如果汁、蛋清、利口酒、可乐、苏打水等调制而成的一种饮品。鸡尾酒会上通常酒类品种较多,不一定全部都用鸡尾酒,并配以各种果汁,可不用或少用烈性酒。食品多为三明治、小香肠、炸春卷等小吃,客人以牙签取食。饮料和食品可由服务员用托盘端送,也可部分放置在小桌上供客人自取。

这种招待会通常不设座椅,仅设小桌(或桌几),客人可以随意走动,形式较活泼,便于客人广泛接触交谈。酒会举办的时间也较灵活,中午、下午、晚上均可,请柬上往往注明整个活动延续时间,客人可在该时间段内任意出、退席,来去自由,不受太多约束。

近些年来,国际上举办的大型活动采用鸡尾酒会的形式十分普遍。庆祝各种节日,欢迎代表团访问,以及各种开幕、闭幕、典礼,大型文艺、体育活动前后,往往举行酒会。我国国庆庆典招待会 1980 年后也改为酒会形式。

(三)茶会

茶会是一种更为简便的招待形式。顾名思义,茶会就是请客人品茶(咖啡)交谈。这种宴请形式虽然十分简便,但对礼节要求较高。茶会通常设在下午四时左右,亦有在上午十时举行的。地点大都设在客厅,而不宜在餐厅。厅内设茶几和座位。一般不排座位,但如是为某贵宾举行的活动,入座时,应有意识地将主宾同主人安排坐在一起,其他人随意就座。

茶会对茶叶、茶具的选择要有所考究。中国是茶叶的故乡,以中国名茶配以独具特色的茶具招待外宾,使得茶饮活动更具有了相当的文化意义。外国人一般习惯饮用红茶,茶会时可略备点心和地方风味小吃。器皿一般选用陶瓷的,而不宜用玻璃器皿,也不宜用热水瓶代替茶壶。

(四)工作进餐

工作进餐是现代国际交往中经常采用的一种非正式宴请形式。按用餐时间可分为工作早餐、工作午餐和工作晚餐。此类活动一般只请和工作有关的人员,不请配偶,有时由参加者各自付费。如果是双边工作聚餐往往排座位,用长桌更便于谈话,其座位排法与会谈桌席位安排相仿。宴请的形式、菜肴、酒水均从简,甚至可采用快餐或配餐的形式。

目前,无论是在国内还是在国外,礼宾宴请活动都在简化,宴请的范围亦趋缩小,形式更为简便,更注重实效性。如用酒会、冷餐招待会代替宴会,以早餐代替午餐和晚餐等。

二、桌次与席位的安排

(一)桌次的安排

正式的宴会,首先应确定主桌位,然后排出桌次的高低,如图 6-5 所示。

按照国际惯例,桌次高低以离主桌位置远近而定,近者高,远者低。左右而言,右高左低。一般而言,以面对大门、背靠饭厅或礼堂的主题墙面的位置为正位,定位为主桌位。

宴会可以用圆桌也可以用长桌或方桌。一桌以上的宴会,桌子之间的距离要适宜,各个座位之间也要距离相等。如果安排乐队奏乐,不宜离宴席太近。

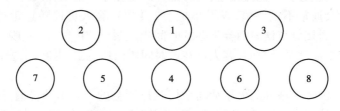

图 6-5-1　八桌的宴会桌次排列图

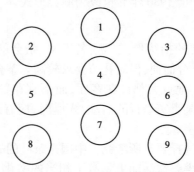

图 6-5-2　九桌的宴会桌次排列图

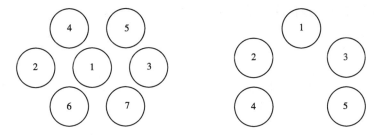

图 6-5-3　七桌的宴会桌次排列图　　　图 6-5-4　五桌的宴会桌次排列图

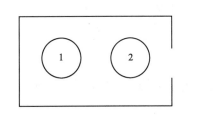
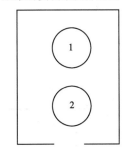

图 6-5-5　两张桌的小型宴会可根据餐厅的具体情况横排或竖排

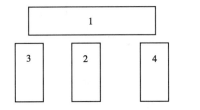
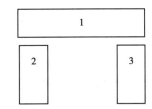

图 6-5-6　长桌的排法

图 6-5　常见宴会桌次位置排列图

(二)席位的安排

正式宴会一般均排席位,如见图 6-6 所示,也可只排几位主宾的席位,其他客人只排桌次或自由入座。

1. 中餐宴席

中式宴席一般多用圆桌,每席坐八人、十人、十二人不等。以靠近正对大门的室壁为主桌主位。在桌次和席位的安排上,以右为尊。同一桌上则以离主人位置的远近来确定席位的高低,坐末座,即面对主人位置的,通常是第二主人或女主人(如图 6-6-1)。两桌以上的宴会,主桌外的各桌第一主人的位置可以与主桌主人的位置同向,也可以面向主桌。

2. 西餐宴席

西式宴席一般采用长条桌或蹄形桌,在座位的排列上,亦以右为尊,并以离主人座位的远近来决定客人地位的高低。离主人越近者,地位越高。

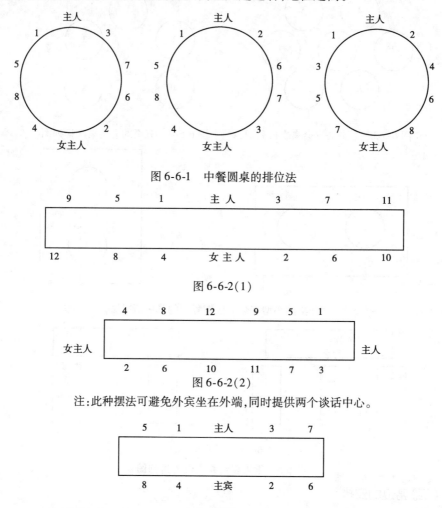

图 6-6-1 中餐圆桌的排位法

图 6-6-2(1)

图 6-6-2(2)

注:此种摆法可避免外宾坐在外端,同时提供两个谈话中心。

图 6-6-2(3)

注:此种摆法谈话集中,但一般不能把外宾排在末端,应由陪同人员坐在末端。

图 6-6-2 西餐长桌的排位法

　　此外,在安排席位时,还需要考虑一些其他因素。如多边活动需要考虑客人之间的政治关系,政见分歧大,两国关系紧张的,要尽量避免安排在一起;还要适当考虑照顾身份大体相当、使用同一语言、或同属一个专业者,把他们可以排在一起。翻译人员一般安排在主宾的右侧。在以长桌作主宾席时,翻译人员也可以考虑安排在对面,便于交谈。

　　有女宾时,我国通常把女方排在一起,即主宾坐男主人右上方,其夫人坐女主人右上方;国外则习惯男女穿插安排,以女主人为准,主宾坐女主人右上方,主宾夫人坐

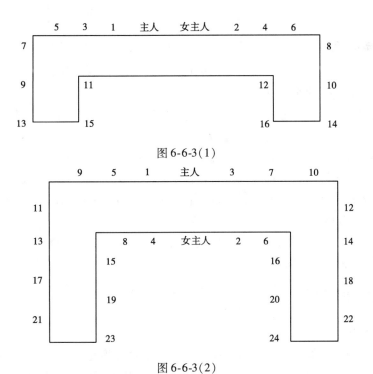

图 6-6-3（1）

图 6-6-3（2）

图 6-6-3　西餐蹄形桌排位方法

图 6-6　几种常见的席位排法

男主人右上方。主宾偕夫人出席，而主人的夫人因故不能出席，通常可请其他身份相当的女士作第二女主人。如果无合适者，也可把主宾夫妇安排在主人的左右两侧。

遇到特殊情况，可视具体情况灵活处理。如主宾身份高于主人，为表示对他的尊重，也可以让主宾坐主人位，而主人则坐在主宾的位置上，第二主人坐在主宾的左侧；如果本国出席人员中有身份高于主人者，可由身份高者坐主位，主人坐在身份高者左侧。

（三）座次图与座位签卡

一般正式的宴会，或比较讲究的非正式宴会，可备座次图，置于宴会厅入口前，或置于客厅边角处，供应邀宾客查明自己座位，同时方便了解左右临座及其他客人的情况。座次图上男士一般用白色标签，女士用粉红色标签。对要参加宴会的宾客，依礼宾次序排定座位后，即用座位签固定在座次图板上，再展出以供宾客查阅。此外，可在餐桌上准备座位卡，置于餐桌每人座前，供客人认明自己的座位。座位卡均为手写。我方举行的宴会，中文写在上面，外文写在下面。此外，座位卡还可以装饰得喜气一点，起到美化餐桌的作用。

小型便宴或家宴可不备座位卡与座次图，但主人要心中有数，到时以手势请客人入座。

(四)侍应顺序

在礼宾宴请活动中,接待服务工作的侍应顺序亦应遵从国际惯例,以礼宾次序为主要依据,作好各项服务工作。

宴会侍应顺序的一般原则是先宾后主,先女后男。当男女宾客一起到来时,应先问候女宾,再问候男宾。若有多位客人同时入座,应先照顾年长者和女宾入座。

中餐宴席的侍应多以顺时针为序。如果是一个侍应生,斟酒时应先给主宾、再给主人斟酒,然后按顺时针方向依次绕台斟酒;如果是两名侍应生同时服务,应一个从主宾开始,另一个从副主宾开始,依次绕台斟酒。派菜的顺序同样如此,先客人、后主人,先女宾、后男宾,先主要宾客、后一般来宾。

西餐宴会的服务工作,则一般按先女后男、先宾后主的侍应顺序,多从主人右侧的客人开始按逆时针方向进行。

三、赴宴的礼节

(一)应邀

如果接到宴会邀请,无论能否出席都应尽早给对方答复,以便主人作出安排。答复可以书面作答,也可用电话。一旦答复接受邀请,非不得已不要随意改动。如有特殊情况实在不能出席,尤其是主宾,应尽早向主人解释、道歉,必要时亲自登门致歉。

应邀出席宴会之前,要仔细看清请柬上的各项内容,准确核实宴请的主人,宴请的缘由,活动举办的时间、地点,是否邀请配偶以及对于着装的要求,千万不可马虎行事。

(二)掌握出席时间

出席宴请活动,抵达时间的早晚,逗留时间的长短,在一定程度上反映客人对主人的尊重程度,外事宴请甚至可以更深层地反映国家之间的微妙关系。一般来说,以正点或提前一、二分钟到达为好,身份高者可略晚些到达。但在有国家元首参加的庆典上,客人应提前一些先到场。离开时一般须等主宾退席后,其他客人方可陆续告辞。确实有事需提前退席者,应向主人说明后悄悄离去。也可事先打好招呼,届时离席。

(三)抵达

到达宴会地点,应先到衣帽间挂好大衣和帽子,然后前往迎宾处主动向主人问好。若是节庆活动,应表示祝贺。

(四)赠花

参加庆祝活动,可依照当地习惯及习俗赠送花束或花篮。参加家庭宴会,可向女主人献上一束鲜花,也可酌情赠送女主人喜欢的有特色的小礼品。

（五）入席

应邀出席宴请活动,应听从主人的安排。如果是正式宴会,进入宴会厅前应先了解好自己的桌次和座位,注意按照座位卡就座,不可随意乱坐。如邻座是年长者或女士,应主动协助其先坐下。在盛宴时,对同桌位于自己右边的女宾,左边的男宾均有陪同其入席的义务。

入座后,坐姿要端正,不可用手托腮或将双肘放在桌上;双脚应放在本人座位下,不可随意伸出,以免影响别人。不可随意玩弄桌上酒杯、盘碗、刀叉、筷子等餐具。用餐前先将餐巾打开铺在膝上。餐巾是用来擦嘴的,不可用来擦汗,也不要用餐巾或口纸擦餐具。

（六）进餐

上菜后,待主人招呼,即可以开始进餐。取菜时不要盛得太多。盘中食物吃完后,如果不够,可以再取。如服务员过来分菜,需增添时,可示意添少许。如遇本人不能吃或不爱吃的菜肴,当主人夹菜或服务员分菜时,不要拒绝,可取少量放在盘内,并表示:"谢谢,够了。"对不合口味的菜肴,也不要流露出厌恶或难堪的表情。

在冷餐会或酒会上,服务员上菜时,不要争着去取,待送到本人面前时再取。取完即离开,以方便他人取用。在别人尚未拿到第一份时,不要急着去取第二份。

> · **西餐的基本上菜顺序**　开胃菜——汤——鱼或肉——蔬菜沙拉/
> 奶酪——甜食/水果——咖啡/茶

在宴会上,吃东西要文雅,要闭着嘴细嚼慢咽,不要发出声音。喝汤应用羹匙,由里往外舀起慢慢送入嘴里(西餐),不要用力吸啜。如汤、菜太热,可稍候片刻再吃,不要用嘴吹。吃带刺或骨头的菜肴,应用餐巾掩嘴,用手或筷子将刺和骨头取出,放在餐盘里。吃东西时要将食物就口,不要用口去够食物。

上鸡、龙虾、水果时,服务员往往送上一小水盂(铜盆、瓷碗或水晶玻璃碗),水上飘着玫瑰花瓣或柠檬片,这是供洗手用的,千万不要当饮料喝,否则就要闹笑话。洗手时应将手指微浸水中,轻轻洗涮,然后用自己的餐巾或小毛巾擦干,并注意不要妨碍他人。

嘴里有食物时,切勿说话。剔牙应用牙签,并用手或餐巾掩口,但最好不要当众进行。吃剩的菜,使用过的餐具、牙签,都应放在骨碟内,不要直接放在桌上。

（七）交谈

无论是作为主人、陪客或来宾都有义务保持席间谈话的气氛与兴趣。谈话时,参加的人数越多越好,不要只与几个或一两个人交谈。对不相识的人,可以自我介绍,寻找合适的话题。谈话应掌握时机,谈话的题目须避免使人不愉快的事或易使人发生争辩的事,如果发现这种情况应立即设法转换话题。另外,谈话的内容也不要涉及他人私事或一些荒诞离奇的事。

谈话时态度要自然大方、和蔼诚恳,切莫夸夸其谈、自吹自擂。他人谈话时,应注意倾听,集中精力,不可左顾右盼、频繁地看手表,也不要随便打断或插话。对他人的提问,应礼貌地予以回答,并注意实事求是。席间不要大声喧哗,讲话的音量以对方能听清为准。

(八)敬酒

宴请时通常备有各种酒水(除禁酒国或不饮酒的团体外)。客人在席间饮酒,男子应先向女伴敬酒,然后再向其他客人或主人敬酒。

隆重的宴会上饮香槟酒时,主人通常起立致辞,辞毕举杯,由主宾率众宾客起立致谢,众人共饮。此后,主客须起立致答谢辞,辞毕举杯,这时众宾客一起举杯面向主人而饮。碰杯时,主人和主宾先碰,人多时亦可同时举杯示意,不一定碰杯。祝酒时不可交叉碰杯。在主人和主宾致辞祝酒时,在座者应暂停进餐,停止交谈,注意倾听。主人和主宾讲话完毕与贵宾席人员碰杯后,往往到其他席敬酒,此时应起立举杯。碰杯时要注视对方以示敬重。宴会上可以相互敬酒,以表示友好和活跃气氛,但切忌饮酒过量,应控制在本人酒量的1/3以内。

(九)告辞

宴会结束,主人一般请宾客到休息室休息片刻。有的主人为每位出席者准备一份小纪念品或一朵鲜花,主人会招呼客人带上。来宾可说几句赞扬小礼品的话,但不必郑重表示感谢。但是,除主人特别示意作为纪念品的物品外,各种招待品包括点心、糖果、香烟等都不能带走。待主宾退席后,可向主人告辞,对主人的盛情款待表示感谢。

此外,宴会进行中,不慎发生异常情况,如用力过猛,刀叉撞击盘子发出声响或餐具摔落在地或打翻酒水等,要沉着应对。餐具碰出声响,可轻声向邻座(或向主人)说声"对不起";餐具落地不可擦拭再用,应请服务员另送一付。酒水打翻溅到邻座身上,应表示歉意,协助擦干。但如果对方是女士,只把干净的餐巾递上即可,由其自己擦拭。

> **·礼品的包装**　礼品的包装和礼品本身一样重要,它起码表示你对这份心情的重视。在美国几乎所有赠送别人的礼物都要包装起来,若没有时间包,他们一定会表示道歉:"对不起,我没有时间包!"有时,包装的费用甚至比礼物本身还要贵。

第三节　礼宾次序和国旗悬挂法

一、礼宾次序

礼宾次序就是在国际交往中对出席活动的国家、团体、各国人士的位次按某些规则和惯例进行排列的先后次序。一般来说,礼宾次序体现东道主对各国来宾的礼遇;在一些国家性的集会上则表示各国主权平等的地位。

(一)礼遇依据

礼宾工作的核心是礼遇。接待外宾的礼遇规格主要依据国际法规、国际惯例、国内法规、国家关系状况和外交政策来确定。

1.国际法规

国际法准则是国家间的法律,得到世界各国的公认,因而对世界各国都具有法律约束力。各国都有法律上的权利和义务来维护它。例如,联合国于 1961 年 4 月 18 日通过的《维也纳外交关系公约》就是各国确定对外礼遇的重要依据。它明确规定了外交代表和外交代表机关在接受国享有的外交特权和豁免,对外交代表的等级以及礼宾位次的排列也有规定。地区性国际组织,如欧洲经济共同体、北大西洋公约组织等,其成员国之间的礼宾待遇通常也有多边条约或协议予以规定,这些多边条约或协议对各成员国具有法律约束力。但是,两国间签订的双边条约或协议里,涉及礼遇的条文只对签约双方生效。

2.国际惯例

长期以来,在国际交往中形成了不少礼遇惯例,虽无法律条文明文规定,但已约定俗成,各国对此一般不会有异议。例如国际会议或国际体育比赛,公布与会国名单,悬挂与会国国旗,安排与会国代表座位,一般按照与会国国家名字的英文字母顺序排列。又如,礼炮 21 响为国际最高礼遇,现已被各国海军列入国际交往的条例或条令里。但是,各国自己鸣放礼炮的最高级别并不拘泥于此,如我国开国大典的礼炮就是 28 响。

3.国内法规

各国为了统一对外礼遇,做到有法可依,一般由最高权力机关制定有关法令,并颁布执行。例如,1986 年 9 月 5 日我国第 6 届全国人民代表大会常务委员会第 17 次会议通过的《中华人民共和国外交特权与豁免条例》,以国内法的形式对《维也纳外交关系公约》加以肯定,并在中国境内生效。此外,国家权力机关或政府外事部门根据形势的变化,不时作出的有关接待外宾礼遇的种种政策性规定,同样必须遵照执行。

4. 国家关系与外交政策

一个国家对其他不同国家的关系状况不同,采取的具体外交政策不同,给予的外交礼遇规格也有所不同。如 50 年代、70 年代、80 年代,中、美、苏三角关系在不断的调整变化之中,在不同时期彼此的外交礼遇上均有明显的反映和体现。

(二)礼宾次序

在国际交往中,礼宾工作通常使用的排列方法大致有这样三种:

1. 按身份与职务高低排列

这是礼宾顺序的主要依据。一般官方活动,经常是按身份与职务的高低安排礼宾次序。如按国家元首、副元首、政府总理(首相)、副总理(副首相)、部长、副部长等顺序排列。各国提供的正式名单或正式通知是确定职务的依据。由于各国的国家体制不同,部厅之间的职务高低不一致,则要根据各国的规定,按相当的级别和官衔进行安排。

2. 按字母顺序排列

多边活动中的礼宾次序有时按参加国国名字母顺序排列,一般以英文字母排列居多,少数情况也有按其他语种的字母顺序排列的。这种排列方法多见于国际会议、体育比赛等。例如,联合国大会、各专门机构的会议和悬挂会员国国旗等均按此法。在联合国大会上为了避免一些国家总是占据前排席位,因此每年抽签一次,决定本年度大会席位以哪个字母打头,以便让各国都有机会排在前面。在国际体育比赛中,体育代表队名称的排列、开幕式出场的顺序一般也按国名字母顺序排列(东道国一般排在最后)。

3. 按通知代表团组成的日期先后排列

在一些国家举行的多边活动中,按通知代表团组成的日期先后排列礼宾次序也是经常采用的办法之一。东道国对同等身份的外国代表团,可按派遣国通知代表团组成的日期排列,或按派遣国决定应邀派遣代表团参加该活动的答复时间先后排列,也可按代表团抵达活动地点的时间先后排列。但是,无论采取何种方法排序,东道国在致各国的邀请书中,都应明确注明。如在某国举行总统权力移交仪式时,在邀请各国代表团的注意事项中指出:"在级别相同的情况下,代表团团长的礼宾次序将按通知代表团组成的日期先后确定。如果同时接到两个或两个以上的代表团的通知,将按其字母顺序确定先后。"

在实际工作中,遇到的情况往往比较复杂,为了安排好礼宾次序,必须认真、谨慎、细心,反复考虑研究,以免引起不必要的误解和麻烦。另外,在安排礼宾次序时,还应考虑国家之间的关系、地区所在、活动的性质、内容和对于活动贡献的大小,以及参加活动的人员的威望、资历等其他因素。因此,以礼宾次序常常不是按一种方法排列,而是几种方法交叉使用的。例如,在某一多边国际活动中,对与会代表礼宾次序的排列,首先是按正式代表团的规格,即代表团团长身份的高低来确定,这是最基本的。在同级代表团中则按派遣国通知代表团组成日期的先后来确定,对同级和同时收到通知的代表团则按国名英文字母顺序排列。此外,常把同一国家的、同一地区的、同一宗教信仰的或关系特殊的国家的代表团排在一起或排在前面;对同一级别的人员,常把威望高、资历深、年龄大者排在前面。有时还考虑业务性质、相互关系、语言交流等因素,如在观礼、观看演出、比赛特别是在大型宴请时,在考虑身份、职务的前提下,将业务性质对口的、语言相通的、宗教信仰一致的、风俗习惯相近的安排在一起。

二、国旗悬挂法

国旗象征着国家的主权,标志着国家的独立,代表着民族的尊严。在国际交往中,国旗的使用是最为庄严的礼仪,必须遵循国际法的准则,符合国际惯例,依照国内法的具体规定严格执行。

(一)外交特权与礼遇

根据外交关系准则,一国国家元首、政府首脑在他国进行访问时,有权在其住所及交通工具上悬挂本国国旗;使馆及其馆长有权在使馆馆舍以及馆长寓邸与交通工具上使用派遣国国旗。这些是公认的外交特权。而东道国在接待来访的外国领导人的隆重场合,在贵宾下榻的宾馆,在交通工具上悬挂对方、己方或双方的国旗,则是对贵宾表示敬重的礼遇。

根据我国国旗法制定的《中华人民共和国外交部涉外升挂和使用国旗的规定》第二条指明,下列外国贵宾以本人所担任公职的身份单独或率领代表团来华进行正式访问时应当升国旗:国家元首、副元首;政府首脑、副首脑;议长、副议长;外交部长和国防部长;总司令或总参谋长;率领代表团的正部长;国家元首或政府首脑派遣的特使。

(二)国际礼仪中的旗序

国际组织、国际会议、国际体育比赛等多边国际活动,一般需悬挂会员国国旗。各国国旗的旗序必须体现主权国家一律平等的原则。一般国际惯例,是按国名的英文字母顺序排列。例如,1971年,中华人民共和国五星红旗在联合国会员国旗列中,按英文字母排列居第23位,升挂在智利国旗和哥伦比亚国旗之间。国际体育比赛发奖仪式则严格按冠、亚、季军序列升挂获奖国国旗并奏冠军国国歌。

旗序确定之后,根据国际惯例,遵守"礼仪右为上"的原则,即右在先,右为上,右居首,右称尊。特别需要指出的是,国际礼仪左、右的概念不是从观众的角度来区分的,而是从国旗本身的位置来分辨的。例如,两国国旗并挂,以国旗本身面向为准,右挂宾客国旗,左挂本国国旗。汽车上挂旗,则以汽车行进方向为准,驾驶员右侧为客方,左侧为主方。所谓主与宾,是以举办活动的主人为依据,而并非活动举行所在国。例如,外国代表团来访,东道国举行的欢迎宴会,东道国是主人;当来宾举办答谢宴会时,东道主反成了客人了。在双边活动中,也有个别国家把本国国旗挂在上首。

在中国境内,中国国旗与多国国旗并列升挂时,中国国旗应该置于荣誉地位。外国驻华机构、外商投资企业、外国公民在同时升挂中国国旗和外国国旗时,必须将中国国旗置于上首或中心位置。外资投资企业同时升挂中国国旗和企业旗时,必须把中国国旗置于中心、较高或突出的位置。

(三)悬挂方法

正式场合悬挂国旗宜以正面(即旗套在旗的右方)面向观众,严禁反挂或倒挂。一些国家的国旗由于文字和图案的原因,也不能竖挂或反挂。有的国家明确规定,竖挂需另制旗,将图案转正。总之,悬挂外国国旗,应尊重该国的挂旗要求。

一般国际上通行的挂旗方法有以下几种如图6-7所示:

(1)三国以上国旗并挂。

(2)双边国旗并挂。

(3)并列悬挂。

(4)交叉悬挂。

(5)交叉挂。

(6)竖挂。

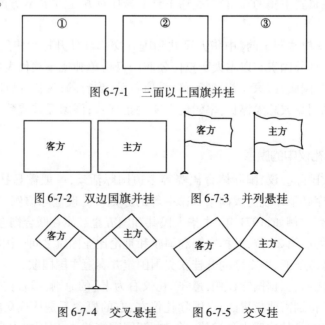

图6-7-1　三面以上国旗并挂

图6-7-2　双边国旗并挂　　　　图6-7-3　并列悬挂

图6-7-4　交叉悬挂　　　　图6-7-5　交叉挂

图 6-7-6 整挂   图 6-7-7 竖挂（均为正面）

图 6-7 国旗悬挂法

本章小结

本章侧重要求掌握涉外交往中的各项仪式礼仪，了解在涉外活动中得到普遍认可的礼节规范。如涉外交往中的迎来送往、会见、会谈与签字仪式的礼仪；礼宾宴请活动中的桌次与位次安排及赴宴礼仪；国际通用的礼宾次序与国旗悬挂方法等仪式礼仪和具体礼节规范。旅游礼宾接待人员在国际交往中，无论是日常交往还是正式场合，在掌握基本社交礼仪的同时，还应注意领会贯通，灵活运用使各种仪式礼仪，使之成为各方都能接受且不会产生误会的交际语言。

思考与练习

1. 涉外迎送礼仪包括哪些主要内容？
2. 会见分几种类型？会见时座次如何安排？
3. 简述会谈及签字仪式的主要注意事项。
4. 常见的宴请形式有哪些？宴请时桌次与席位的安排有哪些讲究？
5. 赴宴时，应注意的礼貌礼节有哪些？
6. 在国际交往中，如何确定礼宾次序？国旗悬挂法有哪些具体规定？

模拟实训

·**技能要求**·学会会谈、会见等各种商务场合的位次安排,掌握各类宴会桌次和位次的安排及个人用餐的基本礼仪。

物质准备:合适的场地、中餐圆桌、长条桌、椅子、席位卡、西餐餐具等。

1. 挑选部分学生分别扮演参加谈判、宴会、会谈、签字仪式等的东道主和来访方人员,其他学生在教师指导下分组练习如何正确地引领双方人员入座、协助安排好宴请、会谈、签字仪式等。

2. 挑选部分学生扮演主人,其他学生在教师指导下模拟参加一次西式家庭宴会,体会主人的宴请礼节和客人赴宴礼节、用餐礼节等。

阅读材料

阅读材料 6-1

国宾车队

国宾座车,一般是三排座位的豪华型车。国宾座位是车内最后一排的右边,左边是我方陪同团团长座位。陪同团团长座位前一加座是翻译座位。司机右边是我方警卫座位。这辆车称主车。主车前后各有一警卫车,分别称前卫车、后卫车,内乘中、外双方警卫和医护人员。后卫车后,往往还安排一辆同主车车型、设备完全一样的备用车,如主车万一发生故障,马上代替主车启用。备用车是主宾夫人车,夫人由陪同团团长夫人陪同。前卫车前是礼宾车,内乘双方礼宾负责人。礼宾车前是前导车,车上配有警笛、扩音器、闪光设备,以便肃清道路。不过,国宾行车路线,一般提前15分钟中断交通,采取全封闭方式,待国宾车队通过后开放。国宾夫人车后,按礼宾顺序,安排身份最高的随行人员。部长级以上官员,一般一人一车,副部长二人一车,司局级及以下人员安排乘小面包车。国宾车队中我方礼宾、安全人员配有必要通讯联络手段,如手机、对讲机等,以便同有关方面保持密切联系。国宾车队还配有九辆摩托车护卫,其中一辆行驶在前卫车前,前卫车至后卫车两侧,各四辆,另有二辆备有用摩托车也列入编队之中。所以,人们常常见到的是 11 辆摩托车。摩托车护卫,在我国是于 1981 年恢复的。

资料来源:马保奉编.外交礼仪漫谈.北京:中国铁道出版社,1996 版。

阅读材料 6-2

开幕、庆典与剪彩仪式

一、开幕式

开幕式是举行盛大活动时最初的隆重仪式,如大型运动会,国际艺术节等都有较隆重的开幕式。国际上的开幕式还包括各种展览会,如商业性博览会、文化艺术展览会等的开幕式。工程项目动工的奠基仪式等也与开幕式类同。

开幕式通常由经办一方的负责人主持,如东道国主办则由东道国方面主持,邀请有关国家的代表团、使节参加;或由展览团方面主持,邀请东道国有关官员出席。重大的展览会开幕式或重要的工程落成典礼等,东道国国家领导人往往出席。开幕式除双方有关人员参加外,酌情邀请各国驻当地的使节、外国记者参加。

隆重的开幕式,会场上悬挂参加国的国旗,接着奏国歌,致词(主办一方先讲,另一方后讲),剪彩(邀请东道国或展览团参加开幕式人员中身份最高的官员或知名人士剪彩,亦有客主双方各一位或两位人士剪彩的),然后参观展览。开幕式结束后,有的还要举行招待酒会或招待演出等。

二、庆典仪式

它是为纪念有特别意义的节日或各类企业单位开始正式经营时举行隆重的庆贺仪式。庆典活动要遵循"热烈、隆重、节俭"的原则。

庆典活动种类繁多,内容很广。有庆祝重要节日的庆典,如国庆节、独立节、五一节等;有各建筑物落成典礼;学生的毕业典礼以及商业的开张庆典等。

(1)发出告示 告示的内容较为简单,只须写明××典礼的时间、地点及被邀请参加的人士。有的告示可以作为广告,通过报纸、电台、电视台发布。

(2)发送请柬 发送请柬邀请主管领导,知名人士及其他有关人士参加典礼。告示、请柬一般在庆典活动日的三天前发出。

(3)布置环境 庆典仪式现场要布置得热烈、大方、得体、有喜庆感。举行仪式的现场要张灯结彩,悬挂庆典的会标。如属开张或开业庆典,会场可设在开张公司或商店的门口,会场的两边可布置来宾或祝贺单位的花篮。

此外,在会场内外安排礼宾人员,负责引领来宾入场、就座及退场等。

三、剪彩仪式

一般大型的建筑物落成、开幕式以及商业、企业开张等庆典活动都举行剪彩仪式。剪彩仪式的一般程序为：

(1)请参加剪彩的嘉宾就位。

(2)主持人介绍参加剪彩的来宾，并向他们表示谢意。

(3)安排简短的发言。主要由企业负责人简单介绍企业的基本情况和对支持企业的单位、个人表示感谢。

(4)进行剪彩。剪彩的彩带通常是用红绸制作的，剪彩前应事先准备好剪刀、托盘和彩带，由另外一名协助剪彩的礼仪小姐拉好彩带，再由另外一名协助剪彩的礼仪小姐端好托盘，剪彩者用剪刀将彩带上的花朵剪下，放在托盘内。这时，场内应以掌声表示祝贺。

(5)参观。对剪彩的项目如开业的企业、商店的新设施或商品进行参观。

(6)举行酒会。

行业礼仪

旅游业是第三产业的组成部分,属于服务性的行业。在国际上被称为"出售服务和风景的行业"。它是以旅游者为服务对象,以直接为旅游者提供各种服务,提供方便、舒适的活动条件为宗旨的。正如美国芝加哥丽兹饭店(The Rits-Carlton,Chicago,USA)指出的那样,"最佳饭店是客人享受礼貌、礼仪及快速敏捷服务的理想场所。服务员一定要训练有素,一流的服务员才能构成一流的饭店。"服务质量是旅游业的生命线,旅游礼宾接待人员讲究服务礼仪是旅游业的职业要求。

第一节　饭店接待礼仪

接待礼仪是饭店服务"软件"的重要组成部分,贯穿于饭店服务接待工作的全过程。各个部门、各个岗位的服务人员必须明确本岗位的接待礼仪规范,并付诸于实施,饭店的优质服务才能得以保证。

一、前厅服务礼仪

前厅是宾客最先抵达和最后离开饭店必经的工作区域。在这里,宾客形成了对饭店的"第一印象"和"最后印象"。因此,前厅被认为是"饭店与宾客之间的桥梁",是饭店的"门面"。

(一)应接人员的服务礼仪

应接人员,主要是指门僮和行李员如图7-1所示。他们代表饭店在大门口和门厅接待

图7-1　门僮服务

客人,其接待服务中的主要礼仪规范有:

1. 恭候迎宾

(1)大门应接员穿迎宾制服上班,仪容要端庄大方,精神饱满地站立在正门前,随时恭候宾客的光临。

(2)见到宾客光临,应主动上前彬彬有礼地热情相迎送,而且笑容常在。微笑的标准应是自然、大方、真诚。

(3)宾客乘坐的车辆抵达时,要热情相迎,车辆停稳后,应为客人开启车门并做遮挡的动作。具体的方法是:一手拉开车门,一手遮在车门框的上檐,示意客人上下车时应低下头,以防止磕碰。但是,如果宾客是佛教界人士,则不能挡,以尊重他们的信仰。

(4)迎送宾客时,对于老弱病残幼的宾客,拉开车门后应主动助臂,照料其上下车。对不愿他人搀扶的老年或残障宾客,不要勉强,只是应多加注意,随时准备采取应急措施。

(5)问候宾客要面带微笑,热情而友好地说:"您好,欢迎光临!"或者:"再见,希望再次见到您。"并配以 15 度的鞠躬礼。对常住客人切勿忘记称呼他的姓氏和职务。

(6)为了使每个宾客都能听到问候语,应不厌其烦反复多次问候,关注每一位客人。接待团体宾客时,应连续向宾客点头致意,施行鞠躬礼,让宾客充分感受到一种特有的关爱。

(7)雨天时要撑伞迎送,以防宾客被雨淋湿。

(8)见客人带有行李时,应主动上前为客人拿行李,如行李过多过重,还应推上行李车为宾客服务。凡宾客自己要提的物品,一般不要过分热情地去强行要求帮助提携。特别是文件包或女士随身带的皮包等,不应替宾客代劳。

2. 进店服务

(1)陪同客人到总服务台办理手续时,应侍立在宾客身后两三步处等候,以便随时接受宾客的吩咐。

(2)引领客人时,应走在客人的左前方一二步处,随着客人的步子徐徐前进。遇转弯处,要面带微笑向客人示意。如引领的客人较少,可在引领过程中向客人简要介绍饭店服务概况。

(3)同宾客乘电梯时,应按住电钮,礼让宾客先入梯,到达时,同样示意宾客先步出电梯。

(4)陪同宾客到达客房后,将行李放在行李柜上,并当面向客人交待清楚,然后微笑告别:"请好好休息,再见!"面对客人,后退一、二步,自然转身退出房间,将房门轻轻拉上。注意不能关门太重以防造成宾客不悦。

3. 离店服务

(1)行李员到楼上的房间去搬运行李时,进房前无论房门是关着是开着,均要按门铃或用手指节敲门通报。在问清宾客共有多少件行李物品后,应小心提携并负责安全地运送到车上。

（2）放好行李后,不要立即转身离去而应向宾客作好物品交待,并躬身施礼感谢宾客的光顾和致告别语:"祝您一路平安,欢迎下次再来!"

（3）轻轻关上车门,注意不要让宾客的衣裙被车门夹住。关门时,不能用力太轻而关不上,也不能太重而惊吓客人。

（4）车辆启动时,面带笑容,挥手告别,目送客人离去。

（二）前台接待问询人员的服务礼仪

饭店的总服务台是饭店的"窗口",又是饭店管理的"中枢神经"。从整个饭店服务工作来看,总台人员接触面广、影响大,在很大程度上关系到饭店的服务水平,其接待中的服务礼仪应为:

1. 接待问讯

（1）站立服务,姿态端庄大方,着装整洁,精神饱满,面带微笑随时恭候宾客光临。

（2）笑脸相迎,主动招呼,热情问候。要有问必答,再问不厌,用词得当,简洁明了。对饭店设施、各部门服务时间、具体位置等情况应详细回答清楚。不能说"也许"、"大概"之类没有把握或含糊不清的话。对不清楚的事,不要不懂装懂,也不能简单地说"我不知道",而应为客人提供"无 NO 服务"。对一些宾客提出的要求无法满足时,应向客人深表歉意,请求其谅解与合作。

（3）接受来电查询,应热情帮助解决,件件要有结果、有回音。如不能马上回答,对来电客人应讲明等候时间,以免对方久等而引起误会。

（4）在任何情况下都不得讥笑、讽刺客人,不得与客人争辩,决不允许言语粗俗,举止鲁莽。在宾客因误解、不满而投诉时,要以诚恳的态度耐心听取宾客的意见,不要中途打断,更不能回避,置之不理。

2. 接待住宿

（1）热情问候每一位宾客,点头致意,面带微笑地说:"您好,请问有预订吗?"或者"您好,小姐（先生）,需要住房吗?"

（2）有较多客人抵达而工作繁忙时,要按先后顺序依次办理住宿手续,做到"接一答二照顾三"。

（3）当客人问有什么样的房间或房价时,应将饭店房间的种类及设施档次向客人介绍,然后推销房间。推销房间时,先推销标准间或中等价格的房间,然后再根据客人的反应或要求推销高档或低档房间。

（4）听清宾客的要求后,尽量按客人的需要为其安排房间。同时,当知道客人姓氏后,要尽早称呼,以示对客人的重视与尊重。

（5）如遇客房已满,应耐心向未能住到房间的宾客致歉,同时热情地向其推荐其他饭店,并感谢客人的光临,希望下次再见到这次未能入住的宾客来饭店入住。

(6)住房通知单、"迎宾卡"填好后,连同钥匙牌双手递交客人,并轻声告诉客人:"您的房间是××楼×××号,祝您在饭店过得愉快。"

3. 离店结账

(1)宾客来结账时,应首先双手收回钥匙牌,并迅速通知楼层服务员客人退房。要热情、周到、迅速、准确地处理客人退房事宜。收款数目要当面结清,不能有丝毫含糊,避免客人有被多收费的猜疑。

(2)结账完毕,应向客人道谢告别,给客人留下彬彬有礼的深刻印象,以使客人产生亲切感,吸引客人再次光临。

(三)商务中心服务礼仪

商务中心是为宾客特别是为商务客人的信息传递提供服务。其服务礼仪规范为:

(1)注意个人仪表。在工作岗位上,要仪表整洁,仪容端庄,仪态大方,在客人面前一定要注意自己的坐姿、走姿,以饱满的热情来接待每一位宾客。

(2)工作热情主动。要热情地接待每一位来宾,微笑问候,敬语当先,尊重客人意愿,尤其对一些有特殊要求的客人不得有不耐烦的表示。在同时接待数位客人时,应按先后顺序一一受理,忙而不乱,热情友好地向各位打招呼或致歉,使客人感受到亲切、方便、信赖。

(3)办事认真,讲究效率。按照客人要求,认真负责地提供电传、传真、打字、复印、翻译、快递等项业务。服务要高效、准确,做到急件快速,立等可取;同时,严守职业道德,对客人高度负责,代客保密,不外泄文本内容。

二、客房服务礼仪

客房是宾客在饭店"临时的家",是客人在饭店中逗留时间最长的地方,服务人员的服务态度和服务水准如何,直接关系到饭店的形象。

(一)迎宾送客

(1)温柔的话语和笑脸可以使宾客忘掉旅途的疲劳,产生一种"宾至如归"的亲切感。

(2)对客人手中的行李要主动帮助提携,但要察言观色,不要硬性坚持把宾客手中的东西拿过来。对老、幼、病、残的宾客要及时给予最大限度的照顾和帮助。

(3)引领客人到房间应走在客人的前方一至两步远,到客房后用中指节或食指节轻轻敲三下再开启房门,开门后侧身一旁,敬请客人进入。在问清宾客没有其他要求后,先退后一、二步,再转身离去,同时把房门轻轻拉上。

(4)宾客离店时,要诚恳、真挚地告别"再见","希望再次见到您","一路平安"

等,并配以鞠躬礼。

(二)日常服务

(1)服务员不得擅自随意进入客人的房间。客人在时,必须征得客人同意后才能进房。每天的清扫整理,应在客人没在房间时进行。每次进入客房时都必须轻轻敲门。其规范动作为:用右手的中指或食指关节轻轻敲门三下,若无回音,过五秒钟再敲三下,第二次敲后了无回音,便可开门进房。若敲门时,听到房间内有客人的问话声,应立即报上自己的身份,如:我是客户服务员,或者说:housekeeping。进入房间后应说明来意,征得客人同意后方能搞卫生,做房间清扫时,应开着房门。

(2)如客人作了"请勿打扰"的提示时,客房服务员不能敲门进房。到了午后二时,仍然如此时,表示客人没有离开房间,服务员可打电话到该房间,注意礼貌用语,如说:"您好,我是服务员,请问可以进房搞卫生吗?"客人同意后方可进入。

(3)在撤换床上用品时,要注意客人放在床上的钱包、手包、金银饰品等,防止整理摔坏或裹走。抹桌子时,上面放的书本、文件、报纸、化妆品等,只稍作整理即可,不要弄乱,不许翻动。桌上的纸条、旧报纸等没有客人的吩咐,切勿随便扔掉,不能拿取客人食品品尝。

(4)工作时,不得与其他服务员闲聊,不得在房内大声喧闹、唱歌,与客人交流时要轻声细语,不得影响客人休息。行进在楼层走廊时,服务员之间不能搭肩搂腰。一般在走廊里有急事需超越走在前面的客人时,应向客人表示歉意,并说声"对不起"。路遇宾客时,一定要向客人微笑点头示意问候,切忌视而不见,不予理睬。

(5)为宾客及时提供各种周到细微的服务。如逢宾客生日时,应送上祝福;如遇客人身体不适,应主动询问是否需要诊治。在客人提出之前预见其需要,并尽最大限度的满足客人提出的一切正当要求。

(6)不得主动先伸手与客人握手,与客人不能过分亲热,与宾客交谈时,要"请"字当头,"谢"不离口,一定要彬彬有礼。

三、餐厅服务礼仪

餐厅服务人员直接与宾客接触,其服务态度、业务水平、操作技能等直观地反映在宾客面前,其举手投足、只言片语都有可能给宾客留下深刻的印象。

(一)迎宾入座

(1)一般用餐,在宾客到来之前,要有一、二名服务员在门口迎接;较高级的宴会,餐厅负责人应带领一定数量的服务员在宾客到来之前站在餐厅门口迎接。要站姿优美、规范,精神饱满。

(2)当宾客走向餐厅约1.5米处时,应面带笑容,拉门迎宾,热情问候:"您好,欢迎光临!"或:"小姐(先生),晚上好,请问后面还有人吗?(以便迎候指引)"或:"您好,请问,您预订过吗?"同时用靠门一边的手平伸出厅门,请宾客入厅。

(3)如果是男女宾客一起进来,要先问候女宾,然后再问候男宾。见到年老体弱的宾客,要主动上前搀扶,悉心照料。

(4)如遇雨天,要主动收放客人的雨具。假如宾客戴着帽子或穿有外套,应在他们抵达门口处,协助拿衣帽,并予以妥善保管。对女士应说:"我们可以帮您拿外套吗?"对男士应说:"我们可以替您拿帽子和大衣吗?"

(5)对已预订的宾客,要迅速查阅预订单或预订记录,将客人引到其所订的餐桌。如果客人没有预订,应根据客人到达的人数、客人喜好、年龄及身份等选择座位。如果宾客要求到一个指定的位置,应尽量满足其要求,如被占用,领台员应做解释、致歉,然后再带他们到其他他们满意的位置去。靠近厨房出入口的位置往往不受人欢迎,对那些被安排在这张餐桌就餐的宾客要多说几句抱歉的话。

(6)在选定餐桌,引领客人入座时,领台员应说:"请这边来。"如果桌子需要另加餐具、椅子时,尽可能在客人入席之前布置妥善,不必要的餐具及多余的椅子应及时撤走。为儿童准备的特别的椅子、餐巾、餐刀等也应在客人入席之前完成。

(7)宾客走近餐桌时,领台员应以轻捷的动作,用双手拉开座椅,招呼宾客就座。顺序上应先主宾后主人,先女宾后男宾。在大的团体里,则应先为年长的女士服务,然后再为其他女士入座服务。可能的话,把女士的座位安置在面对餐厅的内侧而避免面对墙壁。招呼宾客就座时动作要和宾客配合默契,待宾客曲腿入座的同时,轻轻推上座椅,推椅动作要适度,使宾客坐好、坐稳。

(8)客人入座后,送上毛巾和茶水。先送毛巾,后端茶。毛巾、茶都要用托盘端送,递送时要从主宾开始从右向左依次进行。递送香巾时要招呼客人:"先生(小姐),请!"送茶时切忌手指接触杯口,动作要轻缓。

(二)点菜服务

(1)客人坐稳后,值台员把菜单递给宾客,菜单要从宾客的左边递上。对于夫妇,应先递给女士;如果是团体,先递给主宾。递送的菜单要干净、无污迹,递送时要态度谦恭,切不可随意把菜单往宾客手中一塞或桌上一扔就一走了之,这是极不礼貌的行为。

(2)不要催促宾客点菜,要耐心等候,让宾客有充分的时间考虑决定。值台员应对菜单上客人有可能问及的问题有所准备。对每一道菜的特点要能予以准确的答复和描述。推荐本餐厅的特色菜、时令菜、创新菜等时要讲究说话方式和语气,察言观色,充分考虑宾客的心理反应,不要勉强或硬性推荐,以免引起宾客反感。

(3)记录客人点菜时,值台员应站在客人的左侧,注意站立的位置,身体不能紧靠餐桌,手不能按在餐桌上,应上身略微前倾,精神集中地聆听。当主人表示客人各自点菜时,服务员应先从坐在主人右侧的主宾开始记录,并站在客人的左侧按逆时针方向依次接受客人点菜。

(4)如客人点的菜菜单上没有列出,不可一口回绝,而应尽量满足其要求。可以礼貌地说:"请允许我马上和厨师长商量一下,尽量满足您的要求。"等。如宾客点出的菜已无货供应,值台员应致歉,求得宾客的谅解,并婉转地建议宾客点其他的菜。

> **·为客人当好参谋**　　服务员可根据宾客不同的就餐目的为其当好参谋:宴请——介绍菜肴的丰盛;品尝——介绍风味特色菜;改善生活——介绍菜肴的鲜香;团聚——介绍菜肴的整齐;约会——介绍菜点的香甜;便餐——介绍菜肴的实惠等。

(三)餐间服务

(1)取出餐布放在客人的腿部或压放在骨碟下,如是中餐,对不习惯用筷子的外宾,应及时换上刀、叉等餐具。

(2)斟酒要严格按照规格和操作程序进行,如图7-2所示。打开酒瓶盖或饮料盖应当面进行,斟酒时从客人右侧进行,注意不可站在同一位置为二位客人同时斟酒。斟酒时先斟烈性酒,然后斟果酒、啤酒、汽水、矿泉水。斟香槟酒或其他冰镇酒类,要用餐巾包好酒瓶,以免水滴落在宾客身上。

(3)斟酒的浅满程度,要根据各类酒的风格和要求来决定。中餐常斟满杯以示对客人的尊重。斟酒的顺序是先斟给主人右边的主宾,再按顺时针方向绕桌斟酒,主人的酒最后斟。斟酒时,瓶口不要碰到杯口,也不要拿得太高,使酒水溅出。当偶尔操作不慎将酒杯碰翻或碰碎时。应向客人致歉,立即调换,并迅速铺上干净餐巾,将溢出的酒水吸干。宴会中斟酒时,应由宾客选择用哪一种酒,值台员不得自作主张。

图7-2　斟酒服务

(4)掌握好上菜时机和程序,并根据宾客的要求和进餐的快慢灵活掌握。上菜要从宾客的左边上,最好在陪同或翻译之间进行,不要在主人和主宾之间进行,以免影响来宾用餐。摆菜要讲究造型艺术,酒席中的头菜,其看面要对正主位,其他菜的看面要朝向四周。比较高档的菜或有特殊风味的菜,要先摆在主宾位置上,在上下一道菜后顺势撤摆在其他地方。每上一道菜都要报菜名,并简单扼要地介绍其特色,注意说话时切不可唾沫四溅。

(5)分菜时,高级宴会按照先男主宾、后女主宾,再主人和一般来宾的顺序逐次分派。一般酒席宴会按照先女主宾后男主宾进行。分菜要注意将菜肴的优质部分分给主宾或其他宾客,同时,要掌握好均匀。添菜时应征求客人的意见,如客人谢绝,则不必勉强。主人或客人祝酒或发表讲话时,应停止上菜,但要及时斟酒,以便干杯。

(6)撤换餐具时,要注意客人是否吃完(西餐可看刀叉是否已合拢并排),如无把握,应轻声询问,切不可在客人正在吃时撤餐具,那是很不礼貌的。撤换餐具要轻拿轻放,动作要优雅利索。

(7)如有酒水溅洒在宾客身上,要及时递送毛巾或餐巾协助擦拭,但如果对方是女宾,男值台员不要直接动手帮助。如有找宾客的电话,要走到客人旁边,轻声告知,不要在远处高声呼喊。宾客的物品,尤其是女宾的物品,如果不慎落在地上,服务员应立即帮忙拾起,双手奉上,不可视而不见。对有醉意的客人要特别关照。

(8)服务员的眼睛应始终注意到餐厅的每一位客人,应通过宾客在需要帮助时表现出来的种种迹象(手势、表情、姿势等),上前询问:"先生,我可以帮忙吗?"例如客人在进餐时起身或张望,表明客人有事求助或询问,服务员应主动迎上去给予帮助;如客人将壶盖抬离壶口或将茶壶拿起时,服务员应主动加茶水;客人将烟叼在嘴上,两手在摸口袋时,服务员应主动上前帮忙点火;发现客人有筷子掉在地上,应及时上前为其换上干净的筷子。当客人要求帮助而服务员正在给其他桌上的宾客服务时,应对客人打手势或点头微笑,表示自己已经知道,马上就能去服务,使宾客放心。

(9)值台时,应坚守岗位,站姿规范,不依墙靠台,不搔头摸耳,不串岗闲聊。整个餐厅的清扫工作,应在所有客人离去后进行。

(四)结账送客

(1)把账单正面朝下放在小托盘上,从左边递给客人。一定要等宾客吃完甜点或宾客要求结账时方可呈递账单,不可在进餐中把账单递给客人。当客人付款后,要表示感谢。

(2)宾客起身离座时,应主动上前拉椅方便客人离开。宾客出餐厅时要提醒其不遗忘随身物品。值台员帮助客人取来帽子和大衣,可借此机会了解宾客对饭菜是否满意、服务是否周到等等。假如有什么令客人不满意之处,应向客人解释并表示歉意。

(3)记住对将离店的客人说一声"再见,希望您满意"等告别语。

四、电话总机礼仪

电话总机是饭店的内外信息沟通联络的枢纽和形象窗口。电话接待是在通话双方不露面、看不见表情、看不见手势的情况下进行的,总机话务员是饭店里"看不见的服务员"。许多客人正是通过总机的声音和通话方式产生对饭店的第一印象的。

(一)电话总机接听常规服务程序

(1)电话铃响,立即接听。一般让电话铃不超过三声。

（2）致以亲切问候，自报饭店名。如"早上好，桂林山水宾馆"或"您好，桂林山水宾馆"，语音、语调亲切柔和（内线电话报"总机"）。

（3）认真倾听对方的来电事由，按要求逐条回答客人或转接。

（4）客人有留言，应记下有关事由、时间、地点和姓名，并向客人保证及时转达。

（5）致谢语。

（6）告别语。

（二）总机礼仪规范

1. 问候亲切

饭店总机问候，一般分两种情况：对店外打进来的电话，一般先用英语问候并报饭店名称，然后应接着用汉语问候并报饭店名称；对于酒店内部打来的电话，一般情况下是先用英语问候，再用汉语报总机。无论怎样，在通话中应使用敬语和其他礼貌用语，如"您"、"您好"、"请"、"劳驾"、"麻烦你"、"请稍候"、"对不起"、"让您久等了"、"再见"、"节日快乐"、"新年快乐"、"圣诞快乐"、"晚安"等，并注意使用带着微笑的声音，使对方感到亲切温馨。

2. 态度诚恳

由于总机员工的工作不能与客人见面，服务态度如何，只能靠声音来表达，因此总机员工一定要注意语气。在接听电话时，不能有意拖长音，给人一种懒洋洋的感觉，即使有时客人态度不是很友好，说话比较急，也要以谦逊的语气对待，将饭店"宾客至上"的服务宗旨，通过方寸话筒传送给客人。电话是无形的形象，是通过友好的声音来传递饭店对客人诚挚欢迎的。

3. 服务耐心

话务员在工作中要细心、有耐心。即使是有的客人讲话不清楚，也不能不耐烦，更不能置之不理，或者将错就错，把电话随意拨转出去。应委婉地请客人再重复一遍，如"对不起，先生，请您再重复一遍好吗？"对老年人或语言表达不畅者，要安慰对方不要着急，慢慢讲清。对客人做解释时也要有耐心，尤其是当客人有急事，而恰逢分机占线不能接通时，更要耐心解释清楚，使客人明白。如"对不起，某某房间现在占线，请您过一会儿再打来好吗？"如果外线电话要求接某某房间，而该房间的电话铃响几遍之后仍不见回音，话务员可以告诉对方"某某房间没有人接电话"，一般不说"他出去了"，因为出去的概念很广，究竟是临时离开房间，还是外出办事；是在饭店内，还是离开了饭店，这会使客人费解。更不能因为电话铃响几遍无人接，就不做任何解释将电话挂断。

4. 认真尽责

对于客人的留言，应细心不怕麻烦，做好记录。对于来电话查询的客人，应热情相待，在可能的情况下，尽自己的努力去办，而不能随便简单的一句"不知道"或"我不管"来打发客人。即使通过努力却未能满足客人的要求，也应该主动向客人解释清楚并致歉。对于拨错号的客人,同样应以礼相待,而不能训斥对方。

饭店总机的另一个重要任务,就是负责客人的叫醒服务。如果客人有这方面的要求,话务员就应该认真做好记录,按时通过电话叫醒客人。在接通客人房间的电话时,注意不要为图省事而让电话一直铃响不停,应稍停片刻再继续,给客人醒来和拿话筒的时间。一般过五分钟左右再叫醒一次,如仍无人应接,就应立即打电话通知客房服务员实地察看。这样,既可以防止因叫醒客人的工作不彻底而耽误了客人的行程,也可以避免发生意外。

> ·**"客人永远是对的"** 这是被誉为现代饭店鼻祖的斯塔特勒先生的格言。它意味着无论客人对错都不与客人争辩,以最恰当的方式将对让给客人。在大多数时候,当服务员争辩赢了的时候,往往意味着服务的失败,因为只是为了自尊心,客人就会不再光临,而这对饭店而言才是永久的失败。

第二节　旅行社接待礼仪

旅行社是旅游活动的组织者、安排者和联系者,在整个旅游活动中处于核心地位。要保证旅游活动的圆满成功,旅行社就必须和游客、参观游览点、饭店、旅馆、交通运输和邮电通讯等方面保持良好的关系和无障碍沟通。沟通效果的好坏,将直接影响到旅行社的生存和发展。不断加强和提高旅行社工作人员的礼仪素养是旅行社接待和经营管理中的一项重要工作。

一、咨客接待礼仪

(一)办公室咨客礼节

(1)咨客接待室是旅行社的"脸面",应创造一种典雅、舒适、幽静的环境气氛,给来访者留下良好的"第一印象"。要注意保持室内空气的清新通畅和适宜的室温与湿度。室内应配备必要的通讯和音响设备、宣传资料、接待用品。

(2)对前来造访者,应站起来表示欢迎"您好"、"请进"、"请坐",并递上茶水、饮料等。对熟悉的客人还可以适当寒暄,询问一些有关生活、工作等近况,以融洽气氛。对初次来访的客人,要采取一定的接待技巧,弄清对方的单位、身份、来意。对涉及重大问题的接待,更要慎重验看对方证件。客人陈述总是要作必要的记录。对来访者的愿望和要求,合理的、能够答复的,要尽快给予明确答复;不合理的或不便马上答复的,应予以委婉的解释,或进行必要的推托。应请示或安排领导接见解决的问题,要事先和主管领导研究,予以妥善安排。应热情送行,并表示欢迎再来。如果需要,分别时要留下今后相互联系的地址和电话。

(3)电话接待注意礼貌。电话铃响应立即接通,最好不要让铃声超过三遍。拿起话筒要用礼貌、谦和的语气说:"您好,这里是××旅行社。"讲话清晰、简练、准确、热情,讲话声音适中,忌矫揉造作;注意倾听对方讲话,既不要贸然打断,又不要沉默不语,要根据内容不断随以"是"、"对"、"嗯"的应声;对重要的电话内容要认真做好记录,内容要周全、准确,涉及时间、地点、款项、人员等问题,一定要记牢;为防止失误,对重要内容予以复述核准,以免搞错;通话结束时,要待打电话一方先挂电话,然后再挂电话,挂电话前要说感谢或欢迎的话。此外,若受话当事人不在,可礼貌地说:"对不起,×××不在,有什么事我能为你传达吗?"若允许代传,就做好记录,若不需代传,可告知×××大约什么时间在,请再打来电话。为了搞好电话咨客接待,接待人员还要特别注意熟记车站、民航、酒店等常用的通讯电话号码。

(二)迎送接待礼节

(1)根据来者身份、国籍、性别、年龄等状况安排好吃、住、活动日程、交通工具等事项;查明客人到达时间,提前十五分钟到达机场、车站或码头,选择醒目合适的地点等候。若属外宾或高贵客人,可事先在机场、车站、码头安排贵宾室,以备稍事休息。

(2)事先写好迎客牌,工整地写上所接客人单位、名字。客人到达,应主动热情迎上前去,先行自我介绍。再确认对方身份,寒暄问候,协助提拿包裹(一般帮提大行李,手提包则不必),办理有关手续。

(3)引导客人乘车。若乘小轿车,注意安排主宾坐在车后排首位、接待人员坐在后座左首位或司机旁边。若乘面包车,则安排主宾坐于司机后双人座上。车启动后,切忌沉默不语,可向来宾讲讲活动日程,介绍当地民俗风情、旅游景点、物价等。

(4)到达目的地后,协助客人妥善安排住宿及就餐时间、地点等事宜。考虑客人沿途劳顿,需要休息,接待人员不必久留,说好下次见面时间及联系的电话号码,即可离去。

(5)送客时,根据客人离去的时间,安排好购票、结算、赠送礼品、摄影留念、欢送宴会等事宜。赠送的礼品要注意携带方便,突出精神文化和地方特色,具有保存价值。送站人员要尽量帮客人将行李安顿好,分别时讲些欢迎再来的话,待飞机起飞后或车船开动客人看不见时再行返回。

二、导游服务礼仪

导游是旅行社的灵魂。导游员处在接待第一线,和游客接触交往的时间长,导游工作对整个旅游接待工作的成败起着重要作用。在与游客的交往中,导游员应注意礼貌礼节,尊重各国、各地区及各民族的风俗习惯,了解他们不同的礼俗,做到热情友好,不卑不亢,以礼相待,使游客满意。

(一)仪容和服饰

(1)导游在日常交往中可穿工作服和各式便装,但必须注意着装的一些基本原则和各式服装的穿法和禁忌,如夏季男性不能穿圆领汗衫、短裤;女性不能穿超短裙;面向客人讲解时不能戴太阳镜等。

(2)进入室内、场内,应摘帽,脱掉大衣、手套、太阳镜、风雨衣等。

(二)导游时的礼节

(1)接待旅游者时,要首先向游客问好,然后主动作自我介绍,讲清姓名、身份、单位,同时也向游客介绍其他工作人员和司机等。介绍时,要面带笑容,语气亲切,态度热情。

(2)不要主动去和旅游者握手,但是如果旅游者伸手,应热情大方地与其相握。

(3)导游证、旅行社的徽章或者名牌应佩戴在服装左胸的正上方。

(4)尊重老人和女性,爱护儿童。进出房门、上下车,要让老人、妇女先行,对老弱病残幼等人要主动给予必要的协助与照料。

(5)带团过程中,与客人在一起的时候,不得抽烟,不吃有异味的食品。

(6)导游讲解时,表情要自然大方,语气语调自然亲切,声音要大小适中,使用话筒音量、距离要适当。

(7)导游时可适当作些手势,但宜少不宜多。动作不要过大,不要手舞足蹈、指手画脚。要考虑不同文化背景来使用手势,不要使用一些不恰当的手势,如说一句在胸前划一道,这在西方是指责他人的手势。在清点车上的游客数量时,切忌用手指指点点。

(8)旅游者提问时,要耐心听取,并及时作解答。如果自己正在说话或导游时,可亲切示意对方稍等,待自己说话告一段落时再解答旅游者的提问,不可视而不见、充耳不闻。

(9)与旅游者交谈时,一般不涉及疾病、死亡等不愉快的话题,不谈荒诞离奇、耸人听闻的事情,不热衷于黄色笑话。对客人不愿回答的问题,不要追问。遇到客人反感或回避的话题,应表示歉意,并立即转换话题。与外宾交谈,一般不议论对方国家的内政。不批评、议论团内任何人,不随便议论宗教问题。与女宾交谈要谨慎,不要乱开玩笑。对宾客不要询问对方收入、婚姻状况、年龄、家庭、个人履历等私人问题。

(10)导游过程中要平均分配自己的注意力,尽量照顾全体成员,不可冷落任何一位客人,要照顾、配合全体成员行走步伐的快慢。

(三)进出客人房间的礼节

(1)有事到客人房间,要预先约定,并准时到达。进门前要先敲门,经允许后方可进入。

(2)尊重客人的作息习惯,尽量避免在休息时间或深夜打搅对方。因急事需要见面而又未经约定前去打搅时,应先表示歉意,说明打搅的原因,并及早离开。

（3）除特殊情况外,一般不要站在房间门口与客人谈日程或谈论问题。事先没有约定的谈话,时间一定要短。

（4）不要随意去客人的房间,特别尽量不要单独去异性客人的房间,如果情况需要,进房后门要半掩着。

（5）在室内,未经主人同意,即使是较熟悉的朋友,也不要随意触动、翻看客人的物品、书籍等。

（6）有事到客人的房间,在客人没有示意请坐时,一般不要自己先坐下,更不要坐在客人的床上。尽量不要使用客人房间的卫生间。

三、旅游汽车司机服务礼仪

司机服务是旅游服务中重要的一环,其任务是安全、准时、舒适地把客人送到目的地。旅游司机在服务中必须与导游密切配合,与客人接触时注重礼貌礼节,才能赢得客人对旅行社整个接待工作的赞赏和满意。

（1）注意仪表仪容,精神饱满,服饰整洁,保持良好的个人卫生。不吃有异味的食品,保持汽车的清洁,也是对客人的礼貌。在接团之前,一定要将车辆冲洗干净,车内地板无脏物和脚印,座套干净,车窗玻璃无尘土,吸烟盒要清空、干净。要通风换气,保持车内清新的空气,给人以舒适感。

（2）出团时迎接宾客,要面带微笑,站在车门一侧,主动打开车门,引客上车。协助导游员照顾老弱病残幼者,主动帮助提拿行李。宾客上车后注意协助导游清点乘客人数、检查车门是否关牢,使用冷暖风季节,提前打开车上空调。

（3）注意使用礼貌用语。在引客上车时,站立端正,逐位问候来宾客:"您好!"或:"早晨好!""下午好!""晚上好!"初次见面时,在导游员致欢迎词后,应主动自我介绍:"我是××公司司机,叫×××,很高兴为大家服务。"载客到达预定地点后,提醒客人带好自己的东西。站在车门一侧向宾客表示谢意,并说:"谢谢,希望有幸再为您服务,再见!"对客人遗忘的物品应妥善保管并及时设法交还客人。

（4）文明驾驶,行车中驾驶姿势要端正,不准将胳膊跨在车门上或斜坐驾驶。做到:起步不闯、转向不晃、刹车不点头,保持车辆平稳舒适。如遇复杂路面应提醒宾客:"请扶好,坐好!"远途行驶时,每行80公里左右应选择适当地点停歇,请宾客稍事活动。在路途上中发生紧急情况或意外事故时,要有礼貌地向客人说明情况,并表示歉意,求得客人的谅解与合作。

（5）服务周到,对宾客所游览景点要做到"四知",即"知地理位置、知游览线路、知停车地点、知游览时间"。主动为宾客指引饮食、购物地点。返回时,需核实人数,避免宾客丢失,使宾客有亲切感。

（6）熟悉宾客的基本礼俗禁忌,尊重他们的习惯,不得讽刺、讥笑、品头品足。不得当着宾客有不文明的举止。

(7)宾客游览时,应耐心候车,停车位置如无特殊情况不应轻易调动。不翻阅宾客放在车内的文件、书刊杂志和其他物品,有事需要离开车辆时,应锁好车门、车窗。

本章小结

行业礼仪是旅游行业优质服务的基本保证,礼貌服务贯穿于旅游服务的各个部门、各个环节,贯穿于旅游接待服务工作的全过程。本章重点介绍了旅游行业主要岗位服务接待人员的礼宾礼仪规范,要求学生基本掌握并能加以运用。通过学习,使学生进一步领会旅游行业是"礼貌行业"的涵义,懂得对旅游行业来讲,礼仪不仅是工作对象的要求,也是树立行业形象,推动事业走向兴旺发达的重要条件。

思考与练习

1.前厅部应接人员的服务礼仪主要有哪些?
2.前厅部接待问询人员在接待来宾时应注意哪些礼貌礼节?
3.客房服务员在进入客房工作时应特别注意哪些细节?
4.简述餐厅服务礼仪规范。
5.电话总机礼貌服务的要点是什么?
6.导游人员带团时应特别注意哪些礼貌礼节?
7.旅游车司机出团时如何有礼貌地为客人服务?

模拟实训

·**技能要求**·熟悉各类旅游企业的职业要求,掌握典型岗位礼仪服务技能要求。

1.在老师的具体指导下,全班分成若干小组,结合饭店前台各工作岗位的实际,进行礼貌服务接待的模拟训练:

①模拟饭店应接人员有礼貌地迎宾、问候、引宾和送客。

②模拟饭店前厅接待人员有礼貌地接待宾客入住、问询、结账、预订、兑换外币、提供商务服务,以及对待投诉。

③模拟饭店行李服务员有礼貌地为宾客服务。

④模拟饭店客房服务员有礼貌地为宾客服务。

⑤模拟饭店餐厅服务员有礼貌地迎宾、问候、引位、接受点菜、侍候、结账和送客。

⑥模拟饭店电话总机话务员有礼貌地为店内各部门和宾客沟通信息服务。

2.在老师的具体指导下,学生分组模拟旅行社礼貌服务:

①模拟旅行社咨客人员有礼貌地迎宾、问候、咨客服务和送客。

②模拟导游员有礼貌地接待游客,如机场(车站)接团、照顾客人上下车、清点人数、致欢迎词(欢送词),如何使用麦克风,如何进入客人房间,如何送别等。

阅读材料

阅读材料 7-1

背后的鞠躬

日本人讲礼貌,行鞠躬礼是司空见惯的,可是我国某留学生在日本学习期间看到的一次日本人鞠躬礼却在脑海中留下了深深的印象。

一天,这位留学生来到了日航大阪饭店的前厅。那时,正是日本国内旅游旺季,大厅里宾客进进出出,络绎不绝。一位手提皮箱的客人走进大厅,行李员立即微笑地迎上前去,鞠躬问候,并跟在客人身后问客人是否要帮助提皮箱。这位客人也许有急事吧,嘴里说了声:"不用,谢谢。"头也没回径直朝电梯走去,那位行李员朝着那匆匆离去的背影深深地鞠了一躬,嘴里还不断地说:"欢迎,欢迎!"这位留学生看到这情景困惑不解,便问身旁的日本经理:"当面给客人鞠躬是为了礼貌服务,可那位行李员朝客人的后背深鞠躬又是为什么呢?""既为了这位客人,也为了其他客人。"经理说,"如果此时那位客人突然回头,他会对我们的热情欢迎留下印象。同时,这也是给大堂里的其他客人看的,他们会想,当我转过身去,饭店的员工肯定对我一样礼貌。"

[评析]

这个例子可以使我们对日本人的鞠躬礼的作用有了进一步的了解,当面鞠躬热情问候为了礼貌服务;背后鞠躬虔诚备至为了树立良好的形象。这说明,在这些日本饭店,服务人员有着明确的公关意识。鞠躬也是公关,这对树立饭店良好形象,赢得宾客对饭店的好感,进而争取更多的客源能起到良好的作用。在日本饭店,极少收到客人投诉,这并不是饭店的一切都天衣无缝,无懈可击,而是由饭店细致周到的礼貌服务使客人的享受需求和自尊心理得到最大限度的满足,那么即使有一点小小的瑕疵,也不会大动肝火了。客人消费心理告诉我们,进酒店的客人通常把尊重看得比金钱更重要,这就要求我们认真讲究礼节礼貌,使客人感到他在酒店里是受到尊重的。

资料来源:张永宁编. 饭店服务教学案例. 北京:中国旅游出版社,1999

阅读材料7-2

用语言艺术巧妙弥补差错

上海某五星级宾馆,服务员王小姐为外宾提供擦鞋服务。外宾的这双皮鞋为高档皮鞋,擦拭时不需用鞋油,只需用潮软布轻擦即可。王小姐由于对高档皮鞋的性能不熟悉,不懂擦法,就按常规用鞋刷、鞋油去擦,结果将皮鞋擦坏了。客房部李主管得知此事后,就让王小姐在托盘上铺上红绸子,将客人的鞋摆在上面,王小姐双手捧着托盘,随李主管来到客人房间。李主管代表王小姐向客人道歉:"对不起,先生,您的皮鞋太高级了,我们服务员没有见过这么好的皮鞋,不会擦,结果给您擦坏了。我们愿意赔偿您的损失,真是对不起,耽误您穿用了,请原谅!"李主管一再道歉,同时不住地恭维对方。客人见服务员态度这么好,再看看他那双皮鞋,端正地摆在垫红绸的托盘上,服务员还用双手捧着,而且即使赔偿也是鞋价的少部分,就非常大度地原谅了服务员,没有再让服务员赔偿损失。

[评析]

第一,擦鞋服务是高星级饭店服务中很重要的一部分。它操作程序看起来简单,但有时技术难度还很大。要求服务员对各种皮鞋及鞋油的性能非常熟悉,根据客人皮鞋的特性选择适宜的鞋油和不同的擦法,特别是外宾的高档皮鞋更应注意鞋油与擦拭方法的选择。如果服务员没有把握,就应向客人道歉,说明理由,不要接受这个工作。

第二,接受客人擦鞋服务时,应使用鞋篮,特别要注意做好标记,防止出错。

第三,擦拭中,如因不慎或不了解皮鞋质地特点擦坏了客人的皮鞋,应赔偿客人的损失,原则上是擦鞋费的10倍。一旦出现差错,首先要向客人道歉。因为,一方面耽误了客人穿用,另一方面,赔偿金远远少于鞋的价钱,使客人受到经济损失。

第四,本案例中的服务员不懂外宾高档皮鞋的特性,就不该贸然擦鞋。遇到此情况,应虚心向客人请教,了解清楚后再行操作,这样就可防止以上情况的发生。

第五,本案例处理方法的优点是:(1)服务员出错,因事故较大,主管出面解决,显示了酒店对事故的重视和对客人的尊重。(2)主管与服务员严格按赔偿的规程办事。(3)主管注意研究客人心理,让服务员双手捧着垫红绸的托盘将鞋送到客人面前,对一双鞋采取了如此高的礼遇,满足了客人愿意被重视被尊重的心理,给足了客人面子,抬高了客人身份,以情动人,以理服人,终于使客人谅解了服务员,圆满地解决了这棘手的事情。

此例中主管与服务员,讲究服务艺术与语言技巧,巧妙圆满解决赔偿问题、平息事件、弥补差错的做法是应该肯定的。

资料来源:张永宁编. 饭店服务教学案例. 北京:中国旅游出版社,1999。

涉外礼俗

当今世界国际交往频繁,我们经常发现素以热情好客闻名于世的中国人的某些言行却被认为是粗鲁无礼的,而外国人的某些言行也让我们感到十分唐突。这是因为礼貌作为一种社会现象,有其深刻的历史文化背景。一个民族所认可的礼貌原则实际上就是该民族所承载的历史文化的反映。中西方在文化、礼俗、价值观等方面存在着诸多差异,了解其不同所在可以帮助我们在涉外交往时得体应对,真正做到"以礼相待"。

第一节　中西方文化差异简述

英国有句谚语:East is East, and West is West, and never the twain shall meet. 意思是,中国文化与西方文化之间,由于民族历史、社会制度、宗教信仰、生活方式以及地理环境的差别,所形成的文化差异是很大的。这些差异的影响在中西方社会中形成了不同的价值观和民族性格。

一、中西方社会价值体系之渊源

由血缘纽带维系着的宗法社会结构是中国社会的基石。根植于此的中国传统文化,在儒、道、墨、法、佛诸派的价值原则中形成了以儒家的价值原则为主导,不同的价值观念相拒而又交融的价值体系。具体表现为敬老、爱幼、男尊女卑、极其注重群体意识和等级观念,既强调人与人之间相互关心、相互帮助的亲密关系,又极其重视维护上下、尊卑、老幼之间不可逾越的等级关系。

基督教既是西方文化重要的组成部分,也是西方文化的基本背景。原罪观念在西方根深蒂固,因此西方人的道德指向是个人向自己负责,通过个人奋斗向上帝赎罪。基督教中有一重要教义,即上帝面前人人平等。西方宗教改革后产生了社会原子观念,个人就是一个原子,不依靠任何人而存在,信奉个人本位,注重的是个人独处的自由不受他人干扰。文艺复兴后西方自由平等的思想传统影响深远,强调个体和个人价值,提倡个人的自信和实事求是的态度,注重个人隐私和独立。人们的思想观念认同"平等取向",唾弃"上尊下卑"。以个人主义为中心,强调个人奋斗,在同自然界作斗争中树立自己的形象,个人利益、个人自由、个性解放都是神圣不可侵犯的。

二、中西方文化差异对礼仪的影响

中西方不同的价值观、文化差异,对其礼貌评判标准及其表现方式带来了广泛而深刻的影响。

(一)群体与个体

中华文化以整体作为其价值基础,具有鲜明的集体主义特征,注重群体关系的和谐、群体目标的统帅和群体利益的维护,群体观念源远流长。当代中国尽管国门大开,各种观念纷至沓来,但维护整体利益仍为主流价值取向。推崇一种高尚的无私奉献的价值观,主动关心他人是一种美德。

西方文化突出个体性和主观作用,以个体为中心,主客体界限分明。尊崇个人的人格、价值、尊严,倡导自我中心主义。强调人与人之间的平等、协同,强调人们在交往中必须使用的言语规范。布朗(Brown)和勒温森(Levinson)提出"避免强加于人"是英语民族礼貌现象的核心成分。

(二)含蓄与外向

中国人与人接触,如传统礼仪中的打恭、作揖、谦让,少有身体接触,过于亲昵被视为轻浮。中国人的表情达意是内向型的,办事说话讲求含蓄、委婉、稳健、矜持、庄重。中国人听别人发表意见时,通常喜欢静静地听,由细微的头部动作或面部表情来传达赞同还是反对,对情感展露经常采取克制、引导、自我调节的方式。

西方文化推崇直率,感情外露。西方人见面时的习俗礼仪一般是握手、拍肩、拥抱、亲吻等,性格特征上外向型凸现,人们为人处世偏向于情感流露。

(三)恭谦与自信

经过数千年传统文化的影响与熏陶,中国人视恭谦为美德,自炫其能则不足取。当人们的工作受到称赞时,中国人常说"我们的工作仍有许多需要改进的地方","本人能力不足,请大家多多指教",以表示恭谦,否则就有自高自大,目中无人之嫌。

在西方文化中恭谦并不值得称道。由于西方民族有生以来就接受尽全力竞争、敢为人先的教育,他们总是竭尽全力将自己从集体中凸显出来,处处表现出充分的自信。人们对赞赏和表扬一般只说谢谢。

(四)热情与隐私

中国人在人际交往中经常热情地嘘寒问暖,喜欢以询问对方的年龄、职业、收入、婚姻状况、子女情况等作为话题。

西方文化特别重视个人隐私权,主要包括个人状况(年龄、工作、收入、婚姻、子女等)、政治观念(支持或反对何种党派、宗教信仰等)、行为动向(去何处、跟谁交往、通信等)。凡涉及个人隐私者均不能直接过问。西方人一般不愿干涉别人的私生活,也不愿意被别人干涉。

(五)尊老与"女士优先"

在现代社会,东方文化也主张男女平等,但受几千年封建社会"男尊女卑"思想的影响,男士的社会地位仍较女士优越。在西方国家,尊重妇女是其传统风俗,女士优先是西方国家交际原则之一。无论在何种公共场合,男士都要照顾女士。现在随着东西方文化交流的加深,西方的女士优先原则在东方国家也开始受到倡导。

在处理长幼关系时,以中国为代表的东方国家对待长者特别尊敬、照顾,而在西方国家,如果你以"老"为理由给予一个老年人帮助或照顾会使他有受侮辱的感觉。

(六)等级观念与平等

东方文化等级观念强烈,传统的君臣、父子等级观念在中国人的头脑中至今仍较根深蒂固。父亲在儿子的眼中,教师在学生的眼中有着绝对的权威,家庭背景在人的成长中仍起着相当重要的作用。在西方国家,除了英国等少数国家有着世袭贵族极其森严的等级制度外,大多数西方国家都倡导平等观念,特别在美国,崇尚人人平等,很少人以自己显赫的家庭背景为荣,也很少人以自己贫寒出身为耻。在人际交往中也不注重等级,只要彼此尊重,父母与子女、上司和下级均可直呼其名。

第二节　中西方礼貌原则比较

一、西方的礼貌原则

英国语言学家杰弗里·里奇(Geoffeory Leech)提出了言语交际中的礼貌6原则,其核心内容为:尽量使自己吃亏,而使别人获利,以取得对方的好感,从而使交际顺利进行,并使自己从中获得更大的利益。

(1)得体原则,尽量少让别人吃亏,多使别人得益;

(2)慷慨原则,尽量少使自己得益,多让自己吃亏;

(3)赞誉原则,尽量少贬低别人,多赞誉别人;

(4)谦逊原则,尽量少赞誉自己,多贬低自己;

(5)一致原则,尽量减少双方的分歧,增加双方的一致性;

(6)同情原则,尽量减少自己与他人在感情上的对立,增进彼此的认同感。

二、中国的礼貌原则

近年来,我国有关礼貌原则的研究取得进展。北京大学顾曰国先生根据中国的历史文化背景和中国人日常交际的特点,提出了汉语言文化交流中4个方面的礼貌特征,即:尊重、谦逊、态度热情和文雅。并借鉴杰弗里·里奇(Geoffeory Leech)的礼貌6原则,总结出适合中国国情的礼貌原则,共包括5个方面:

(1)贬己尊人原则:指谓自己或与自己相关的事物时要"贬"、要"谦";指谓听者或与听者有关联的事物时要"抬"、要"尊"。

(2)称呼原则:即用适合的称呼与对方打招呼,同时要考虑到对方的年龄、身份、场合等诸多因素。

(3)文雅原则:即"选用雅言,禁用秽语,多用委婉,少用直言"。

(4)求同原则:即交际双方尽量满足对方的要求,力求和谐一致。

(5)德、言、行原则:指在行为动机上尽量减少他人付出的代价,尽量增大他人的益处;在言辞上尽量夸大别人给自己的好处,尽量说小自己付出的代价。

里奇和顾曰国所提出的礼貌原则分属于中西不同的文化范畴,尽管礼貌的表现内容与表现形式因交际双方的思维方式、审美观、价值观和人生观、世界观等不同存在很大差别,但作为制约言语行为的礼貌框架,仍具有相似之处。

(1)等级性:在交际过程中,礼貌原则的运用不是一成不变的,应根据实际情况选择不同的礼貌等级。如生人之间应选择较客气的言辞,而熟人之间过于客气则会显得不舒服。

(2)冲突性:正如里奇所指出的,在实际交流的过程中,各原则经常会发生冲突,即为强调某一原则而不得不削弱另一原则。

(3)得体性:根据语境要求,确定相应的表达礼貌的语言手段,要考虑到谈话的内容、对象和场合。

三、涉外交往的基本原则

在涉外交往中,我们要注意遵守以下原则:

(1)不卑不亢。要意识到自己代表自己的国家、民族、所在单位,言行应从容得体,堂堂正正。不应表现得畏惧自卑,低三下四,也不应表现得狂傲自大,目中无人。

(2)求同存异。各国礼仪习俗存在着差异,重要的是了解,而不是评判是非,鉴定优劣。

(3)入乡随俗。要真正做到尊重交往对象,首先就必须尊重对方所独有的风俗习惯。当自己身为东道主时,通常讲究"主随客便";而当自己充当客人时,则又讲究"客随主便"。

（4）信守约定。认真严格地遵守自己的所有承诺，说话务必算数，许诺一定兑现，约会必须要如约而至。在一切有关时间方面的正式约定之中，尤其需要恪守不怠。

（5）热情适度，内外有别。不仅待人要热情友好，更为重要的是要把握好待人热情友好的具体分寸。否则就会事与愿违，过犹不及，会使人厌烦或怀疑你别有用心。要分清内外，注意保密。

（6）谦虚适当。一方面反对一味地抬高自己，但也绝对没有必要妄自菲薄，自我贬低，自轻自贱，过度对人谦虚客套。

（7）尊重隐私。在对外交往中不要涉及收入支出，年龄，婚姻，健康，家庭住址，个人经历，信仰政见等。

第三节　中西方社交礼俗比较

一、个人形象

西方人对于不同场合的个人仪表较为注重，如女士化淡妆被认为是对人的一种尊重，即使是邀请别人前来就餐，主妇也会在准备好食物之后留下一定的时间沐浴更衣化淡妆迎接客人。而在中国似乎更推崇"清水出芙蓉"，除了在服务业中强调工作妆之外，在日常生活中女士对自身的妆容未有足够的重视。

在服饰方面，西方在不同场合形成了约定俗成的穿衣规则。服饰也分为便服和礼服，礼服又分为常礼服、晚礼服、大礼服等。虽然大多数国家在穿着方面日趋简化，如男士深色质料好的西装一般可作为各种正式场合的礼服，女士出席隆重的典礼活动时不穿长裤和超短裙即可，但日常场合和正式场合的穿着还是有所区别的。如观赏音乐会或参加正式宴会时应穿着正式礼服或晚礼服，星期日到教堂参加礼拜即使不是身着"礼拜天服"（Sunday dress），至少也应衣衫整齐，而一些非正式的聚会或户外聚会则应穿着休闲服饰参加。邀请人有时在邀请函上会注明所应穿着的服饰，如"dress：formal"。

我国没有礼服、便服之分。改革开放之前，男士礼服为上下同色同质的毛料中山装，配黑色皮鞋；便服则为各种样式的外衣与长西裤，配颜色相宜的皮鞋或布鞋。随着国际交往的增加，目前西服已经成为了比较通行的礼服。但在不同场合中西服的颜色及各种配饰的搭配方面仍需进一步规范，女士着装应分清职业装和晚礼服的区别。

二、待人接物

(一)介绍

西方人第一次见面时,习惯于主动自我介绍,而不问别人姓名。中国人一般是在已知对方是谁而只需介绍自己时才主动介绍自己。西方人因公办事时送上自己的名片即可证明自己的身份,他人的名片还可起到介绍信的作用。中国人因公办事则要持单位介绍信,证明自己的身份和访问目的。名片在中国现在也很流行,但仍不能代替盖有公章的介绍信。在交际场合,交换名片时,西方人用一只手接、递,并问候一句或说一句表示高兴相见的话;中国人在交际场合递名片时,出于礼貌则用双手并欠身说"请多指教";对方亦欠身双手接过名片,同时说"谢谢,不敢当"。随后,立刻将自己的名片递过去。

介绍礼节表现出的最大差异是介绍顺序的不同。在中国相当多的时候,人们在介绍沟通时,往往是:先介绍女性后介绍男性,先介绍职位高的后介绍职位低的,先介绍年长的后介绍年轻的,这似乎是对女性、领导和年长者的尊重。而在西方社会,介绍的顺序是:先介绍男性后介绍女性,先介绍职位低的后介绍职位高的,先介绍年轻的后介绍年长的。如果将一对夫妇介绍给别人,西方习惯先介绍丈夫,后介绍妻子;中国内地则先介绍与在场人有关的一方,然后介绍其配偶。在西方国家,介绍时男子除年纪过长者外都必须站起来,女主人也必须站起来,其他女士只在被介绍给男主人或比自己年长许多的老人时才起来。在中国,介绍人和被介绍双方都应站立起来,女子也不例外,坐着不动是失礼的。因病或年龄过大而无法站起者也要说明原因并表示歉意。

(二)敬语称谓

在汉文化中,自卑以尊人是礼貌的核心部分,"夫礼者,屈己以尊人"。指称自己或相关的人、事用谦语,如"敝姓"(回答自己的姓)、"犬子"(指称自己儿子),指称他人或相关的人、事则用敬语,如"贵姓"(询问他人的姓)、"令郎"(指称别人儿子)。而英语中无论指称自己或他人多采用较为平等对称的称谓方式,一般只用通常的名词,如 my name(我的名字),my son(我儿子),your name(你的名字),your son(你儿子)。

西方人对关系亲密者之间直呼其名,正式场合称 Mr./Mrs./Ms.。中国人不习惯只呼姓名,总是喜欢在姓氏前加"老"或"小",如老刘、老王等等,表示尊重,而小李、小张则表示爱护。西方人忌讳称别人"老",称别人"老"有年龄歧视之嫌。西方人一般不用正式头衔,只对法官、医生、高级军官、教授、高级神职人员称呼头衔。职务称谓也仅限于 President, Senator, Governor, Mayor 以及军衔称谓。而中国人喜欢用职务作为称呼,以示尊敬,如王处长、张科长等等。由此反映出西方人注重培养的是双方的亲近关系,中国人更注意长幼尊卑和亲疏远近。

(三)打招呼

西方人见面时通常用"Hello"、"Hi"、"Good morning"、"How are you"等词来打招呼,而中国人在见面时却习惯说"你上哪儿去","吃了吗"等。中西之间共同的最简单形式有点头、微笑、招手等。西方男子在路上与熟人相见或向女子表示感谢敬意时,常要脱帽或以手触一下帽子,如要握手,则仍以脱帽为礼貌,中国人则没有这一礼节动作。谁先打招呼,在中西之间也存在差异。中国文化要求少与长、下级与上级、学生与老师之间,应由前者主动打招呼,以示尊敬。西方却常常相反,即由长者、上级、老师采取主动,反之则易失礼,因为上级、老师可能正在思索问题,不喜欢别人打扰。

(四)握手

两人相见是否要握手,中国人一般要由上级或长者决定,在室内握手时女士也必须起立。西方人相见时握手与否一般要由女士采取主动,在室内握手时,除女主人以外,其他女士一般不起立。中国人握手时以身体微微前倾为礼,特别是与上级或贵宾握手时,要恭敬地微欠上身表示尊敬,西方人则很少这样。西方国家的礼节性握手是,两人双手相握然后马上松开,两人之间的距离随即拉开。中国人为了表示热情和尊敬对方,有时两人先握一下手然后相互靠近,两人的手仍不松开,有时右手紧握、左手抓住或拍打对方的肩或背,还往往喜欢双手相握。对此西方国家的人觉得窘迫不堪,他们认为体距过近会显得过于亲密。

(五)亲吻与拥抱

亲吻和拥抱是西方的常见礼节。亲吻和拥抱须遵从严格的规约:这类礼节一般只适用于问候和道别之时,其方式和要求也视性别和亲疏关系而异。在生人或一面之交的异性之间、在男性之间不能拥抱或亲吻;关系亲密(但不是夫妻或恋人关系)的男女之间可以拥抱,可以亲亲对方的面颊,甚至还可以迅速地轻轻接一下吻,但要谨慎地避免下半身接触;家庭成员之间拥抱和亲吻则更亲密一些,但紧紧搂抱和超越匆匆一吻的动作只限于父母与子女、夫妇或恋人之间。父子之间也只在道别或久别重逢时才匆匆地吻一下。一般情况下,则只限于握握手或以一臂或两臂搂抱一下肩部或腰部。在某人悲伤或心烦意乱时,家人、朋友或同事可以拥抱他(她)以表示安慰。中国同性好友久别重逢之时会热烈握手或拥抱,但在异性之间最多只能握手,一般不会拥抱或亲吻。

(六)访问

西方国家拜访别人一般要事先预约,中国因公办事一般也要事先约定,个人访问,尤其是朋友和同事之间则常常不经事先约定就登门拜访。西方国家发出邀请的时间一般比较早,如邀请人吃饭或参加联欢活动,至少要提前一周通知对方,而且要以主人夫妇双方的名义,甚至以女主人的名义发出邀请。答复邀请也较早。中国人邀请人和预约往往比较晚,答复邀请也比较晚。应邀吃饭,西方国家客人以准时或晚到几分钟为礼貌,提前到达则不仅失礼,也会给女主人以措手不及之感。中国人则以准时或提前几分钟到达为礼貌。在中国,人们喜欢吃热菜热饭,客人迟到会给主人增加很多麻烦。对告辞时间的把握,中国人一般也要早得多,除亲朋好友外,饭后坐一会儿就走是适宜的,呆到深更半夜则有点失礼。而英语国家的客人在饭后再坐1~2小时很正常,过早离开反倒失礼。

(七)送礼

西方国家的人一般只在圣诞节、生日、结婚、纪念日时送礼且偏重礼物的纪念意义,一般不宜赠送贵重的礼物,否则会被人认为有贿赂之嫌而遭拒绝。应邀赴宴通常可带鲜花、糖果或葡萄酒,如带葡萄酒应注意只带一瓶即可。赴宴时不能带水果,因为那通常是看望病人用的。而中国人到家中拜访通常会带些水果作礼物。中国人在接受礼物时,通常不当着客人的面打开,而西方人在收到礼物时,一般都要当着客人的面打开并当场表示感谢。

(八)女士优先原则

"女士优先"(lady first)是西方和国际社会交往场合广泛遵循的原则。在交际场合介绍女士时,西方国家传统的介绍顺序是很讲究的。尽管人们现在越来越不大在意介绍的顺序,但在正式交往场合或有身份的人之间却仍然不能完全忽视和尊重女士的要求。只有英国的王子例外,介绍时要把女士引见给他。男士、女士第一次相识时,是否握手要由女士决定,并由女士采取主动。在室内介绍客人相识时,男子除年纪过大者以外都必须起立,女主人也要起立,其他女士则不必起立。而在中国首先是需要照顾者优先,即老、弱、病、残、孕、幼优先;其次,受尊敬者优先,如上级、长辈、贵宾等人优先。然而,在对外交往中我们应遵从国际惯例,注意女士优先。

(九)颜色

某些颜色在中西方有着不同的寓意。在中国传统观念中,白色是肃穆、哀悼的象征,所以丧葬时用白色,死人称为"白事"。而西方在丧葬中通常用黑色,因为西方人认为黑色是肃穆和庄重的象征,白色则被认为是幸福、纯洁的标志,常被选作礼服的颜色。在中国,蓝色给人一种宁静、安全、清凉的感觉,人们喜欢蓝色的大海和湛蓝的天空。但在英语中,蓝色有阴郁、悲哀、空虚和阴冷的意思,经常被用于反义。红色在中国传统文化中一直是喜庆、吉祥的象征,但在英美文化中大部分却具有贬义,除象征着血腥、暴力、愤怒、危险和紧张之外,有时还象征着放荡与淫秽。

(十)数字

西方人忌讳"13",因耶稣及其弟子共进晚餐时,第13个人犹大为了30块银币将其出卖,耶稣于13日星期五被钉死在十字架上。因此,西方人在13日(特别又逢星期五)一般不举行活动,甚至门牌号、旅馆房号、宴会桌号等也不用"13"这个数字。有些西方人还忌讳"3"。据说起因是在战争年代,战壕里的第一个点烟者引起了敌人注意,第二个点烟者会被对方瞄准,第三个就要挨子弹了。因此在点烟时,到第三个人时往往应熄灭火机重新打燃再点。相对来说,西方人比较喜欢7,有"lucky 7"之说。而中国人不喜欢带"4"等音的数字,因为"4"谐音"死"。带"6、8、9"音的数字却大受喜爱,因为"6"有"六六大顺"之意,"8"谐音"发","9"有天长地久之意。

(十一)动植物

在涉外交往中还应了解不同的动植物在不同文化中的寓意。中国人忌讳猫头鹰,而在英语猫头鹰是一种代表智慧的鸟。英语中有"as wise as an owl"。孔雀在中国被视为一种美丽的鸟类,人们常常用孔雀比喻美丽的人或事物。而在英语中,孔雀则被贬成淫鸟和祸鸟,英语里有"as proud as a peacock"。中西不同的价值标准还体现在对狗的褒贬上。"狗"在西方人的价值观念中是一种最为人宠爱的动物,是"忠实"的象征。英语中带"狗"的词语多含褒义,其中有"Love me, Love my dog"(爱屋及乌)的真情流露,也有"You are a lucky dog"(你真幸运)的由衷赞叹。而汉语中与狗有关的习语大都含有贬义,"狗仗人势"、"狗胆包天"等莫不如此。汉语里的"走狗"是用来形容、斥骂敌人和坏人的,而与此貌似对应的"running dog"在英美人眼里是一条好家犬。龙作为中华民族的图腾在西方却是带有迷信等消极意义的东西,因此一般将"四小龙"译为"四小虎"更易为西方人接受。

在国际场合中,忌用菊花、杜鹃花、石竹花和黄色的花献给客人,这已成为惯例。在英国,人们忌送百合花。另外,送花需送单,忌送双。西方人对于树木特别是年代久远的树木,是非常小心维护的。传说树上住着小精灵,需要救助而周围没人时西方人有敲树木的做法。英语中敲木头的意思是寻求帮助。有些西方人不会随便用手折断随风飘拂的柳条,他们认为这样做将要承受失恋的痛苦。

三、举止风度

(一)交谈中的反应

中国人在听别人谈话时常常表现为默默地听着,西方国家的人对此感到疑惑,以为听者要么没有好好听,要么是厌倦或生气了,所以常常很不高兴地一再重复。西方国家的人在倾听时很注意不断做出有声反应,如美国人常用这些说法反馈:"Oh, sure","Yeah"" Well…","Uh huh","Uh…","Oh, I see","Hmm","All right","Okay","I understand",等等。在演讲时西方人一般会留下足够的时间给大家提问,他们认为提问题是很好的交流方式,也意味着与会者在认真听讲。中国人却认为提问题是对演讲者的内容不满的表现,问题过多是一种不谦逊、爱挑剔的表现。

在交谈中西方人也特别注意说话音量的控制,善于根据彼此之间的距离和具体环境来调节自己的音量,特别在餐厅进餐时以不干扰别桌为宜。中国人的交际音量高于西方人,在公共场合常常大声说笑而不觉得不妥,西方人则认为这是不替别人着想的表现。

(二)赞美

中国人赞扬人时最常用的手势是挑起大拇指,英语国家最常用的手势则是 OK 手势。英语国家挑起大拇指一般也有"好"的意思,甚至还可双挑大拇指表示赞赏。但是,拇指向上的动作在英语国家含义比较复杂,还可表示感谢、勇敢、祝愿、鼓励、自负、高人一头等含义,有时也用于表示淫猥之意。受到赞扬时,西方国家的人高兴地报以微笑,接受赞扬并大声说"谢谢"。中国人却表示出不好意思和受之有愧之感,并予以推辞。

(三)要求批评

西方国家的人提出要求,都是面对面进行,不希望别人介入。中国人如要提出一个没有把握的要求,有时喜欢通过熟悉或了解双方的第三者去从中斡旋。如果拒绝某人要求,也愿意通过第三者去转告。批评某人或对某人有意见,有人也喜欢通过第三者去进行或转达。西方国家的人对这种作法很反感。认为:两人之间的事让第三者介入是一种对个人私事的侵犯;对人有要求却不当面提是自己缺乏信心和对对方不信任。因此,拒绝别人的要求和批评某人时通过第三者不仅不礼貌,甚至是对别人的侮辱。

(四)习惯性动作

在叫人过来时,西方国家有两个常用的动作:一是食指朝上向里勾。在中国这个动作却似乎给人不正派的感觉。西方人一般是用手掌向上或向左朝自己方向招动的方式招呼成年人过来,对幼儿和动物则手掌朝下向自己方向招动;中国人正好相反,即手心向下是招呼成年人,手心向上是招呼幼儿和动物。

耸肩,是西方国家十分常见的体态语言。在做这一动作时,皱动前额,抬眉耸肩,双肘弯曲,双掌向上摊开,甚至还微曲双腿,表示"有什么办法呢"、"我无能为力"、"我不知道"等。在中国没有这一动作习惯,在表示上述含义时我们只是摇头或摆手。

(五)隐私及忌讳语

中国人对"隐私"这个词的含义理解较为狭窄,一般认为是"不愿告人的或不愿公开的个人的事"。西方国家则认为"privacy""几乎包括一切涉及到个人和家庭的私事"。西方的忌讳语言范围很广,年龄、婚姻、职业、工资、宗教信仰之类话题都是不宜涉及的。而在中国人看来谈及这类问题是密切人际关系、联络感情的表现。

四、礼宾仪式

西方国家宴席座位排法很多,座位固定,座位不固定,可自由入席;主宾座位固定,其他人随便坐,但男女一般交叉入座。中国宴请形式固定,主人和主宾的座位也比较固定。各国外事宴请座次安排多遵从国际习惯,排桌次以离主桌位置远近而确定地位高低,在同一桌上还要按各人职务高低排列,以便谈话。如果夫人一起出席,西方国家的礼节是以女主人为主,让主宾坐在女主人的右上方,其夫人应坐在男主人的右上方。中国的礼节则是主宾坐在男主人的右上方,其夫人坐在女主人的右上方。

家庭宴请座位安排,西方国家与中国的主要区别:一是西方国家餐桌座位以右为上、左为下,中国餐桌座位则以面向南或面向门为上、以面北或背门为下;二是西方国家一对夫妇参加家庭宴请时,男主人陪女主宾,女主人陪男主宾,中国则是把同一性别的人排在一起。中国人认为最尊贵的座位是最显著的位置,西方国家则认为是离主人最近的座位。

第四节　主要客源国(地区)礼俗

一、日本礼俗

日本已逐渐成为我国旅游业最大的客源国。

(1)日本人总的特点是勤劳、守信、遵守时间、工作和生活节奏快,他们重礼貌,妇女对男子特别尊重,集体荣誉感强。日本人大多信奉神道教和佛教。佛教是从中国传过去的。少数日本人信奉基督教或天主教。

(2)在待人接物以及日常生活中,日本人比较谦恭有礼。说话常用自谦语,特别是妇女,在与人交谈时总是语气柔和、面带微笑、躬身相待。日本人善用礼貌用语,为此,在语言上还分敬体与简体两种。由于日本人等级观念很重,上、下级之间,长辈、晚辈之间界限分得很清。因此,凡对长者、上司、客人都用敬语讲话,以示尊敬;而对平辈、平级、小辈、下级一般用简语。敬、简两种语体是不混合使用的。日本人最常用的敬语有"拜托您了"、"请多多关照"、"打扰您了"等。忌问"您吃饭了没有"一类话。

(3)现在日本人外出大多穿西服。和服是日本传统的民族服装,在隆重的社交场合或节庆时他们会穿和服出席。日本人重视仪表,视衣着不整齐为不礼貌的行为。

(4)日本人与人见面善行鞠躬礼,初次见面向对方鞠躬90度,而不一定握手;只有见到朋友才握手,但时间不太长也不过分用力。日本人在室外一般不做长时间谈话,只限于互致问候。

(5)日本人不给他人敬烟,当着别人而自己若想吸烟时,通常是在征得对方同意后才行事。以酒待客时,他们以让客人自己斟酒的方法,即斟酒者右手持壶、左手托底、壶嘴不能碰到杯口,客人则以右手持杯、左手托杯底接受斟酒为礼。通常,接受第一杯酒而不接受第二杯不为失礼。客人若善饮,杯杯都喝光,主人会高兴并鼓励多喝,但主人和其他客人并不陪饮。一人不喝时,不可把酒杯向下扣放,应等大家喝完才能一齐扣放,否则会被视为不礼貌。日本人的茶道已不是一种日常生活意义上的饮茶,而形成一种礼仪规范,它以"和敬清寂"为精神,作为最高礼遇来款待远道而来的尊贵宾客。

(6)在日本,初次见面时互递名片已是一种日常礼节,因此很讲究交换的方法和程序。通常应先由主人或身份较低者、年轻人向客人或身份高者、年长者递送上自己的名片;递送时要用双手托着名片,把名字朝向对方以便方便阅读。还有一种方式是:用右手递送上自己的名片(名字也要朝向对方),用左手去接对方的名片。如果自己在接到对方的名片后再去寻找自己的名片,则会认为是失礼的。因此,在接待日本客人时,千万要注意将自己的名片准备好,以便适时与对方交换,以示礼貌。

(7)日本人忌讳绿色,认为绿色不祥;忌荷花图案;忌"9"、"4"等数字,因"9"在日语中发音和"苦"相同,而"4"的发音和"死"相同。所以日本人住饭店或进餐厅,我们不要安排他们住4号楼、第4层或4号餐桌。日本商人忌2月和8月,因为这两个月是营业淡季。日本人忌三人合影,因为三人合影,中间人被夹着,这是不幸的预兆。他们还忌金眼睛的猫,认为看到这种猫的人要倒霉。日本人喜爱仙鹤和龟,因为这是长寿的象征。日本妇女忌问其私事。在日本"先生"一词只限用于称呼教师、医生、年长者、上级或有特殊贡献的人,对一般人称"先生"会使他们处于尴尬境地。

日本人饮食上忌讳8种用筷子的方法,叫做"忌八筷",即忌舔筷、迷筷、移筷、扫筷、掏筷、跨筷和剔筷。同时,忌用同一双筷子给宴席上所有人夹取食物。

二、韩国礼俗

韩国是我国的近邻,与我国山东半岛隔海相望。自1992年中韩两国正式建交以来,韩国来华旅游和贸易人数猛增,并发展成为我国旅游业在亚洲的主要客源国之一。

(1)韩国人以勤劳勇敢著称于世,性格刚强,有强烈的民族自尊心,同时又能歌善舞,热情好客。韩国人以信奉佛教为主,佛教徒约占全国人口的1/3。

(2)在日常交际场合,晚辈对长辈、下级对上级规矩严格,须表示特别的尊重。若与长辈握手时,还要以左手轻置于其右手之上,躬身相握,以示恭敬。与长辈同座,要保持姿势端正、挺胸,绝不敢懒散;若想抽烟,须征得在场的长辈的同意;用餐时,不可先于长者动筷等。男子见面,可打招呼相互行鞠躬礼并握手,但女性与人见面通常只行鞠躬礼。

（3）韩国人一般不轻易流露自己的感情，公共场所不大声说笑，颇为稳重有礼。尤其妇女在笑时还用手帕捂住嘴，防止出声失礼。在韩国，妇女十分尊重男子，双方见面时，总是女性先向男子行鞠躬礼致意问候。男女同坐时，一般男子位于上座，女子居于下座。当众多人相聚时，往往也是根据身份高低和年龄大小依次排定座位，地位高、年长的优先。

（4）韩国人忌讳"4"这个数字，认为不吉利，因其音与"死"相同。因此在韩国没有4号楼，不设第4层，餐厅不排第4桌等。这在接待韩国人时需注意回避，以免他们误解与生气。

三、中国台、港、澳地区礼俗

台湾、香港、澳门同胞主要信仰佛教，此外还有不少人信仰基督教或天主教等。台、港、澳地区通行的礼节为握手礼。台、港、澳同胞在接受饭店服务员斟酒、倒茶时行"叩指礼"，即弯曲手指，以指尖轻轻叩打桌面以示对人的谢意。台、港、澳同胞一般比较勤勉、守时。与他们交往时要注意做到不能使他们觉得丢面子；与他们谈话入正题前要说些客套话，多表示些祖国大陆人民对他们的热情友好和真诚欢迎。

台、港、澳同胞，尤其是上了年纪的老一辈人迷信的不少，他们忌讳说不吉利的话，喜欢讨口彩。如香港人特别忌"4"字，因其谐音"死"。若遇讲"4"，可改说成两双，他们听了乐意接受。又如住饭店不愿进"324"房间，因其在广东话里的发音与"生意死"谐音，不吉利。过年时喜欢别人说"恭喜发财"之类的恭维话，不说"新年快乐"，"快乐"音近"快落"不吉利。由于长期受西方的影响，外国人的一些禁忌他们也同样忌讳，如忌"13"、"星期五"，等等。

四、美国礼俗

美国是一个多民族的移民国家，历史不长，但经过200余年各民族相融、兼收并蓄，在习俗和礼节方面，形成了以欧洲移民传统为主的特色。

（1）美国人给人总的印象是：性格开朗，乐观大方，不拘小节，讲究实际，反对保守，直言不讳。在美国，大约有30%的人信仰基督教，20%左右信仰天主教，其他人则信仰东正教、犹太教或佛教等多种宗教。

（2）美国人一般都性格开朗，乐于与人交际，而且不拘泥正统礼节，没有过多的客套。与人相见不一定以握手为礼，而是笑笑，说声Hi（你好）就算有礼了；分手时他们也是习惯地挥挥手，说声"明天见"、"再见"。如果别人向他们行礼，他们也会用相应的礼节作答，如握手、点头、行注目礼、行吻手礼等。行接吻礼只限于对特别亲近的人，而且只吻面颊。对美国妇女，不要存男女有别的观念，要充分尊重她们的自尊心。见面时，如果她们不先伸手，不能抢着要求握手；如她们已伸手，则要立即作出相应的反应,但不能握得又重又紧,长时间不松手。

（3）接待美国人时要注意他们有晚睡晚起的习惯。他们在与人交往中能遵守时间,很少迟到。他们通常不主动送名片给别人,只是需保持联系时才送。当着美国人的面如想吸烟,需先问对方是否介意,不能随心所欲、旁若无人。

（4）美国人平时不太讲究衣着,爱穿什么就穿什么,具有个性,只有在正式的社交场合才讲究服饰打扮。年轻一代的美国人更是随便些,旅游时为了轻便,往往穿着T恤衫、牛仔裤、休闲鞋,背个包就出门了。美国妇女日常有化妆的习惯,但不浓妆艳抹,在她们眼里自己化淡妆是种需要,也是表示尊重别人。在美国崇尚"女士第一",在社会生活中"女士优先"是文明礼貌的体现。

（5）美国人讲话中礼貌用语很多,"对不起"、"请原谅"、"谢谢"、"请"等等脱口而出,显得很有教养。他们在同别人交谈中喜欢夹带手势,有声有色。但他们不喜欢别人不礼貌地打断他们讲话。另外,如同其他外国人一样,美国人很重视隐私权,忌讳被人问及个人私事;交谈时与别人总保持一定的距离,所以与美国人谈话不能靠得太近,也不能太远,不然会被认为失礼。在服务中,用一根火柴或打火机为美国人点烟时,切记不能连续点三个人,这样会引起他们的反感,正确的方法是一根火柴点一根烟,分别服务。

（6）美国人忌"13"、"星期五"等,他们还忌蝙蝠作图案的商品和包装,认为这种动物吸人血,是凶神的象征。美国忌讳与穿着睡衣的人见面,这是严重失礼的,因为他们认为穿睡衣就等于不穿衣服。美国人不提倡人际间交往送厚礼,否则要被涉嫌认为别有所图。

尼克松总统首次访华时对中国青年们说:"……我们是西方文明的产物,中国是东方文明的产物。这些十分不同的背景,给予我们十分不同的观点。我们发展了不同的行为方式、词句、思想、观点,甚至像手势这样简单的东西,在我们两种文化中都有迥然不同的含义。甚至在试图幽默的时候,我们也必须小心,因为幽默可能难以从一种文化传译到另一种文化中去。"

五、英国礼俗

对我国旅游业来说,英国是主要客源国之一。

（1）英国人重视礼节和自我修养,所以也注重别人对自己是否有礼,重视行礼时的礼节程序。他们很少在公共场合表露自己的感情。绝大部分人信奉基督教,只有北爱尔兰地区的一部分居民信奉天主教。

（2）英国人,特别是年长的英国人,喜欢别人称他们的世袭头衔或荣誉头衔,至少要用先生、夫人、阁下等称呼。见面时对初次相识的人行握手礼,在大庭广众之下,他们一般不行拥抱礼,男女在公共场合不手拉手走路。他们安排时间讲究准确,而且照章办事。若请英国人吃饭,必须提前通知,不可临时匆匆邀请。英国人若请你到家赴宴,你可以晚去一会,但不可早到。若早到,有可能主人还没有准备好,导致失礼。

(3)英国人特别欣赏自己的绅士风度,并引以为骄傲。他们不喜欢别人问及有关个人生活的问题,如职业、收入、婚姻等。就是上厕所,也不直接说,而代之以"我想洗手"等,提醒别人时也说:"你想洗手吗?"

(4)英国人较注意服饰打扮,什么场合穿什么衣服都有讲究。下班后,英国人不谈公事,特别讨厌就餐时谈公事,也不喜欢邀请有公事交往的人来自己家中吃饭。在宴会上若英国人当主人,他可能先为女子敬酒,敬酒之后客人才能吸烟、喝酒。当着英国人的面要吸烟时,要先礼让一下。

(5)"女士第一"在英国比世界其他国家都明显,我们接待英国妇女时必须充分尊重她们。对英国人用表示胜利的手势"V"时,一定要注意手心对着对方,否则会招致不满。和英国人闲谈最好谈天气等,不要谈论政治、宗教和有关皇室的小道消息。安排英国客人的住房时,要注意他们喜欢住大房间并愿独住的特点。

(6)英国人对数字除忌"13"外,还忌"3",特别忌用打火机或火柴为他们点第三支烟。一根火柴点燃第二支烟后应及时熄灭,再用第二根火柴点第三个人的烟才不算失礼。与英国人谈话,若坐着谈应避免两腿张得过宽,更不能跷二郎腿;若站着谈不可把手插入衣袋。忌当着英国人的面耳语,不能拍打肩背。英国人忌用人像作商品装潢,忌用大象图案,因为他们认为大象是蠢笨的象征。英国人讨厌孔雀,认为它是祸鸟,把孔雀开屏视为自我炫耀和吹嘘。他们忌送百合花,认为百合花意味着死亡。

六、法国礼俗

法国是旅游资源非常丰富的国家,同时也是我国旅游业的主要客源国之一。

(1)法国人乐于助人,谈问题不拐弯拐角,但不急于作出结论,作出结论后都明确告知对方。约会准时,不准时被认为是不礼貌。大多数法国人信奉天主教,少数信奉基督教和伊斯兰教。

(2)在公共场所,不能随便指手画脚、掏鼻孔、剔牙、掏耳朵;男子不能提裤子,女子不能隔着裙子提袜子;女子坐时不能跷二郎腿,双膝要靠拢。男女一起看节目,女子坐中间,男子则坐在两边。不赠送或接受明显广告标记的礼品,而喜欢有文化价值和艺术水平的礼品。不喜欢听蹩脚的法语。

(3)法国人待人彬彬有礼,礼貌语言不离口。稍有不当,如偶尔碰了别人一下,就认为自己失礼而马上说:"对不起。"在公共场所,他们从不大声喧哗。

(4)法国人行接吻礼时,规矩很严格:朋友、亲戚、同事之间只能贴脸或颊,长辈对小辈是亲额头,只有夫妇或情侣才真正接吻。

(5)法国人忌黄色的花,认为黄色花象征不忠诚;忌黑桃图案,视之为不吉利;认为仙鹤是蠢汉和淫妇的象征;忌墨绿色,因为纳粹军服是墨绿色;忌送香水给关系一般的女性,在法国认为送香水给女性意味着求爱。

七、德国礼俗

德国人民生活水平颇高、有薪假期长,公民出国旅游十分普遍。该国的旅游业也很发达,有不少吸引游客的文物古迹和游乐设施。

(1)在德国,大约一半人信奉基督教,另有约46%的人信奉天主教。

(2)德国人好清洁,纪律性强,在礼节上讲究形式,约会准时。在宴会上,一般男子要坐在妇女和职位高的人的左侧。女士离开和返回饭桌时,男子要站起来以示礼貌。请德国人进餐,事前必须安排好。他们不喜欢别人直呼其名,而要称头衔。接电话要首先告诉对方你的姓名。与他们交谈,可谈有关德国的事及个人业余爱好和体育,如足球之类的运动,但不要谈篮球、垒球和美国式的橄榄球运动。

(3)除宗教禁忌外,德国人对着色禁忌较多,茶色、黑色、红色、深蓝色他们都忌讳;他们还忌吃核桃,忌送玫瑰花。

八、俄罗斯礼俗

俄罗斯是一个大国,有着悠久的历史和丰富的传统文化。近年来,随着两国睦邻友好关系的发展,边境贸易剧增,引来了大量的旅游客源。

(1)俄罗斯人主要信仰东正教,是为该国之国教。

(2)俄罗斯人性格豪放、开朗、喜欢谈笑,组织纪律性强,习惯统一行动。这个民族认为给客人吃面包和盐是他们最殷勤的表示。他们与人相见,开口先问好,再握手致意。朋友间行拥抱礼并亲面颊。与人相约,讲究准时。他们尊重女士,在社交场合,男性还帮女性拉门、脱大衣,餐桌上为女性分菜等。称呼俄罗斯人要称其名和父名,不能只称其姓。他们爱清洁,不随便在公共场所扔东西。俄罗斯人重视文化教育,喜欢艺术品和艺术欣赏。当代年轻的俄罗斯人中也有不少开始崇拜西方文化,酷爱摇滚乐、牛仔裤等舶来品。俄罗斯人普遍习惯洗蒸汽浴,洗法也很特别,洗时要先用桦树枝拍打身子,然后再用冷水浇身。

(3)与俄罗斯人交往不能说他们小气,初次结识俄罗斯人忌问对方私事,不能与他们在背后议论第三者,对妇女忌问年龄等。

九、澳大利亚礼俗

澳大利亚是我国主要的客源国之一。澳大利亚人见面时行握手礼,握手时非常热烈,彼此称呼名字,表示亲热。他们办事爽快、认真,喜欢直截了当,也乐于交朋友,碰见陌生人喜欢主动聊天,共饮一杯酒后,就交上了新朋友。澳大利亚人注意遵守时间并珍惜时间。多数澳大利亚人信奉天主教和基督教。在禁忌方面,与英国人相仿。

本章小结

　　各国各民族之间的文化差异影响了各国人民对礼貌礼仪的涵义的理解。作为旅游行业工作者,只有深刻理解和掌握中西方的文化差异及因此造成的交际礼俗的差异,才能在礼宾接待中为不同国家的客人提供针对性的服务,避免因文化差异带来的工作失误。通过本章的学习,帮助学生基本了解中西方主要文化差异,重点掌握这些差异对交际礼俗的影响。

思考与练习

　　1.中西方文化差异对礼仪的影响主要体现在哪些方面?
　　2.西方通行的礼貌原则的主要内容是什么?
　　3.顾曰国先生提出的中国的礼貌原则的主要内容是什么?
　　4.在涉外交往时,礼貌待客的基本原则是什么?
　　5.在交谈中中西方之间言行的差异有哪些?
　　6.在接待日本客人时,应注意哪些禁忌?

模拟实训

　　·技能要求· 熟悉西方通行的礼貌原则,掌握中西方一般社交礼节规范的异同点。
　　1.设计某种场景,让学生分别遵循中、西式礼仪规范来介绍客人。
　　2.让学生设计,在接待日本客人时,客房的安排和内部的装饰应注意哪些方面。
　　3.在教师指导下,学生分组模拟涉外交往中送礼与礼宾顺序等礼仪规范。
　　4.设定情景,练习涉外交往中女士优先原则的正确把握。

阅读材料

价值观与家庭观念

在西方国家,个人利益至上的观念一直渗透到家庭成员的关系中。在家庭观念很淡薄的美国家庭,各人的卧室是各自的 castle(堡垒),其他家人不得擅入;连父母想进入子女的房间,都得敲门获准。全美国最受欢迎的一台节目,讨论了一个话题,内容是一位十二岁的女儿请律师状告父母"挥霍"其私款……

美国的家庭行为在中国人看来,恐怕会不寒而栗。中国人特别珍视家庭的亲情,"家"是避风港。和爱国一样,爱家有重要的伦理价值。夫妻之间互敬互爱"没有隔夜的仇";兄弟之间情同手足,有矛盾也是"兄弟阋于墙,外御其侮";长幼之间既有"前人栽树后人乘凉"、父母是"老长年",一生的目标是"为儿为女"的慈爱,又有"百善孝为先"的孝悌。一家人"尊长爱幼"便"家和万事兴",就受到公众舆论的尊敬和羡慕。

资料来源:许果等,论中西方价值观差异及表现,渝州大学学报,2002(6)

手势语的不同含义

由人的各种姿势特别是手势构成的形体语言是人类语言体系的一个重要组成部分。它能表达人们的思想感情,有时甚至比词汇语言更有力。但是,在不同民族之间或同一民族的不同群体之间,形体语言存在着巨大的文化差异。在讲话和交际时,如果随便使用自己文化圈中的形体语言,往往会产生始料不及的不良后果。

1990 年 7 月,在孟加拉国的新一届议会召开期间,立法者狂暴地谴责航运部长阿布杜·罗布作出的一个手势,"这不仅是对议会的侮辱,更是对整个国家的侮辱"。孟加拉民族主义政党的议员领袖巴德鲁多扎·乔德呼利愤慨地说。

究竟罗布做了什么动作而引起如此强烈的愤怒呢? 据说他涉嫌做出"竖起大拇指"的手势。在中国,很多人用这一姿势表示"真棒";但是,在孟加拉国,它对人是一种侮辱。

资料来源:手势语表达的文化差异,www.gwgx.com

阅读材料 8-3

Ms. 一词的来由

Ms. 一词是女权运动的产物。第二次世界大战之后,随着世界经济的飞速发展,妇女在社会生活中扮演着越来越重要的角色,同时,社会上尤其是妇女自身当中要求"男女平等"的呼声越来越高,特别是在欧美国家,女权运动开展得如火如荼,并涉及到生活工作的各个方面,这其中也包括在对妇女的称呼上。本来已婚的妇女被称作Mrs. ,而未婚的被称作 Miss,可是男士无论婚否都一律被称作 Mr. ,一些妇女认为这是不公平的:你们男人可以在称呼中不暴露自己的婚姻状况,那我们妇女为什么非要让别人知道我们是否已经结婚? 因此,Ms.一词也应运而生,用来对应 Mr. 一词。

资料来源:杜保良.英语社交高手.外文出版社,2003。

附　录

附录一
酒店员工仪容仪表要求

	基本要求	女子要求	男子要求
头发	要常洗常梳理,不准染异色头发,发型要大方,不留奇异、新发型	不留披肩发,发不遮脸,前刘海不过眉毛,长发要扎起或盘起来,要用深颜色的发饰	鬓发不盖过耳部(不得留鬓角),头发不能触及后衣领,不留长发,不得烫发
面部	要注意清洁与适当的修饰,保持容光焕发。在岗位上不能戴有色眼镜	可适当化妆,但应淡妆为宜,不能浓妆艳抹,并避免使用气味浓烈的化妆品	胡须要剃净,不留胡子
鞋袜	保持干净、光亮。不能穿破损袜子。工作鞋应以穿着舒适、方便工作为主要准则。不准穿凉鞋、运动鞋、雨鞋	穿着肉色丝袜,穿裙子时,不能露出袜口(穿着西裙、短裙时宜穿袜裤)	应穿与裤子、鞋同类颜色或较深色的袜子。袜子的尺寸要适当
制服	做到整齐、清洁、挺括、大方、美观、得体。穿衬衫要束在长裤、裙里面,长袖衫袖口不能卷起,袖口的纽扣要扣好。注意内衣不能外露,不掉扣、漏扣、不挽袖卷裤。领带、领结、飘带与衬衫口的吻合要紧凑且不系歪,工号牌要佩戴在左胸的正上方		
指甲	要经常修剪与洗刷指甲,保持指甲的清洁,不得留长指甲,也不要涂有色的指甲油		
首饰	除手表和结婚戒指外,一般不宜佩戴耳环、手镯、手链、项链、胸针等饰物		

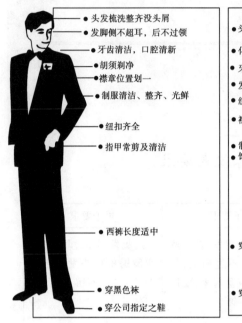

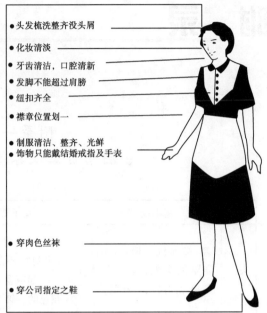

附图

附录二
几种常用领带的系法

1. 双环结

● 一条质地细致的领带再搭配上双环结颇能营造时尚感,适合年轻的上班族选用。

● 要诀:该领结完成的特色是第一圈会稍露出于第二圈之外。

双环结—Double Kont

2. 交叉结

● 这是单色素雅且质料较薄领带适合选用的领结,适合喜欢流行感的男士用。

3. 平结

● 最常用的领结打法之一,几乎适用于各种材质的领带。

● 要诀:领结下方所形成的凹洞须两边均匀且对称。

4. 双交叉结

● 给人以高雅且隆重的感觉,适合正式活动场合选用,多用在素色丝质领带上,搭配大翻领的衬衫。

附录三
美国无线电话公司的"手机使用规范"

　　2000 年 10 月美国无线电话公司推出一项"手机使用规范",倡导礼貌使用手机,并将《无线规范七条》摆上了各大手机销售点、无线电话经销处。

　　一、"沉默是金"　请勿在戏院、餐馆、法庭、影院、教室和会议室打手机。

二、尊重他人　如果在人群中打手机,请尊重周围人的权利,千万把声调放低、压低嗓门。

三、无须喊叫　即使手机声音再小,对方也能听到你的声音。

四、说声"对不起"　如果你的手机在一个安静的场所响了起来,关掉它或转入来电显示,并对周围的人表示歉意,实在要接电话的话赶紧退场。

五、使用现成的技术　如来电显示、电子语言邮件、振动模式等。这些技术将帮助你成为一个有礼貌的手机使用者。

六、他人第一　先想到你周围的人,而不是电话叫你的人,有旁人在场的情况下接到电话,千万少说几句或请对方以后再打。

七、注意安全　开车时不打手机,非要打的话,等到交通红灯的时候再打。

附录四
世界各地的手势语

在国际交往中,由于语言不同,有时往往要借助某种手势。著名人类学家霍尔教授曾经说过,一个成功的交际者不但需要理解他人的有声语言,更重要的是能够观察出他人的无声信号并且能够在不同场合中正确使用这些信号。

下面介绍一些常见的手势语:

1. 向上伸出大拇指

在中国表示夸张和赞许;在日本表示男人、您的父亲、最高;在韩国,表示首领、父亲、部长和队长;在英国美国、澳大利亚、新西兰、法国、印度等国家是当做搭车的手势;在一些国家,其意是表示数字,如意大利人从一数到五时,他们用拇指表示一,食指就成了二;而大多数澳大利亚人、英国人和美国人则用食指当一,中指当二,这样,大拇指就代表五;如果将大拇指急剧向上翘起,在美国是指责对方"胡扯",而在希腊,意思是要对方"滚开"。

2. 向上伸食指

在中国表示数的概念;在日本、韩国、菲律宾、印尼、斯里兰卡、沙特阿拉伯、墨西哥等国家表示只有一次(个)的意思;在美国,表示让对方稍等;在澳大利亚表示"请来一杯啤酒";在法国,学生请求回答问题时用这一手势。

3. 向上伸中指

在中国有些地方表示"胡扯",四川等地用这一手势来表示对对方的侮辱:在菲律宾,表示愤怒、憎恨、轻蔑和咒骂;在美国、法国、新加坡,表示愤怒和极度不快;在墨西哥表示不同意。

4. 向上伸小指

在中国表示小、微不足道、拙劣、最差的等级或名次,还可表示轻蔑;在日本表示女人、女孩子、恋人;在韩国表示妻子、女朋友,或是打赌;在菲律宾表示小个子、年轻或指对方是小人物;在泰国或沙特阿拉伯表示朋友、交朋友;在缅甸和印度表示想去厕所;在美国,表示懦弱的男人或打赌。

5. 大拇指向下

在中国表示向下、下面;在英国、美国、菲律宾等地表示不同意、不能结束,或是对方输了;在法国、墨西哥表示运气坏、死了、无用;在澳大利亚表示讥笑。

6. 伸出弯曲的食指

在中国表示数字"9";在日本表示小偷;在泰国、菲律宾表示钥匙、上锁;在韩国表示有错误,度量小;在泰国、新加坡、马来西亚表示死亡;在缅甸表示数字"5";英美人用这一手势来招呼某人到他那里去。

7. 伸出食指和中指

在中国表示数字"2",若手臂放平,则表示剪刀;在英国,若做此种手势而手心向外时,表示胜利;如果手心向内时,在英国、澳大利亚、新西兰等国则成了侮辱人的信号。

8. 将伸出的中指压在伸出的食指上

在中国表示数字"10";在美国、法国、墨西哥、新加坡、马来西亚、菲律宾等国表示祈祷幸运;在澳大利亚表示期待;在中国香港表示关系密切;在斯里兰卡、荷兰表示发誓或指对方撒谎。

9. 伸直中指、无名指和小指,将大拇指和食指合成一个圈

在中国表示数字"o"或"3";在日本、朝鲜、缅甸表示金钱;在泰国表示没问题;在印度尼西亚表示什么也干不了,什么也没有以及不成功;在英美等国,一般用来征求对方意见或回答对方征求意见的回话,表示同意、了不起、顺利,一般相当于英语中的"OK";在荷兰表示正在顺利进行;在巴西则认为是对女性的引诱或对男性的侮辱。

10. 用食指对人摇动

在英美等国表示不满、反对或者警告的意思。

11. 叫人

在美国呼唤服务员时,手掌向上伸开,伸出手指数次。而亚洲一些国家,这种手势对服务员则不可用,因人们常常以此来叫一条狗或别的动物或幼童。在日本,招呼服务时把手臂向上一伸,手指向下并摆动手指,对方就领会了。在非洲餐厅吃饭时,叫服务员通常是轻轻敲打餐桌。而在中东各国,叫人时轻轻拍拍手,对方即会意而来。

12. 同意

一般而言,双方谈事情成功时,除了说"同意"、"赞成"外,还要满面笑容地点头示意;而在巴基斯坦、保加利亚、阿尔巴尼亚、尼泊尔、泰国等国点头表示不是(或不好),摇头表示是(或好);印度人以摇头或歪头表示同意;非洲人往往情不自禁地展开手臂,向上举起,并用另一只手握拳击掌心,以表示自己十分满意;阿拉伯人则会把双手握成拳,食指向外,缓缓挥动,表示赞成。

13. 蔑视

阿拉伯人对人不满以至深恶痛绝时,常坐在那里,把鞋底对着对方,以发泄愤怒和表示蔑视。因此,在同阿拉伯人交往中,切不可有抬二郎腿的习惯动作。与阿拉伯人接触时,也不要摇动手脚。

14. 告别

在许多国家,人们告别时都是举起右手臂挥手表示再见。而一些东方国家,如印度、缅甸、巴基斯坦、马来西亚及中国部分地区,人们告别时,常常举手向上伸开并向自己一侧摇动,这往往容易同一般招呼人的手势相混淆;在意大利,习惯伸出右手,掌心向上,不停地一张一合,表示告别。

15. 忧愁

一些亚洲国家,遇到伤脑筋或不顺心的事,习惯举起右手抓自己的头皮;在日本,这种手势表示愤怒和不满;西方大多数国家,则常用挠头表示不懂或不理解。

参考书目

1. 胡锐主编. 现代礼仪教程. 杭州:浙江大学出版社,1995
2. 杨军,陶犁主编. 旅游公关礼仪. 昆明:云南大学出版社,1995
3. 周裕新、张弘主编. 公关礼仪学. 上海:上海社会科学院出版社,1995
4. 秦启文编著. 现代公关礼仪. 重庆:西南师大出版社,1995
5. 王军主编. 公关礼仪. 武汉:华中理工大学出版社,1996
6. 门书春,李文霞编著. 现代社交礼仪. 北京:经济管理出版社,1996
7. 金正昆,苗颖编著. 涉外交际礼仪. 北京:科学普及出版社,1991
8. 陈智华,陈进编著. 现代实用生活礼仪. 成都:四川人民出版社,1991
9. 张四成编著. 现代饭店礼貌礼仪. 广州:广东旅游出版社,1996
10. 张文俊,魏莉编著. 礼貌修养. 北京:中国旅游出版社,1993
11. 吴宝华编著. 礼貌礼节. 北京:高等教育出版社,1995
12. 平章起编著. 礼貌礼节. 北京:高等教育出版社,1993
13. 国家旅游局人教劳动司编. 旅游服务礼貌礼节. 北京:旅游教育出版社,1999
14. 马桂茹编著. 仪表美与训练. 北京:中国旅游出版社,1993
15. 李柠编著. 现代商务礼仪与就业指导. 北京:中国财政经济出版社,1996
16. 李柠编著. 电话礼仪. 北京:中国财政经济出版社,1996
17. 徐永新编著. 交际的艺术. 北京:中国人民公安大学出版社,1994
18. 铃木健二著. 人际关系趣谈. 北京:三联书店,1986
19. 李晴,牟红编著. 旅游礼宾原理与实务. 重庆:重庆大学出版社,1998
20. 何春晖,彭波编著. 现代社交礼仪. 杭州:杭州大学出版社,1995
21. 金正昆编著. 现代商务礼仪教程. 北京:高等教育出版社,1996
22. 张敬慈,罗健,刘一民编著. 公关礼仪. 成都:四川大学出版社,1995
23. 陈继光主编. 礼貌礼节礼仪. 广州:中山大学出版社,1997
24. 舒伯阳等编. 旅游实用礼貌礼仪. 天津:南开大学出版社,2000
25. 杨军等编. 旅游公关礼仪. 昆明:云南大学出版社,2000

26. 林晓娴编．规范礼仪必读．北京:中国商业出版社,2001

27. 李瑞芹等编．商业服务业礼仪．北京:中国商业出版社,1993

28. 姜培若编．现代饭店入职必读．广东:广东旅游出版社,1999

29. 常建坤等编．现代礼仪教程．天津:天津科学技术出版社,1998

30. 李鸿军编著．交际礼仪学．武汉:华中理工大学出版社,1997

31. 关彤编著．商务礼仪手册．北京:中国社会出版社,1999

32. 刘爱玲,王晞主编．导游基础．南宁:广西民族出版社,2001

33. 晓燕著．公关礼仪．南昌:百花洲文艺出版社,1995

34. 云南省旅游局．旅游接待服务礼仪．昆明:云南人民出版社,1998

35. 李帛主编．礼仪教程．北京:中国财政经济出版社,2001

36. 刘裔远,王国章编著．社交服务必读——实用礼宾学．上海:立信会计出版社,1993

37. 张玉平著．现代礼仪．北京:东方出版社,1998

38. 赵景卓主编．服务礼仪．北京:中国财政经济出版社,1997

39. 陆永庆,王春林,郑旭华编著．大连:东北财经大学出版社,2000

40. 陈峰,谢北立,黄汉芬编著．国际旅游交际礼仪．桂林旅游高等专科学校,1997

41. 靳羽西著．魅力何来．上海:上海文艺出版社,2000

42. 丛杭青编著．公关礼仪．北京:东方出版社,1995